经济管理国家级实验教学示范中心（嘉兴学院）

经管类专业系列实验教学指导书

U0648942

# 信息管理与信息系统专业 实验（实训）指导书

◎ 金镇 主编　　◎ 吴敏 副主编

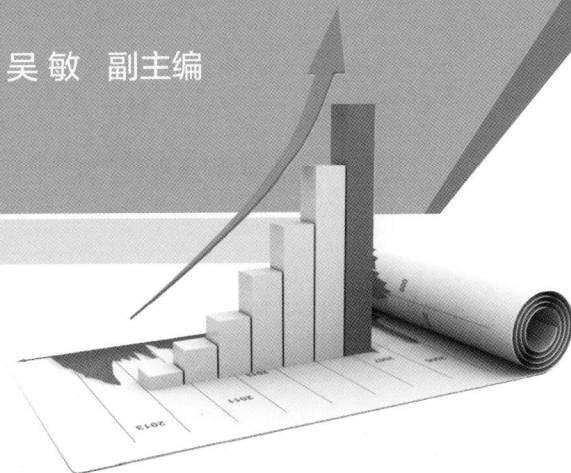

东北财经大学出版社
Dongbei University of Finance & Economics Press

大连

**图书在版编目（CIP）数据**

信息管理与信息系统专业实验（实训）指导书 / 金镇主编. —大连 ：东北财经大学出版社，2021.3

（经管类专业系列实验教学指导书）

ISBN 978-7-5654-4054-0

Ⅰ．信… Ⅱ．金… Ⅲ．①信息管理–实验–高等学校–教学参考资料 ②信息系统–实验–高等学校–教学参考资料 Ⅳ．①G203-33 ②G202-33

中国版本图书馆CIP数据核字（2020）第245991号

东北财经大学出版社出版

（大连市黑石礁尖山街217号 邮政编码 116025）

网 址：http：//www.dufep.cn

读者信箱：dufep@dufe.edu.cn

大连永盛印业有限公司印刷 东北财经大学出版社发行

幅面尺寸：185mm×260mm 字数：417千字 印张：17.5 插页：1

2021年3月第1版 2021年3月第1次印刷

责任编辑：王 莹 周 慧 责任校对：慧 心

封面设计：原 皓 版式设计：原 皓

定价：52.00元

教学支持 售后服务 联系电话：（0411）84710309

版权所有 侵权必究 举报电话：（0411）84710523

如有印装质量问题，请联系营销部：（0411）84710711

# 前言

人类社会正处于工业化社会向信息化社会演进的过程中。信息化水平的高低已经成为衡量一个国家现代化水平和综合国力的重要标志。信息管理与信息系统专业就是培养信息化人才的专业，培养高质量的信息管理与信息系统专业人才，对于国家的发展至关重要。信息管理与信息系统专业具有经济管理、信息管理、计算机科学与技术等相关专业学科交叉、融合的特点，是综合性专业，同时又具有鲜明的时代特征。

我国信息管理与信息系统专业经过四十多年的发展。许多学校开设了信息管理与信息系统专业，并形成各自不同的特色。我校信息管理与信息系统专业培养德智体美劳全面发展，适应现代经济社会发展，具有理想信念、公民素养、人文情怀、批判性思维和创新创业意识，了解自然科学、社会科学、人文科学等方面的基础知识，掌握管理学与经济学基础理论以及信息管理与信息系统、电子商务等相关技术知识，掌握通过数据分析等手段支持组织管理决策的相关理论与方法，能够利用信息技术等各种手段获取相关知识，能够综合运用本专业相关知识和方法进行信息系统规划、分析、设计和实施，拥有系统化管理思想和较高管理素质，具有一定的理论和定量分析能力，具有较强的学习能力、实践能力以及创新创业能力，具备职业道德与国际视野，能在政府机关、企事业单位、科研单位、教育教学机构等组织从事信息系统建设与维护、信息管理、数据分析以及电子商务等工作的高素质应用型、复合型人才。

为了更好实现信息管理与信息系统专业人才培养目标，从社会与经济发展需要出发，结合我校实际，注重培养学生综合素质和专业能力，进行课程体系设置。作为应用型、复合型本科专业，纯理论课程的教学无法增强学生解决实际问题的能力，也难以培养出应用型、复合型专门人才。所以，在人才培养方案中加强了实践教学环节的设置，保证了足够的实践课程和实践学时，在实践项目编排上特别注重实践的创新能力培养。在编写本书的过程中，瞄准人才培养目标，紧紧围绕专业人才能力培养要求，进行内容组织，重点培养学生信息管理专业能力。本书首先阐述信息管理与信息系统专业实验/实训与专业能力培养之间的关系，然后根据人才能力培养目标要求，结合实际课程设置情况，从计算机与数据库实践能力训练、信息分析处理能力训练、信息系统开发与管理能力训练、企业资源计划能力训练、电子商务系统开发设计能力训练、电子商务运营与管理能力训练等方面组织相关实验/实训内容。实验内容的安排以"重基础，求创新"为目标，除了一般的上机，还组织了严密的验证性实验、设计性实验、综合实践。实验内容由浅入深，其指导内容则由详到略，从而真正做到了实践内容的可拓展性，突出学生创新能力的培养。

本书由金镇担任主编，由吴敏担任副主编。具体分工如下：第一章由金镇编写；第二章由黄元君、何向武、杜卫峰、张卫锋、宋佳编写；第三章由袁顺波、刘彩虹、何向武、周鹏编写；第四章由张云、吴煜祺编写；第五章由吴敏编写；第六章由吴敏、张云、黄元君编写；第七章由蒋定福、金镇、吴敏、刘彩虹、田秀阜、林益忠编写；第八章由金镇编写。金镇负责全书统稿工作。

在编写本书的过程中，我们力求反映课程的最新内容及最先进水平，尽力提高书稿质量，但限于学识和经验，疏漏和不足之处一定还有很多，恳请同行、专家和读者批评指正。

金　镇

2020 年 12 月于嘉兴

# 目录

# 第一章
## 信息管理与信息系统专业实验/实训与专业能力培养的关系

### 第一节　信息管理与信息系统专业人才培养目标及要求

**一、培养目标**

本专业培养德智体美劳全面发展，适应现代经济社会发展，具有理想信念、公民素养、人文情怀、批判性思维和创新创业意识，了解自然科学、社会科学、人文科学等方面的基础知识，掌握管理学与经济学基础理论以及信息管理与信息系统、电子商务等相关技术知识，掌握通过数据分析等手段支持组织管理决策的相关理论与方法，能够利用信息技术等各种手段获取相关知识，能够综合运用本专业相关知识和方法进行信息系统规划、分析、设计和实施，拥有系统化管理思想和较高管理素质，具有一定的理论和定量分析能力、较强的学习能力、实践能力以及创新创业能力，具备职业道德与国际视野，能在政府机关、企事业单位、科研单位、教育教学机构等组织从事信息系统建设与维护、信息管理、数据分析以及电子商务等工作的高素质应用型、复合型人才。学生毕业5年后的预期岗位是：信息经理（总监）、电子商务运营经理（总监）、信息系统工程师等。

**二、毕业要求**

（一）素质要求

1.人生观和价值观：拥有良好的思想政治素质和正确的人生观、价值观。

2.公民素养与人文素养：具有理想信念、科学精神、公民素养、人文情怀和专业素质；具有较强的法律意识，高度的社会责任感，具备良好的团队合作精神和社会适应能力；具有创新精神和创业意识。

3.身心素质与职业素质：具有健康的心理素质和体魄；具备良好的职业道德与国际视野。

（二）知识要求

系统地掌握信息管理与信息系统专业的基本知识和基本理论，熟悉信息管理与信息系统、互联网、电子商务等相关技术知识；了解自然科学、社会科学、人文科学等方面的基础知识；了解信息管理与信息系统专业相关领域的发展动态；了解经济学、管理学、计算机科学与技术等相关学科的相关知识，并形成合理的整体性知识结构。

（三）能力要求

1.学习、思维、沟通能力：有较强的学习各种知识和进一步提高学习的能力；具有较强的逻辑思维能力、语言与文字表达能力、人际沟通与组织协调能力以及社会适应能力。

2.外语能力：掌握一门外国语，能顺利阅读一般专业外文文献，具有较强的外语听、说、读、写、译的能力。

3.信息管理能力：具有较强的独立自主地获取和更新信息管理与信息系统专业知识的学习能力，善于跟踪、把握事物的发展变化，初步形成科学的思维方法，具备分析和解决企业管理问题能力、信息资源规划能力、信息分析处理能力、电子商务管理能力。

4.信息系统开发能力：熟练掌握高级程序设计语言、数据库及软件开发工具等技术知识，具备信息系统分析能力、信息系统开发设计能力、信息系统实施与运行维护能力。

5.综合应用与创新创业能力：具备较强的将相关专业知识综合应用的实践能力；具备创新精神和一定的创业能力。

## 第二节　实验/实训与专业能力培养的关系

为了更好地培养学生的专业能力，实现人才培养目标，在深入分析信息管理与信息系统专业实验/实训与人才专业能力培养的关系上，从计算机与数据库实践能力训练、信息分析处理能力训练、信息系统开发与管理能力训练、企业资源计划能力训练、电子商务系统开发设计能力训练、电子商务运营与管理能力训练等几个方面组织相关实验/实训内容。实验/实训与专业能力培养的关系具体见下表。

实验/实训与专业能力培养的关系表

| 专业能力<br><br>实验/实训 | 1.<br>学习、思维、沟通能力 | 2.<br>分析和解决企业管理问题能力 | 3.<br>信息资源计划能力 | 3.<br>信息分析处理能力 | 4.<br>电子商务管理能力 | 6.<br>信息系统分析能力 | 7.<br>信息系统开发设计能力 | 8.<br>信息系统实施与运行维护能力 | 9.<br>综合应用与创新创业能力 |
|---|---|---|---|---|---|---|---|---|---|
| C#编程能力训练 | | | | | | | M | M | |
| 数据结构（C#）知识能力训练 | | | | | | M | M | H | |
| 数据库原理知识与能力训练 | | | | | | M | M | H | |
| C#数据库系统开发能力训练 | | | | | | M | H | H | |
| C#数据库系统开发综合实验 | | | | | | M | H | H | M |
| 计算机网络知识与能力训练 | | | H | L | M | M | | M | |
| 信息存储与检索能力训练 | | | | H | | | | L | |
| 信息分析与预测能力训练 | M | | | H | | L | | | |
| 数据仓库与数据挖掘能力训练 | | | | H | M | | | | |
| 数据可视化实验/实训 | | | | H | | | | | |
| 商务数据分析技术——Python实验/实训 | | | | | | | H | H | |
| SPSS统计分析能力训练 | L | | | | | | | | |
| 信息系统分析与设计能力训练 | | | | | | | H | H | |
| 信息系统分析与设计综合实验 | | | | | | | H | H | M |
| 信息系统项目管理能力训练 | M | H | | | | L | | M | |

续表

| 专业能力　　实验/实训 | 1. 学习、思维、沟通能力 | 2. 分析和解决企业管理问题能力 | 3. 信息资源计划能力 | 3. 信息分析处理能力 | 4. 电子商务管理能力 | 6. 信息系统分析能力 | 7. 信息系统开发设计能力 | 8. 信息系统实施与运行维护能力 | 9. 综合应用与创新创业能力 |
|---|---|---|---|---|---|---|---|---|---|
| 企业资源计划能力训练 | M | H | | | | M | L | L | |
| ERP综合实践 | | H | | | | M | L | L | M |
| 电子商务系统设计知识能力训练 | | | | | H | | L | | |
| 电子商务系统设计综合实验 | | | | | H | | L | L | M |
| 移动商务系统开发基础知识与能力训练 | | | | | | | H | H | |
| 电子商务网站前台开发技术知识与能力训练 | | | | | H | | L | L | |
| 移动商务系统开发设计能力训练 | | | | | H | | M | M | |
| 电子商务基础知识与能力训练 | | | M | | H | | | | |
| 网络营销能力训练 | M | | | | H | | | | |
| 供应链与物流管理能力训练 | L | M | | | H | | | | |
| 商务数据分析 | L | | | M | H | | | | |
| 电子商务案例分析 | L | | | | H | | | | |
| 电子商务综合实践 | M | | | | H | | | L | M |
| 跨专业综合模拟实训 | M | | H | | | | | | M |
| 毕业实习 | L | H | | L | | M | M | M | H |
| 毕业论文（设计） | L | H | | L | | M | H | M | H |

# 第二章

## 计算机与数据库实践能力训练

## 第一节 C#编程能力训练

### "C#编程基础"课程实验/实训教学大纲

#### 一、课程基本信息

| 课程中文名称 | | C#编程基础 | | |
|---|---|---|---|---|
| 课程英文名称 | | Programming in C# | | |
| 学　　分 | 理论 | 2 | 实践 | 1 |
| 学　　时 | 理论 | 32 | 实验/实训 | 24 | 多种形式教学 |
| 课程代码 | | | 实验中心名称 | 经济管理实验中心 |
| 适用专业 | | 信息管理与信息系统 | | |
| 开课单位 | 商学院 | | 开课教研室 | 信息管理系 |
| 先修课程 | | 无 | | |
| 课程要求 | 必修 | | 课程类别 | 通识课 |
| 开课学期 | 第一学期 | | 考核方式 | 考查 |

#### 二、课程描述和目标

（一）本课程在实现专业人才培养目标中的地位、作用以及基本内容

　　信息管理与信息系统专业的技术线：C#编程基础→C#数据结构、数据库原理→C#数据库系统开发→电子商务系统→信息系统分析与设计。"C#编程基础"是信息管理与信息系统专业的专业基础课，是"技术线"中的第1门课程，是学生学习信息系统开发技术的基础。

　　C#是微软特别为.Net平台设计的一种现代编程语言，.Net有着广阔的应用前景，它不但改变了开发人员开发应用程序的方式和思维方式，而且使开发人员能创建出各种全新的应用程序。

　　此课程是数据结构、C#数据库系统设计、WEB程序设计、管理信息系统等课程的前置课程，后续课程的学习需要该课程打下的坚实基础。

　　本课程主要学习C#的变量与数据类型、程序流控制、方法与数组、类与对象、继承与多态、常用控件与高级界面控件、文件管理等内容。通过该课程的学习，学生应掌握.Net

平台系统开发的基础知识，掌握编程思想、面向对象编程，为后续的技术课程学习打下基础。

（二）本课程拟达到的课程目标

"C#编程基础"这门课通过C#这个高级语言带领学生入门程序设计，学习程序设计的思想。让学生学习程序设计的基本知识：C#的变量与数据类型、程序流控制、方法与数组、类与对象、继承与多态、常用控件与高级界面控件、文件管理等内容。让学生理解程序设计的3种控制结构：顺序结构、循环结构、选择结构，学习面向对象的编程思想，理解程序设计中的基本概念，为后续信息技术课程的学习打下基础。

本课程拟达到以下课程目标：

课程目标1：具有编程思维

了解高级程序设计的基本知识，掌握程序设计的基本方法，养成严格遵守和执行程序设计标准的良好习惯，培养认真负责的工作态度和一丝不苟的工作作风。

课程目标2：具备C#程序开发能力

掌握程序设计的流程图画法、掌握程序设计中的选择结构和循环结构、掌握面向对象的类的定义和使用、掌握Visual Studio中控件的基本属性和方法、掌握文件的读写操作。

课程学习后能做到：编写的程序完整且清晰，能阅读和编写比较复杂的程序。

课程目标3：创新能力

注重培养学生勤于动手、独立思考的能力，培养学生发现问题、分析问题和解决问题的能力。

## 三、课程目标对毕业要求的支撑关系

| 毕业要求指标点 | 课程目标 | 权重 | 目标达成形式 |
| --- | --- | --- | --- |
| 9.信息系统分析能力 | 课程目标1 | M | 实验、笔试 |
| 9.信息系统分析能力 | 课程目标2 | M | 实验、笔试、作业 |
| 9.信息系统分析能力 | 课程目标3 | M | 实验、笔试、讨论 |
| 10.信息系统开发设计能力 | 课程目标1 | M | 实验、笔试 |
| 10.信息系统开发设计能力 | 课程目标2 | M | 实验、笔试、作业 |
| 10.信息系统开发设计能力 | 课程目标3 | M | 实验、笔试、讨论 |
| 11.信息系统实施与运行维护能力 | 课程目标1 | M | 实验、笔试 |
| 11.信息系统实施与运行维护能力 | 课程目标2 | M | 实验、笔试、作业 |
| 11.信息系统实施与运行维护能力 | 课程目标3 | L | 实验、笔试 |

## 四、实验项目与内容提要

| 序号 | 项目名称 | 目的要求、内容提要 | 每组人数 | 实验学时 | 实验类型 | 实验要求 | 实验分室 | 对应课程目标 |
|---|---|---|---|---|---|---|---|---|
| 1 | C# 集成开发环境及语法基础 | 熟悉 C# 集成开发环境，并能完成简单控制台程序 | 1 | 3 | 验证 | 必做 | 教一316 | 课程目标1 |
| 2 | C#控制语句编程 | 熟悉 C#控制语句语法并能完成相应程序编写 | 1 | 3 | 设计 | 必做 | 教一316 | 课程目标2 |
| 3 | C#数组和集合编程 | 熟悉 C#数组和集合语法并能完成相应程序编写 | 1 | 3 | 设计 | 必做 | 教一316 | 课程目标3 |
| 4 | C#面向对象程序设计 | 熟悉 C#面向对象程序设计语法并能完成相应程序编写 | 1 | 3 | 设计 | 必做 | 教一316 | 课程目标1 |
| 5 | C#Windows应用程序设计 | 熟悉 C#Windows应用程序设计并能完成相应程序编写 | 1 | 3 | 设计 | 必做 | 教一316 | 课程目标2 |
| 6 | C#常用控件编程 | 熟悉 C#常用控件并能完成相应程序编写 | 1 | 3 | 验证 | 必做 | 教一316 | 课程目标3 |
| 7 | C#用户界面设计编程 | 熟悉 C#用户界面设计编程并能完成相应程序编写 | 1 | 3 | 设计 | 必做 | 教一316 | 课程目标3 |
| 8 | C#文件操作编程 | 熟悉 C#文件操作语法并能完成相应程序编写 | 1 | 3 | 验证 | 必做 | 教一316 | 课程目标3 |

## 五、实验/实训教学方式与基本要求

（一）实验/实训教学方式

　　教学方式主要是通过在 Visual Studio 环境中用 C#语言来进行程序设计的学习。每次实验预先下发实验指导，实验包括验证性实验和设计性实验。课前由学生预习实验内容，上机时先由教师讲解每次实验的要求、难点及目的，并对难点进行演示，学生按教师的要求逐个项目进行操作和问题解决，教师个别辅导与集体辅导相结合。

（二）基本要求

要求学生根据实验大纲及指导书中列出的实验步骤，利用实验室和指导教师提供的实验指导，认真完成规定的实验内容，在实验过程中遇到语法错误、逻辑错误等问题及时解决，以提高程序设计能力、调试程序能力和跟踪程序的能力。为圆满完成实验任务，需要学生提前熟悉相关背景知识或者预做。

## 六、实验报告与考核

（一）实验报告

每个实验项目都必须根据实验情况写出实验报告，内容包括：（1）实验目的；（2）实验内容；（3）实验步骤；（4）实验结果；（5）问题讨论与实验心得。

（二）实验考核

每个实验项目根据下表的指标进行综合评价，每个实验项目根据实验纪律、实验操作、实验报告进行评分，每个实验项目采用 A+、A、A-、B+、B、B-、C+、C、C-、D10个等级进行评价登记。实验成绩由8个实验项目的等级折算成百分制，并计算其平均分作为整个实验成绩；实验成绩占本门课程总成绩的30%。

| 考核依据 | 建议分值 | 考核/评价细则 | 对应课程目标 |
|---|---|---|---|
| 实验纪律 | 20 | 实验态度端正，实验课期间能够积极参与、上课期间能够遵守学校及经管中心相关规章制度 | |
| 实验操作 | 50 | 实验能够按照每个实验项目内容、操作步骤进行，严格按照每个实验的要求完成实验操作任务 | 课程目标1、课程目标2、课程目标3 |
| 实验报告 | 30 | 字迹清晰，语言流畅，逻辑性强，内容丰富，重点突出，论证有力，具有独到见解和可操作性，问题分析全面深刻，解决方案合理科学，报告能够及时上交 | 课程目标1、课程目标3 |

## 七、主要仪器设备和材料

Visual Studio 2012 或以上版本。

## 八、教材及主要参考资料

（一）教材

李春葆，曾平，喻丹丹. C#程序设计教程 ［M］. 3版. 北京：清华大学出版社，2015.

（二）主要参考资料

1.李政仪，蒋国清，宫蓉蓉，等. C#程序设计实用教程 ［M］. 北京：清华大学出版社，2013.

2.刘莉，李梅，姜志坚. C#程序设计教程 ［M］. 北京：清华大学出版社，2014.

3.江红，余青松. C#程序设计简明教程 ［M］. 北京：清华大学出版社，2014.

# 实验一　C# 集成开发环境及语法基础

## 一、实验名称和性质

| 所属课程 | C#编程基础 |
|---|---|
| 实验名称 | C# 集成开发环境及语法基础 |
| 实验学时 | 3 |
| 实验性质 | ☑验证　□综合　□设计 |
| 必做/选做 | ☑必做　□选做 |

## 二、实验目的

1.掌握流程控制语句，能运用流程控制语句解决一般实际问题；

2.使用C#中的各种控制语句设计复杂的程序。

## 三、实验的软硬件环境要求

1.硬件环境要求：

本实验需要使用账号登录校园网。

2.使用的软件名称、版本号以及模块：

Visual Studio 2012及以上版本等基本处理软件。

## 四、知识准备

前期要求掌握的知识：

学习过有关 C#编程基础的基本概念。

## 五、实验内容

1.两个整型变量的定义为"int a=1234（改成学号后四位），b=-1234（改成学号后四位）;"，编写一个控制台项目 exec 学号（后三位）-1-1，输出它们的值。

2.一个double变量的定义为"double d=123.456（改成学号后六位）;"，编写一个控制台项目 exec 学号-1-2，以教材图 1.21所示的形式输出它的值。

3.设计控制台程序 exec 学号-2-1，定义变量"int a=2，b=3；float x=3.5f，y=2.5f;"并求表达式（float）(a+b)/2+(int) x%(int) y 的值。

4.设计控制程序 exec 学号-2-2，定义变量"int a=3，b=4，c=5;"并求表达式（++a-1)&b+c/2的值。

实验一　C#集成开发环境及语法基础

## 六、实验结果和总结

1.根据实验步骤及内容完成实验并截图，添加必要的说明文字；

2.撰写实验报告。

## 七、实验成绩评价标准

参考实验/实训教学大纲。

# 实验二　C# 控制语句编程

## 一、实验名称和性质

| 所属课程 | C#编程基础 |
| --- | --- |
| 实验名称 | C#控制语句编程 |
| 实验学时 | 3 |
| 实验性质 | □验证　□综合　☑设计 |
| 必做/选做 | ☑必做　□选做 |

## 二、实验目的

1.掌握流程控制语句，能运用流程控制语句解决一般实际问题；

2.使用C#中的各种控制语句设计复杂的程序。

## 三、实验的软硬件环境要求

1.硬件环境要求：

本实验需要使用账号登录校园网。

2.使用的软件名称、版本号以及模块：

Visual Studio 2012及以上版本等基本处理软件。

## 四、知识准备

前期要求掌握的知识：

学习过有关C#编程基础的基本概念。

## 五、实验内容

1.设计控制台应用程序项目shiyan学号（后三位）-3-1，读入一组整数（学号每两位一个整数，共六个整数，读入0为结束），分别输出其中奇数和偶数的和。

2.设计控制台应用程序项目shiyan学号（后三位）-3-2，输入正整数n（n值为学号后三位），计算s=1+（1+2）+（1+2+3）+…+（1+2+3+…++n）。

3.设计控制台应用程序项目shiyan学号（后三位）-3-3，利用下列公式编程计算π的值。

$$\frac{\pi}{4} = 1 - \frac{1}{3} + \frac{1}{5} - \frac{1}{7} + \cdots + \frac{1}{4n-3} - \frac{1}{4n-1}(n = 2\,000)$$

4.编写控制台应用程序项目shiyan学号（后三位）-3-4，输出所有这样的三位数，这个三位数本身恰好等于其每个数字的立方和（$153 = 1^3 + 5^3 + 3^3$）。

提示：

n = int.Parse（Console.ReadLine（））；//将输入内容转换为整数。

实验二　C# 控制语句编程参考代码

**六、实验结果和总结**

1.根据实验步骤及内容完成实验并截图，添加必要的说明文字；

2.撰写实验报告。

**七、实验成绩评价标准**

参考实验/实训教学大纲。

# 实验三　C#数组与集合编程

**一、实验名称和性质**

| | |
|---|---|
| 所属课程 | C#编程基础 |
| 实验名称 | C#数组与集合编程 |
| 实验学时 | 3 |
| 实验性质 | □验证　□综合　☑设计 |
| 必做/选做 | ☑必做　□选做 |

**二、实验目的**

1.掌握数组的定义方法和在实际编程中的应用；

2.掌握结构体的定义方法和简单应用。

**三、实验的软硬件环境要求**

1.硬件环境要求：

本实验需要使用账号登录校园网。

2.使用的软件名称、版本号以及模块：

Visual Studio 2012及以上版本等基本处理软件。

**四、知识准备**

前期要求掌握的知识：

学习过有关C#编程基础的基本概念。

**五、实验内容**

1.设计控制台应用程序项目exper学号（后三位）-3-1，假设10个整数用一个二维数组存放（其中一个整数是自己学号的后两位），求其最大值和次大值。

2.设计控制台应用程序项目exper学号（后三位）-3-2，用一个二维数组存放5个考生4门功课的考试成绩，求每位考生的平均成绩。

3.编写控制台应用程序项目exper学号（后三位）-3-3，用两个一维数组分别存放5

个学生的学号和姓名，分别按学号和姓名进行排序，并输出排序后的结果。（姓名采用自己姓名，分别加 1.2.3.4.5.，如 zhangsan1.zhangsan2. 等）

**实验三　　C#数组与集合编程参考代码**

## 六、实验结果和总结

1.根据实验步骤及内容完成实验并截图，添加必要的说明文字；

2.撰写实验报告。

## 七、实验成绩评价标准

参考实验/实训教学大纲。

# 实验四　C#面向对象程序设计

## 一、实验名称和性质

| | |
|---|---|
| 所属课程 | C#编程基础 |
| 实验名称 | C#面向对象程序设计 |
| 实验学时 | 3 |
| 实验性质 | □验证　□综合　☑设计 |
| 必做/选做 | ☑必做　□选做 |

## 二、实验目的

1.掌握类的定义方法；

2.掌握字段、属性和方法等类成员的定义方法；

3.掌握构造函数的用途；

4.掌握类在程序设计中的应用；

5.理解静态成员与实例成员的区别；

6.掌握 public、private、internal、protected 的区别；

7.了解密封类的特点；

8.掌握类的继承的实现方法和意义；

9.掌握方法的重写和重载及两者的差别。

## 三、实验的软硬件环境要求

1.硬件环境要求：

本实验需要使用账号登录校园网。

2.使用的软件名称、版本号以及模块：

Visual Studio 2012 及以上版本等基本处理软件。

## 四、知识准备

前期要求掌握的知识：

学习过有关C#编程基础的基本概念。

## 五、实验内容

1.设计控制台应用程序项目exe学号（后三位）–4–1，声明一个人类Person和一个动物类Animal，它们都包含共有字段legs（腿的条数）和保护的字段weight（重量），定义它们的对象并输出相关数据。

2.设计控制台应用程序项目exe学号（后三位）–4–2，通过委托方式求两个整数（x和y）的$x^2+y^2$和$x^2-y^2$的值（x为学号倒数第4–3位，y为学号后两位）。

3.设计控制台应用程序项目exe学号（后三位）–4–3，设计一个普通职工类Employee，其工资为基本工资（1 000）加上工龄工资（每年增加30元）。从Employee类派生出一个本科生UEmployee，其工资为普通职工算法的1.5倍，并用相关数据进行测试。

**实验四　C#面向对象程序设计参考代码**

## 六、实验结果和总结

1.根据实验步骤及内容完成实验并截图，添加必要的说明文字；

2.撰写实验报告。

## 七、实验成绩评价标准

参考实验/实训教学大纲。

# 实验五　C#Windows应用程序设计

## 一、实验名称和性质

| 所属课程 | C#编程基础 |
|---|---|
| 实验名称 | C#Windows应用程式设计 |
| 实验学时 | 3 |
| 实验性质 | □验证　□综合　☑设计 |
| 必做/选做 | ☑必做　□选做 |

## 二、实验目的

1.掌握C#窗体的属性及设计方法；

2.掌握C#窗体的类型和调用方法；

3.掌握C#中各种常见内部控件的特点；

4.掌握C#中各种常见内部控件的属性、方法和事件过程；

5.理解 Windows 应用程序框架以及运行机制；

6.掌握 C#多窗体之间传递数据的方法；

7.掌握 C#多窗体的属性设计方法；

8.掌握 C#中窗体事件的处理机制；

9.掌握 C#中使用各种内部控件设计界面美观的窗体的方法。

## 三、实验的软硬件环境要求

1.硬件环境要求：

本实验需要使用账号登录校园网。

2.使用的软件名称、版本号以及模块：

本实验主要使用互联网、校内网等，实验室要求装有 Visual Studio 2012 等基本处理软件。

## 四、知识准备

前期要求掌握的知识：

学习过有关 C#编程基础的基本概念。

## 五、实验内容

1.创建 Windows 窗体应用程序项目 exci9-1，向其中添加一个窗体 Form1（标题为学号姓名），实现用户登录（输入用户名和口令，假设正确的用户名/口令为姓名/学号，注意要求为自己真实信息，否则无成绩），并给出相应的提示信息，规定用户错误输入不超过3次。

2.创建 Windows 窗体应用程序项目 exci9-2，向其中添加一个窗体 Form1（标题为学号姓名），再向其中添加一个窗体 Form2，上方是一个文本框，包含"嘉兴学院商学院信息管理与信息系统学号姓名"（注意要求为自己真实信息，否则无成绩）。下面有两个分组框和一个复选框，分别用于修改文本框的字体、大小和是否为粗体。

3.创建 Windows 窗体应用程序项目 exci9-3，向其中添加一个窗体 Form1（标题为学号姓名），从左边列表框中选择一个乘数，在中间列表框中选择一个被乘数，这时右边列表框中会出现它们的求积算式及结果。

4.创建 Windows 窗体应用程序项目 exci9-4，向其中添加一个窗体 Form1（标题为学号姓名），当在组合框中输入一个新项目时自动添加到该组合框列表中，并给出相应提示；当在组合框中输入一个已存在的项目时给出相应提示。

**实验五　C#Windows 应用程序设计参考代码**

## 六、实验结果和总结

1.根据实验步骤及内容完成实验并截图，添加必要的说明文字；

2.撰写实验报告。

## 七、实验成绩评价标准

参考实验/实训教学大纲。

## 实验六　C#常用控件编程

### 一、实验名称和性质

| | |
|---|---|
| 所属课程 | C#编程基础 |
| 实验名称 | C#常用控件编程 |
| 实验学时 | 3 |
| 实验性质 | □验证　□综合　☑设计 |
| 必做/选做 | ☑必做　□选做 |

### 二、实验目的

1.掌握滚动条、图片框的常用属性、事件；

2.掌握滚动条的最大滚动量的设置技巧；

3.掌握时钟控件在实际编程中的应用。

### 三、实验的软硬件环境要求

1.硬件环境要求：

本实验需要使用账号登录校园网。

2.使用的软件名称、版本号以及模块：

Visual Studio 2012及以上版本等基本处理软件。

### 四、知识准备

前期要求掌握的知识：

学习过有关C#编程基础的基本概念。

### 五、实验内容

1.创建Windows窗体应用程序项目exe6-1，添加一个窗体Form1（标题为学号姓名），在其中放置一个水平滚动条（hScrollBar1）、一个分组框groupBox1，在groupBox1中放置一个文本框textBox1和一个命令按钮button1。通过hScrollBar1使得在移动滚动条时在文本框中显示当前值，也可以在文本框中输入一个数值后单击"设置"按钮使滚动条定位在相应位置。

2.创建Windows窗体应用程序项目exe6-2，添加一个窗体Form1（标题为学号姓名–图片框控件），以单击按钮的方式显示春、夏、秋、冬4张季节图片。

实验六　C#常用控件编程参考代码

### 六、实验结果和总结

1.根据实验步骤及内容完成实验并截图，添加必要的说明文字；

2.撰写实验报告。

## 七、实验成绩评价标准

参考实验/实训教学大纲。

# 实验七　C#用户界面设计编程

## 一、实验名称和性质

| 所属课程 | C#编程基础 |
| --- | --- |
| 实验名称 | C#用户界面设计编程 |
| 实验学时 | 3 |
| 实验性质 | □验证　□综合　☑设计 |
| 必做/选做 | ☑必做　□选做 |

## 二、实验目的

1.掌握 C#菜单的基本结构和组成；

2.掌握 C#下拉菜单和弹出式菜单的设计方法；

3.掌握通用对话框控件的设计方法。

## 三、实验的软硬件环境要求

1.硬件环境要求：

本实验需要使用账号登录校园网。

2.使用的软件名称、版本号以及模块：

Visual Studio 2012及以上版本等基本处理软件。

## 四、知识准备

前期要求掌握的知识：

学习过有关 C#编程基础的基本概念。

## 五、实验内容

1.创建 Windows 窗体应用程序项目 exe7-1，添加一个窗体 Form1（标题为学号、姓名），其中有一个下拉式菜单，包含的菜单如下：当用户单击菜单项时，改变窗体中一个标签的字体和大小，文中内容相应改变。

2.设计一个弹出式菜单实现两个数的加、减、乘和除运算。新建 Windows 窗体应用程序项目 exe7-2，添加一个窗体 Form1，在该窗体中加入3个标签和3个文本框，并放置一个 ContextMenuStip 控件。

实验七　C#用户界面设计编程参考代码

## 六、实验结果和总结

1.根据实验步骤及内容完成实验并截图，添加必要的说明文字；

2.撰写实验报告。

## 七、实验成绩评价标准

参考实验/实训教学大纲。

# 实验八　C#文件操作编程

## 一、实验名称和性质

| 所属课程 | C#编程基础 |
| --- | --- |
| 实验名称 | C#文件操作编程 |
| 实验学时 | 3 |
| 实验性质 | ☑验证　□综合　□设计 |
| 必做/选做 | ☑必做　□选做 |

## 二、实验目的

1.掌握C#文件的读写操作；

2.掌握C#对文件的控制方法；

3.了解文件和目录操作语句及函数的使用。

## 三、实验的软硬件环境要求

1.硬件环境要求：

本实验需要使用账号登录校园网。

2.使用的软件名称、版本号以及模块：

Visual Studio 2012及以上版本等基本处理软件。

## 四、知识准备

前期要求掌握的知识：

学习过有关C#编程基础的基本概念。

## 五、实验内容

1.创建Windows窗体应用程序项目exe12-1，添加一个窗体Form1（标题为学号姓名-输出文本），用文本框输入若干文字，将它们存入指定的文本文件中（D:\学号姓名输出文本.txt）。

2.创建Windows窗体应用程序项目exe12-2，添加一个窗体Form1（标题为学号姓名-读入文本），读取指定文本文件（D:\学号姓名读入文本.txt）的内容，并在一个文本框中输出。

3.创建Windows窗体应用程序项目exe12-3，添加一个窗体Form1（标题为学号姓名-输出二进制文件），用数组name存放若干学生姓名，用score数组存放若干学生分数，点击按钮"存储学生成绩"，将它们存入指定的二进制文件中。

实验八　C#文件操作编程参考代码

**六、实验结果和总结**

　　1.根据实验步骤及内容完成实验并截图，添加必要的说明文字；

　　2.撰写实验报告。

**七、实验成绩评价标准**

　　参考实验/实训教学大纲。

# 第二节　数据结构知识能力训练

## "数据结构（C#）"课程实验/实训教学大纲

### 一、课程基本信息

| 课程中文名称 | | 数据结构（C#） | | | |
|---|---|---|---|---|---|
| 课程英文名称 | | Data Structure（C#） | | | |
| 学　　分 | 理论 | 2.5 | 实践 | | 1 |
| 学　　时 | 理论 | 40 | 实验 | 24 | 多种形式教学　　实验 |
| 课程代码 | | 24975 | 实验中心名称 | | 经济管理实验中心 |
| 适用专业 | | 信息管理与信息系统 | | | |
| 开课单位 | 数理与信息工程学院 | | 开课教研室 | | 计算机应用技术系 |
| 先修课程 | | C#编程基础 | | | |
| 课程要求 | | 必修 | 课程类别 | | 专业核心课 |
| 开课学期 | | 第二学期 | 考核方式 | | 考试 |

### 二、课程描述和目标

　　数据结构是信息管理与信息系统专业的专业核心课，是学生学习信息系统开发技术的基础。在计算机科学中，数据结构不仅是一般程序设计的基础，而且是数据库系统及其他系统程序和大型应用程序开发的重要基础。数据结构课程主要讨论各种主要数据结构的特点、计算机内的表示方法、处理数据的算法以及对算法性能的分析。通过对本课程的系统学习，一方面，学生应掌握各种数据结构的特点、存储表示、运算的原理和方法，学会从问题入手，分析研究计算机加工的数据结构的特性，以便为应用所涉及的数据选择适当的逻辑结构、存储机构及相应的操作算法，并初步掌握时间和空间分析技术。另一方面，本课程的学习过程也是进行复杂程序设计的训练过程，通过对本课程算法设计和上机实践的训练，还应培养学生的数据抽象能力和程序设计的能力。

本课程拟达到以下课程目标：

课程目标1：具有算法设计思维。

课程目标2：具备时空复杂度分析能力。

课程目标3：具备创新能力。

## 三、课程目标对毕业要求的支撑关系

| 毕业要求指标点 | 课程目标 | 权重 | 目标达成形式 |
|---|---|---|---|
| 9.信息系统分析能力 | 课程目标1 | L | 实验 |
| 9.信息系统分析能力 | 课程目标2 | M | 实验 |
| 9.信息系统分析能力 | 课程目标3 | M | 实验 |
| 10.信息系统开发设计能力 | 课程目标1 | M | 实验 |
| 10.信息系统开发设计能力 | 课程目标2 | M | 实验 |
| 10.信息系统开发设计能力 | 课程目标3 | M | 实验 |
| 11.信息系统实施与运行维护能力 | 课程目标1 | H | 实验 |
| 11.信息系统实施与运行维护能力 | 课程目标2 | M | 实验 |
| 11.信息系统实施与运行维护能力 | 课程目标3 | H | 实验 |

## 四、实验项目与内容提要

| 序号 | 实验名称 | 目的要求、内容提要（限20字） | 每组人数 | 实验学时 | 实验类型 | 实验要求 | 所在实验分室 | 对应课程目标 |
|---|---|---|---|---|---|---|---|---|
| 1 | 抽象数据类型 | 熟悉并完成抽象数据类型基本操作的算法及应用问题的编程实现 | 1 | 2 | 设计 | 选做 | 经管中心实验室 | 课程目标1 |
| 2 | 顺序表的基本操作 | 熟悉并完成顺序表上基本操作的算法及应用问题的编程实现 | 1 | 2 | 设计 | 必做 | 经管中心实验室 | 课程目标1、课程目标2 |
| 3 | 链表的基本操作 | 熟悉并完成单链表和双向链表基本操作算法及编程实现 | 1 | 2 | 设计 | 必做 | 经管中心实验室 | 课程目标1、课程目标2 |
| 4 | 栈的基本操作 | 熟悉并完成顺序栈和链栈基本操作算法及应用问题的编程实现 | 1 | 2 | 设计 | 必做 | 经管中心实验室 | 课程目标1、课程目标2 |
| 5 | 队列的基本操作 | 熟悉并完成循环顺序队列和循环链队列基本操作算法及应用问题的编程实现 | 1 | 2 | 设计 | 必做 | 经管中心实验室 | 课程目标1、课程目标2 |
| 6 | 串的基本操作 | 熟悉并完成串的基本操作算法及应用问题的编程实现 | 1 | 2 | 设计 | 选做 | 经管中心实验室 | 课程目标1、课程目标3 |

续表

| 序号 | 实验名称 | 目的要求、内容提要（限20字） | 每组人数 | 实验学时 | 实验类型 | 实验要求 | 所在实验分室 | 对应课程目标 |
|---|---|---|---|---|---|---|---|---|
| 7 | 树的存储结构 | 掌握树的各种存储结构的编程实现 | 1 | 2 | 设计 | 选做 | 经管中心实验室 | 课程目标2、课程目标3 |
| 8 | 二叉树的基本操作 | 熟悉并完成二叉树遍历算法及应用问题的编程实现 | 1 | 2 | 设计 | 必做 | 经管中心实验室 | 课程目标1、课程目标2 |
| 9 | 二叉树的统计信息 | 能够应用二叉树的遍历方法完成对二叉树各自信息的统计 | 1 | 2 | 设计 | 选做 | 经管中心实验室 | 课程目标1、课程目标3 |
| 10 | 图的遍历 | 熟悉并完成图的遍历、最小生成树及应用问题的编程实现 | 1 | 2 | 设计 | 必做 | 经管中心实验室 | 课程目标1、课程目标2、课程目标3 |
| 11 | 图的遍历算法的应用 | 应用图的遍历方法，判断两个顶点之间路径情况 | 1 | 2 | 设计 | 选做 | 经管中心实验室 | 课程目标1、课程目标2、课程目标3 |
| 12 | 图的最短路径 | 熟悉并完成图的最短路径操作的编程实现 | 1 | 2 | 设计 | 选做 | 经管中心实验室 | 课程目标1、课程目标2、课程目标3 |

## 五、实验教学方式与基本要求

实验方式是上机编写完成实验项目指定功能的程序，并调试、运行，最终得出正确结果。具体实验要求如下：

1.问题分析

充分地分析和理解问题本身，弄清要求，包括功能要求、性能要求、设计要求和约束，以及基本数据特性、数据间联系等。

2.数据结构设计

针对要解决的问题，考虑各种可能的数据结构，并且力求从中选出最佳方案（必须连同算法实现一起考虑），确定主要的数据结构和全程变量。对引入的每种数据结构和全程变量要详细说明其功用、初值和操作的特点。

3.算法设计

算法设计分概要设计和详细设计。概要设计着重解决程序的类的设计问题，主要考虑如何把被开发的问题程序分解成若干个类，并决定类与类之间的关系。详细设计则要决定每个类内部的具体算法，包括输入、处理和输出。

4.测试用例设计

准备典型测试数据和测试方案。测试数据要有代表性、敏感性。测试方案包括单元测试和单元集成测试。

5.上机调试

对程序进行编译，纠正程序中可能出现的语法错误。调试前，先运行一遍程序，看看究竟将会发生什么。如果情况很糟，则根据事先设计的测试方案并结合现场情况进行错误跟踪，包括打印执行路径或输出中间变量值等手段。

6.程序性能分析

在运行结果正确的前提下再分析程序中主要算法是否具有较好的时间复杂度和空间复杂度。如果没有，则通过改变数据结构或操作方法使编写的程序性能达到最佳。

7.实验总结

每个实验完成后要认真书写实验报告，对程序运行的结构，要认真分析，总结每次实验项目的体会与收获。

**六、实验报告与考核**

每个实验都要求学生根据上机内容写出实验报告，报告要求包括以下七个方面的内容：

1.实验目的；

2.实验内容；

3.实验要求；

4.算法设计；

5.详细程序清单；

6.程序运行结果；

7.实验心得体会。

具体考核依据与考核细则如下：

| 考核依据 | 建议分值 | 考核/评价细则 | 对应课程目标 |
|---|---|---|---|
| 出勤 | 10% | 出勤得分由任课教师依据学生的出勤情况登记评定。出勤情况分为：出勤满分100分，全部准时到达出勤得分为100分，迟到一次从出勤得分中扣3分，旷课一次从出勤得分中扣10分，连续三次旷课，取消该课程考试资格。请假一次从出勤得分中扣5分，早退一次从出勤得分中扣3分 | 课程目标1 |
| 课堂表现 | 10% | 课堂表现主要由小组内成员根据组员在课堂中的表现进行组内评分，教师在组内评分的基础上结合学生的实际表现最后予以评分，课堂表现满分100分 | 课程目标3 |
| 实验报告 | 80% | 实验报告评分标准为：<br>1.90分及以上：实验报告整体项目完整、条理清楚，实验心得有独立的认识，内容充实，体会深刻；<br>2.80（含80分）—90分：实验报告整体项目完整、条理清楚，实验心得有一定的独立认识，内容比较充实，体会比较深刻；<br>3.70（含70分）—80分：实验报告整体项目比较完整、条理比较清楚，实验心得基本能有独立的认识，内容基本充分，体会基本深刻；<br>4.60（含60分）—70分：实验报告整体项目比较完整、条理比较清楚，实验心得缺乏独立的认识，内容不够充实，体会不够深刻；<br>5.60分以下：实验报告整体项目不完整、条理不清楚，实验心得缺乏独立的认识，内容不充实，体会不深刻。<br>实验报告最终评分还要考虑实验报告完成的及时性。如果没有在规定的时间内完成，视实际拖延的时间酌情扣分 | 课程目标1、课程目标2、课程目标3 |

## 七、主要仪器设备和材料

硬件：PC机。

软件：Visual Studio编程环境。

## 八、教材及主要参考资料

### （一）教材

1.李春葆，尹为民，蒋晶珏，等. 数据结构教程（C#语言描述）［M］.北京：清华大学出版社，2013.

2.李春葆，尹为民，蒋晶珏，等. 数据结构实践教程（C#语言描述）［M］.北京：清华大学出版社，2013.

### （二）主要参考资料

1.陈广. 数据结构（C#语言描述）［M］.北京：北京大学出版社，2009.

2.雷军环，邓文达. 数据结构（C#语言版）［M］.北京：清华大学出版社，2009.

3.刘小晶，杜选. 数据结构——Java语言描述［M］.北京：清华大学出版社，2011.

4.刘小晶，朱蓉，杜选，等. 数据结构实例解析与实验指导——Java语言描述［M］.北京：清华大学出版社，2013.

5.严蔚敏，吴伟民. 数据结构（C语言版）［M］.北京：清华大学出版社，2011.

6.严蔚敏，吴伟民，米宁. 数据结构题集（C语言版）［M］.北京：清华大学出版社，2011.

7.刘怀亮. 数据结构（C语言描述）［M］.北京：冶金工业出版社，2004.

8.刘怀亮. 数据结构习题解析与实验指导（C语言描述）［M］.北京：冶金工业出版社，2005.

### （三）教学视频

浙江省高等学校在线开放课程共享平台。

## 九、"数据结构（C#）"课程实验/实训指导

"数据结构（C#）"课程实验/实训能力训练主要设置12个实验，具体实验指导见二维码。

| | | |
|---|---|---|
| 实验一　抽象数据类型 | 实验二　顺序表的基本操作 | 实验三　链表的基本操作 |
| 实验四　栈的基本操作 | 实验五　队列的基本操作 | 实验六　串的操作 |
| 实验七　树的存储结构 | 实验八　二叉树的基本操作 | 实验九　二叉树的统计信息 |

| 实验十　图的遍历 | 实验十一　图的遍历算法的应用 | 实验十二　图的最短路径 |

# 第三节　数据库原理实验/实训能力训练

## "数据库原理"课程实验/实训教学大纲

### 一、课程基本信息

| 课程中文名称 | 数据库原理 | | | |
|---|---|---|---|---|
| 课程英文名称 | Database Principles | | | |
| 学　分 | 理论 | 2 | 实践 | 1 |
| 学　时 | 理论 | 32 | 实验/实训 | 16　　多种形式教学 |
| 课程代码 | 29128 | | 实验中心名称 | 经济管理实验中心 |
| 适用专业 | 信息管理与信息系统、金融数学 | | | |
| 开课单位 | 数理与信息工程学院 | | 开课教研室 | 计算机科学组 |
| 先修课程 | 无 | | | |
| 课程要求 | 必修 | | 课程类别 | 专业课 |
| 开课学期 | 第二学期 | | 考核方式 | 考试 |

### 二、课程描述和目标

　　数据库原理是计算机科学与技术、信息管理与信息系统专业的一门专业模块课，不仅自身有很高的应用价值，而且对各门信息管理学科具有很强的统领、综合和渗透作用。本实验课程配合数据库原理理论课程，使学生在掌握数据模型、数据库管理系统、数据库语言及数据库设计理论等基本理论知识的基础上，逐步具有开发和设计数据库的能力，为进一步开发和设计大型信息系统打下坚实基础。

　　本课程拟达到的课程目标：

　　课程目标1：掌握关系模型的结构、操作、数据约束，掌握数据库软件的安装配置；

　　课程目标2：掌握数据库的概念设计、逻辑设计、物理设计的方法，掌握大型数据库SQL Server的操作和使用；

　　课程目标3：运用所学数据库理论，对现实工作生活中的数据库相关复杂问题进行分析，并设计合理的数据库。

### 三、课程目标对毕业要求的支撑关系

| 毕业要求指标点 | 课程目标 | 权重 | 目标达成形式 |
|---|---|---|---|
| 9.信息系统分析能力：<br>掌握信息系统的需求分析方法；熟悉企业信息化处理过程；具备信息系统分析能力 | 课程目标1、课程目标3 | M | 实验 |
| 10.信息系统开发设计能力：<br>掌握信息系统的设计流程、规范及基本的设计工具；掌握信息系统的数据库设计；掌握应用高级语言进行编码、调试能力；掌握信息系统的数据库开发能力；信息系统开发能力 | 课程目标1、课程目标2、课程目标3 | M | 实验 |
| 11.信息系统实施与运行维护能力：<br>掌握信息系统实施流程；具备对电子商务网站、ERP等信息系统的维护能力 | 课程目标2、课程目标3 | H | 实验 |

### 四、实验/实训项目与内容提要

| 序号 | 项目名称 | 目的要求、内容提要 | 每组人数 | 实验学时 | 实验类型 | 实验要求 | 实验分室 | 对应课程目标 |
|---|---|---|---|---|---|---|---|---|
| 1 | 数据库、数据表的建立与数据的插入 | 在SQL中建立数据库、表的方法 | 1个单班 | 2 | 设计 | 必做 | 教室 | 课程目标1、课程目标3 |
| 2 | 单表查询 | 对数据的基本检索、对数据的排序分类 | 1个单班 | 2 | 设计 | 必做 | 教室 | 课程目标1、课程目标3 |
| 3 | 多表查询 | 对多表数据的检索、用嵌套及连接查询 | 1个单班 | 2 | 设计 | 必做 | 教室 | 课程目标1 |
| 4 | 数据完整性约束 | 用主键、外键约束、默认规则实现完整性 | 1个单班 | 2 | 设计 | 必做 | 教室 | 课程目标1 |
| 5 | 数据库设计 | 用数据字典进行概念设计的方法；对数据库中数据表的规范化程度的判断及分解方法 | 1个单班 | 2 | 综合 | 选做 | 教室 | 课程目标1、课程目标2、课程目标3 |
| 6 | SQL编程及存储过程 | 局部变量的定义和赋值、掌握存储过程的定义及调用 | 1个单班 | 2 | 设计 | 必做 | 教室 | 课程目标1、课程目标2、课程目标3 |
| 7 | 游标的操作 | 游标的基本原理和游标的使用流程 | 1个单班 | 2 | 验证 | 选做 | 教室 | 课程目标1、课程目标2、课程目标3 |
| 8 | 数据库安全与数据库恢复 | 数据库的安全性控制方法、数据库备份和恢复机制 | 1个单班 | 2 | 验证 | 选做 | 教室 | 课程目标1、课程目标2、课程目标3 |

## 五、实验/实训教学方式与基本要求

实验教学以学生的主动学习和探索实践为主，通过学生的亲自实践，操作数据库管理软件，积极地去思考、探索数据库相关基本概念、操作等知识，达到理解基本理论、巩固基础知识和掌握基本技能的目的，为学习其他信息类课程打下坚实的基础。合理的实验分组，能够提高学生在完成实验课程过程中的团队意识，积极开发学生的独立思考和团队合作精神，综合提高学生的能力素质。

## 六、实验/实训报告与考核

实验成绩占课程总成绩的20%，其中上机实验过程占10%，实验报告占10%。

| 考核依据 | 建议分值 | 考核/评价细则 | 对应课程目标 |
|---|---|---|---|
| 上机实验过程 | 10% | 参加实验课，积极进行相关实验 | 课程目标1、课程目标2、课程目标3 |
| 实验报告 | 10% | 准时提交实验报告，实验结果正确 | 课程目标1、课程目标2、课程目标3 |

## 七、主要仪器设备和材料

硬件：PC。

软件：SQL Server 2008 或 SQL Server 2012。

## 八、教材及主要参考资料

（一）实验指导书

《数据库原理》上机实验指导。

（二）主要参考资料

1.刘先峰，羊四清. 数据库系统原理与应用［M］. 武汉：武汉大学出版社，2005.

2.SIBERSCHATZ，KCRTH，SUDARSHAN. 数据库系统概念［M］. 杨冬青，李红弱，唐世清，译. 北京：机械工业出版社，2012.

3.KIFER M，BERNSTEIN A，LEWIS P M.数据库系统——面向应用的方法［M］. 陈立军，赵加奎，邱海艳，等译. 北京：人民邮电出版社，2006.

4.DATE C J. An introduction to database systems［M］. 孟小峰，王珊，等译. 8版. 北京：中国电力出版社，2006.

5.周峻松，张友生，万火. 数据库系统工程师考试考点分析与真题详解（数据库设计与管理篇）［M］. 北京：电子工业出版社，2005.

6.MICK.SQL基础教程［M］. 孙淼，罗勇，译. 2版. 北京：人民邮电出版社，2017.

7.周峰. SQL Server关系数据库基础与实践教程［M］. 2005中文版. 北京：电子工业出版社，2006.

8.DUSAN PETKOVIC.SQL SERVER 2000基础教程［M］. 北京：清华大学出版社，2005.

## 实验一　数据库、数据表的建立与数据的插入

### 一、实验名称和性质

| 所属课程 | 数据库原理 |
| --- | --- |
| 实验名称 | 数据库、数据表的建立与数据的插入 |
| 实验学时 | 2 |
| 实验性质 | ☐验证　☐综合　☑设计 |
| 必做/选做 | ☑必做　☐选做 |

### 二、实验目的

1. 了解和掌握 SQL Server 系统；
2. 掌握数据库建立的几种方法；
3. 掌握数据表的建立方法和数据表中数据的插入方法。

### 三、实验的软硬件环境要求

1. 硬件环境要求：

PC（单机）。

2. 使用的软件名称、版本号以及模块：

SQL Server 2008（或 SQL Server 2012）。

### 四、知识准备

1. SQL Server 主要的管理工具和实用程序有以下6个，其中企业管理器和查询分析器是本课程实验中用到的工具。

服务管理器：主要作用是启动数据库服务器的实时服务、暂停或停止正在运行的服务。

企业管理器：用户和系统管理员可以使用它来管理网络、计算机、服务和其他系统组件。

查询分析器：可以使用户交互式地输入和执行各种 Transact-SQL 语句，并且迅速地查看这些语句的执行结果。

服务器网络实用工具：配置本计算机作为服务器时允许使用的连接协议。

客户端网络实用工具：配置客户端的网络连接，管理和测定客户端的网络库等。

导入和导出数据：采用 DTS 导入/导出向导来完成。

### 五、实验内容

1. 创建数据库和查看数据库属性；
2. 在企业管理器中和查询分析器中创建数据表；
3. 在企业管理器和查询分析器数据表中进行数据的插入。

### 六、验证性实验

实验一　数据库、数据表的建立与数据的插入验证性实验操作步骤

### 七、设计性实验

实验要求：

（1）创建 XSDA 数据库。

（2）在 XSDA 数据库中创建 3 个数据表：

S（SNO VARCHAR（10）NOT NULL，SNAME VARCHAR（20），DEPA VARCHAR（20），AGE INT，SEX CHAR（4））

C（CNO VARCHAR（10）NOT NULL，CNAME VARCHAR（20），CPNO VARCHAR（10），CREDIT INT）

SC（SNO VARCHAR（10）NOT NULL，CNAME VARCHAR（10）NOT NULL，GRADE DECIMAL）

（3）在 3 个表（学生表、课程表、成绩表）中输入如下数据。

**学生表**

| 学号 | 姓名 | 系部 | 年龄 | 性别 |
|---|---|---|---|---|
| 200512 | 李勇 | 计算机系 | 20 | 男 |
| 200518 | 刘晨 | 计算机系 | 19 | 女 |
| 200018 | 王敏 | 数学系 | 18 | 女 |
| 200511 | 杨扬 | 物理系 | 20 | 男 |
| 200510 | 张立 | 信息系 | 19 | 男 |
| 200513 | 张立 | 物理系 | 19 | 男 |
| 200514 | 王点点 | 信息系 | 19 | 女 |
| 200012 | 欧阳雨 | 数学系 | 20 | 男 |
| 200515 | 刘依依 | 数学系 | 23 | 女 |

**课程表**

| 课程号 | 课程名 | 先修课程 | 学分 |
|---|---|---|---|
| c01 | 数据库原理 | c03 | 4 |
| c02 | 信息系统 | c01 | 4 |
| c03 | 数据结构 | null | 6 |
| c04 | DB_设计 | c01 | 3 |

**成绩表**

| 学号 | 课程号 | 成绩 |
|------|--------|------|
| 200512 | c02 | 70 |
| 200512 | c03 | null |
| 200512 | c04 | null |
| 200515 | c01 | 80 |
| 200518 | c03 | 95 |
| 200018 | c01 | 80 |
| 200518 | c02 | 45 |
| 200511 | c02 | 78 |
| 200511 | c01 | 45 |
| 200511 | c03 | 89 |
| 200514 | c02 | 78 |
| 200514 | c01 | 45 |
| 200514 | c03 | 89 |
| 200514 | c04 | 78 |

## 八、思考

（1）SQL Server 2000 提供了哪些基本数据类型？

（2）数据库创建后怎样修改数据库操纵文件和数据库日志文件分配的空间大小？

# 实验二　单表查询

## 一、实验名称和性质

| 所属课程 | 数据库原理 |
|----------|-----------|
| 实验名称 | 单表查询 |
| 实验学时 | 2 |
| 实验性质 | □验证　□综合　☑设计 |
| 必做/选做 | ☑必做　□选做 |

## 二、实验目的

1.掌握数据的基本检索方法；

2.掌握数据查询的 Group by 和 Order by 子句的使用；

3.掌握聚集函数的使用方法。

### 三、实验的软硬件环境要求

1.硬件环境要求：

PC（单机）。

2.使用的软件名称、版本号以及模块：

SQL Server 2008（或 SQL Server 2012）。

### 四、知识准备

数据检索的语句格式。

### 五、实验内容

1.对数据表进行简单检索；

2.对数据表进行排序检索；

3.在检索中使用聚集函数。

### 六、验证性实验

实验二　单表查询验证性实验参考代码

### 七、设计性实验

1.实验要求

（1）查询计算机系学生的学号和姓名。

（2）查询选修了课程的学生学号。

（3）查询选修 c01 课程的学生学号和成绩，并要求对查询结果按成绩的降序排列，如果成绩相同则按学号的升序排列。

（4）查询每门课程的平均分。

（5）查询学校开设的课程总数。

（6）查询选修两门及两门以上课程的学生学号。

（7）查询年龄在 20~22 之间的男生的学号、姓名、系部。

（8）查询选修 c01 课程的学生人数。

2.实验报告要求

（1）写出验证性实验的执行结果；

（2）用 T-SQL 完成设计性实验并写出执行结果；

（3）完成以下思考。

### 八、思考

1.使用 Order by 子句后，select 后的数据列有什么限制吗？使用 Group by 呢？

2.执行 select max（grade）from sc，写出执行结果；执行 select sno，max（grade）from sc group by sno，写出执行结果。思考：使用 Group by<分组条件>子句后，语句中的统计函数的运行结果有什么不同？

## 实验三　多表查询

### 一、实验名称和性质

| | |
|---|---|
| 所属课程 | 数据库原理 |
| 实验名称 | 多表查询 |
| 实验学时 | 2 |
| 实验性质 | □验证　□综合　☑设计 |
| 必做/选做 | ☑必做　□选做 |

### 二、实验目的

1.掌握多表连接查询方法；

2.掌握 IN 子查询的嵌套查询；

3.了解 EXISTS 嵌套查询方法。

### 三、实验的软硬件环境要求

1.硬件环境要求：

PC（单机）。

2.使用的软件名称、版本号以及模块：

SQL Server 2008（或 SQL Server 2012）。

### 四、知识准备

多表的查询语句。

### 五、实验内容

1.多表等值连接查询；

2.外连接查询；

3.IN 子查询嵌套；

4.EXISTS 嵌套查询。

### 六、验证性实验

实验三　多表查询验证性实验参考代码

### 七、设计性实验

实验要求：

1.查询计算机系学生所教课程的成绩表。

2.查询成绩比该课程平均成绩低的同学的成绩表。

3.查询选修 c01 课程的学生学号、课程名、成绩，并要求对查询结果按学号的降序排列，如果学号相同则按成绩的升序排列。

　　4.查询选修两门及两门以上课程的学生学号及姓名。

　　5.查询年龄在20~22之间的男生的选修的课程号。

　　6.查询选修"数据结构"课程的学生人数。

　　7.查询每门选课成绩在80分以上的学生学号、姓名。

## 八、思考

　　1.多表的连接查询是否都可以转换成嵌套查询？什么情况下连接查询不能用嵌套查询表示？

　　2.多表连接查询和IN嵌套子查询从查询效率上来说，哪种查询的效果更好？为什么？

# 实验四　数据完整性约束

## 一、实验名称和性质

| | |
|---|---|
| 所属课程 | 数据库原理 |
| 实验名称 | 数据完整性约束 |
| 实验学时 | 2 |
| 实验性质 | □验证　□综合　☑设计 |
| 必做/选做 | ☑必做　□选做 |

## 二、实验目的

　　1.掌握数据完整性约束的类型；

　　2.掌握SQL Server中的相关完整性约束。

## 三、实验的软硬件环境要求

　　1.硬件环境要求：

PC（单机）。

　　2.使用的软件名称、版本号以及模块：

SQL Server 2008（或 SQL Server 2012）。

## 四、知识准备

　　1.SQL Server中的完整性约束；

　　2.使用规则；

　　3.创建数据表时指明完整性约束。

## 五、实验内容

　　1.建立新表时增加完整性约束；

　　2.为已有表添加完整性约束；

　　3.为两表建立关联，实现参照完整性。

## 六、验证性实验

**实验四　数据完整性约束验证性实验参考代码**

## 七、设计性实验

实验要求：

（1）在表S中添加完整性约束：将SNO设置为主键，SEX的缺省值为"女"，AGE的有效值为"16~25"。

（2）创建1张与表S相同的表S1，在创建的同时将SNO设置为主键，SEX的缺省值为"女"，AGE的有效值为"16~25"，并将表S中的数据插入表S1，插入不同的记录来严整设置的完整性。

（3）创建1张与表SC相同的表SC1，将（SNO，CNO）设置为主键，将SNO和CNO设置为外键，并将表SC中的数据复制到表SC1中，插入不同的记录来严整设置的完整性。

（4）创建1张与表C相同的表C1，将表C中数据插入表C1后，在表C1上添加完整性约束：将CNO设置为主键，CPNO引用CNO，CREDIT值为1~6。

## 八、思考

SQL Server中有哪些完整性功能？保证数据完整性还需要注意哪些方面的问题？

# 实验五　数据库设计

## 一、实验名称和性质

| 所属课程 | 数据库原理 |
|---|---|
| 实验名称 | 数据库设计 |
| 实验学时 | 2 |
| 实验性质 | □验证　☑综合　□设计 |
| 必做/选做 | □必做　☑选做 |

## 二、实验目的

1.了解数据字典的描述方法；

2.掌握由数据字典进行概念设计的方法；

3.掌握数据库中数据表的规范化程度的判断及分解方法。

## 三、实验的软硬件环境要求

1.硬件环境要求：

PC（单机）。

2.使用的软件名称、版本号以及模块：

SQL Server 2008（或 SQL Server 2012）。

## 四、知识准备

1.数据字典的含义和机构；

2.E-R图的组成和绘制方法；

3.函数依赖的概念，根据数据表或数据字典写对应关系模式中的函数依赖；

4.1NF、2NF、3NF等概念；

5.模式分解方法。

## 五、实验内容

1.E-R图的绘制；

2.由E-R图进行数据库逻辑结构设计；

3.根据数据字典、数据表写关系模式中的函数依赖集；

4.关系模式规范化程度的判断及模式分解。

## 六、综合性实验

设某商业集团数据库有三个实体。一是"商品"实体（Product），属性有商品号（ProductID）、商品名（PName）、规格（Spec）、单价（Price）；二是"商店"实体（Shop），属性有商店号（ShopID）、商店名（ShopName）、地址（ShopAddress）等；三是"供应商"实体（Supplier），属性有供应商编号（SupplierID）、供应商名（SupplierName）、供应商地址（SupplierAddress）；供应商与商品之间存在"供应"联系，每个供应商可供应多种商品，每种商品可向多个供应商订购，每个供应商供应每种商品有月供应量；商店与商品之间存在"销售"联系，每个商店可销售多种商品，每种商品可在多个商店销售，每个商店销售每种商品有月计划数。

根据上述，完成：

1.画出E-R图，进行概念数据库设计；

2.将E-R图转换为关系表，要求关系表满足3NF。

# 实验六　SQL编程及存储过程

## 一、实验名称和性质

| 所属课程 | 数据库原理 |
| --- | --- |
| 实验名称 | SQL编程及存储过程 |
| 实验学时 | 2 |
| 实验性质 | ☐验证　☐综合　☑设计 |
| 必做/选做 | ☑必做　☐选做 |

## 二、实验目的

1.了解T-SQL的基本数据类型、函数；

2.掌握局部变量的定义和赋值；

3.掌握存储过程的定义及调用。

## 三、实验的软硬件环境要求

1.硬件环境要求：

PC（单机）。

2.使用的软件名称、版本号以及模块：

SQL Server 2008（或 SQL Server 2012）。

## 四、知识准备

1.SQL中的基本数据类型。

2.SQL中的变量：SQL中变量用来存放临时数据，变量使用前一定要先进行定义，变量名必须以@开头。另外，SQL Server中还提供一些系统变量，系统变量是以@@开头的。

3.SQL中的基本函数。

4.存储过程的创建及调用。

## 五、实验内容

1.基本结构编程；

2.存储过程的建立；

3.存储过程的调用。

## 六、验证性实验

**实验六　SQL编程及存储过程验证性实验参考代码**

## 七、设计性实验

实验要求：

1.调用帮助系统来查找系统存储过程或函数来显示 SQL Server 的版本号及当前系统时间。

（提示：到帮助中根据关键字等查询对应的函数或存储过程来完成任务）

2.编写存储过程：完成1！+2！+…+n！的计算。

（提示：传入参数n，根据n用循环控制来求对应的值）

3.将表S中的DEPA字段内容改为中文：IS-信息系，CS-计算机系，PH-物理系，MA-数学系。

（提示：用Update语句来修改DEPA字段，DEPA的值根据不同英文缩写要修改为不同的中文系名，用CASE函数来完成）

4.在表C中增加一个字段seleNUM，并编写存储过程：传入学号和课程号后，完成在表SC中插入相应的选课记录，并在表C中对应课程的seleNUM加1。

## 八、思考

1.简单描述存储过程的使用步骤？

2.带参数的存储过程定义时参数定义语句可以在 AS 后面吗？

## 实验七　游标的操作

### 一、实验名称和性质

| 所属课程 | 数据库原理 |
|---|---|
| 实验名称 | 游标的操作 |
| 实验学时 | 2 |
| 实验性质 | ☑验证　□综合　□设计 |
| 必做/选做 | □必做　☑选做 |

### 二、实验目的

1. 理解游标的基本原理；
2. 掌握游标的使用流程。

### 三、实验的软硬件环境要求

1. 硬件环境要求：

PC（单机）。

2. 使用的软件名称、版本号以及模块：

SQL Server 2008（或 SQL Server 2012）。

### 四、知识准备

1. 多数 SQL 语句同时处理集合内部的所有数据。但是，当用户需要对这些数据集合中的某一行数据进行操作，若不使用游标，则要在数据库前端用高级语言来实现，将导致不必要的数据传输。游标提供了一种在服务器内部处理结果集的方法，它可以识别一个数据集合内部指定的一行。

2. 使用游标的基本步骤。

### 五、实验内容

1. 学习游标语句格式；
2. 游标的运用。

### 六、验证性实验

实验七　游标的操作验证性实验内容

### 七、设计实验

实验要求：

输入学生学号，可以按照验证性实验中要求的格式输出学生的选课成绩。

# 实验八　数据库安全与数据库恢复

## 一、实验名称和性质

| 所属课程 | 数据库原理 |
|---|---|
| 实验名称 | 数据库安全与数据库恢复 |
| 实验学时 | 2 |
| 实验性质 | ☑验证　□综合　□设计 |
| 必做/选做 | □必做　☑选做 |

## 二、实验目的

1. 了解数据库的安全性控制方法；

2. 了解数据库恢复的基本原理；

3. 掌握数据库备份和恢复机制。

## 三、实验的软硬件环境要求

1. 硬件环境要求：

PC（单机）。

2. 使用的软件名称、版本号以及模块：

SQL Server 2008（或 SQL Server 2012）。

## 四、知识准备

1. 数据库的安全性控制机制。

2. 数据库恢复的基本原理。

## 五、实验内容

1. 设置 SQL Server 的安全认证模式；

2. 设置登录账户；

3. 设置数据库用户；

4. 设置数据库角色；

5. 设置数据库用户权限；

6. 数据库备份；

7. 数据库恢复。

## 六、验证性实验

实验八　数据库安全与数据库恢复验证性实验内容

## 七、思考

1.SQL Server 中有哪些数据安全性功能？保证数据安全性你觉得还需要注意哪些方面的问题？

2.SQL Server 中有哪些数据完整性功能？保证数据完整性你觉得还需要注意哪些方面的问题？

# 第四节  C#数据库系统开发知识与能力训练

## "C#数据库系统开发"课程实验/实训教学大纲

### 一、课程基本信息

| 课程中文名称 | C#数据库系统开发 | | | | |
|---|---|---|---|---|---|
| 课程英文名称 | C # Database Application and Development | | | | |
| 学　分 | 理论 | 48 | 实践 | 24 | |
| 学　时 | 理论 | 24 | 实验/实训 | 24 | 多种形式教学 |
| 课程代码 | 40018 | | 实验中心名称 | 经济管理实验中心 | |
| 适用专业 | 信息管理与信息系统 | | | | |
| 开课单位 | 学院 | | 开课教研室 | 信息管理系 | |
| 先修课程 | "数据库原理""C#编程基础" | | | | |
| 课程要求 | 必修 | | 课程类别 | 专业课等 | |
| 开课学期 | 第三学期 | | 考核方式 | 考试 | |

### 二、课程描述和目标

"C#数据库系统开发"是继"数据库原理"以后的一门应用性很强的综合性数据库开发的课程。其主要目的是让学生掌握用C#语言与关系数据库中的数据进行交互操作。为信息系统的开发奠定数据库的操作基础。通过本课程的学习，学生应掌握数据库的基本操作、C#语言与后台数据库系统的交互方法。

本课程以课堂讲授为主，教学环节主要包括：课堂讲授、实践训练、考试等。其中，课堂讲授的方法采用板书和多媒体电教化手段，在教学中尽可能用通俗的语言，列举丰富的例子，结合学生已掌握的知识，帮助他们深刻地理解数据库的有关基本操作。课堂教学采用多媒体课件教学；考核方式与要求：采取开卷的方式与平时学习相结合。

本课程拟达到的课程目标：

课程目标1：掌握C#语言、数据库的基本知识及对两者进行交互操作。

实现对数据库基本操作：了解 SQL Server 软件的安装和管理工具；掌握数据库的导

入、数据库的安全性设置和数据库对象的安全性设置；了解数据库的操作语句，掌握数据表的创建、删除、修改等基本语句，掌握数据表中记录的操作语句，掌握数据表查询语句的各组件的应用等基本操作。

课程目标2：掌握信息系统开发中对数据库的操作。

掌握数据库高级操作：熟悉数据库的完整性概念、索引、视图的概念。掌握数据库完整性控制的操作方法、索引的建立、视图的创建和触发器的创建。了解存储过程的优点，掌握存储过程的创建方法及带参数的存储过程的创建及调用方法。了解数据库并发控制的基本原理和事务的概念，掌握事务控制的基本方法。

课程学习后能做到：编写的程序完整且清晰，学会对数据完整性控制方法、存储过程的创建和调用。

课程目标3：动手与创新能力。

注重培养学生勤于动手、独立思考的能力，培养学生发现问题、分析问题和解决问题的能力。

## 三、课程目标对毕业要求的支撑关系

| 毕业要求指标点 | 课程目标 | 权重 | 目标达成形式 |
|---|---|---|---|
| 9.信息系统分析能力 | 课程目标1 | M | 实验、笔试、理论授课 |
| 9.信息系统分析能力 | 课程目标2 | M | 实验、笔试、理论授课 |
| 9.信息系统分析能力 | 课程目标3 | M | 实验、笔试、理论授课 |
| 10.信息系统开发设计能力 | 课程目标1 | H | 实验、笔试、理论授课 |
| 10.信息系统开发设计能力 | 课程目标2 | H | 实验、笔试、理论授课 |
| 10.信息系统开发设计能力 | 课程目标3 | H | 实验、笔试、理论授课 |
| 11.信息系统实施与运行维护能力 | 课程目标1 | H | 实验、笔试、理论授课 |
| 11.信息系统实施与运行维护能力 | 课程目标2 | H | 实验、笔试、理论授课 |
| 11.信息系统实施与运行维护能力 | 课程目标3 | H | 实验、笔试、理论授课 |

## 四、实验/实训项目与内容提要

| 序号 | 项目名称 | 目的要求内容提要 | 每组人数 | 实验学时 | 实验类型 | 实验要求 | 实验分室 | 对应课程目标 |
|---|---|---|---|---|---|---|---|---|
| 1 | 数据库基本操作 | 数据库的建立、数据库记录的插入、删除与修改等基本查询语句操作 | 1 | 4 | 验证 | 必做 | 经管中心 | 课程目标1、课程目标2、课程目标3 |
| 2 | 数据库高级操作 | 存储过程与触发器 | 1 | 4 | 设计 | 必做 | 经管中心 | 课程目标1、课程目标2、课程目标3 |
| 3 | 数据库连接 | 对SQL Server数据源进行连接 | 1 | 2 | 设计 | 必做 | 经管中心 | 课程目标1、课程目标2、课程目标3 |

续表

| 序号 | 项目名称 | 目的要求内容提要 | 每组人数 | 实验学时 | 实验类型 | 实验要求 | 实验分室 | 对应课程目标 |
|---|---|---|---|---|---|---|---|---|
| 4 | Command对象 | 利用 Command 对象的数据表进行操作 | 1 | 6 | 设计 | 必做 | 经管中心 | 课程目标1、课程目标2、课程目标3 |
| 5 | 数据读取器 | 利用数据读取器访问数据信息，读出数据表中信息 | 1 | 2 | 设计 | 必做 | 经管中心 | 课程目标1、课程目标2、课程目标3 |
| 6 | 事务处理 | SQL Server 中的事务处理，C#中的事务处理 | 1 | 2 | 设计 | 必做 | 经管中心 | 课程目标1、课程目标2、课程目标3 |
| 7 | 数据集合与DataAdapter对象 | 利用 Dataset 对象和 DataAdapter 对象对数据进行访问 | 1 | 4 | 设计 | 必做 | 经管中心 | 课程目标1、课程目标2、课程目标3 |

## 五、实验/实训教学方式与基本要求

实验方式是上机编写完成实验项目指定功能的程序，并调试、运行，最终得出正确结果。具体要求如下：

1. 问题分析

充分地分析和理解问题本身，弄清要求，包括功能要求、性能要求、设计要求等。

2. 功能的实现

这包括考虑如何把开发要求的问题程序分解成若干子句、方法、类或模块，并理清各子句、方法、类或模块之间的关系。

3. 上机调试

对程序进行编译，纠正程序中可能出现的语法错误。调试前，先运行一遍程序看看究竟将会发生什么。

4. 程序性能分析

在运行结果正确的前提下再分析程序中主要算法是否具有较好的时间复杂度和空间复杂度。

5. 实验总结

实验完成后要认真书写实验报告，要认真分析，总结每次实验项目的体会与收获。

## 六、实验/实训报告与考核

要求学生根据上机内容写出实验报告，报告要求包括以下几个方面的内容：

1. 实验目的；

2. 实验内容；

3. 实验要求；

4. 程序代码；

5. 程序运行结果。

| 考核<br>依据 | 建议<br>分值 | 评价细则 | 对应课程目标 |
|---|---|---|---|
| 出勤与课堂表现 | 百分制占20分 | 出勤成绩采用扣分制，每旷课一次扣平时成绩5分。课堂表现具体包括讨论发言、提问回答、听课专注度等 | 课程目标1、<br>课程目标3 |
| 实验过程认真程度 | 百分制占30分 | 具体包括讨论发言、提问回答、实验纪律遵守、学生动手能力、代码编写情况 | 课程目标2、<br>课程目标3 |
| 课程报告考核 | 百分制占50分 | 课程报告视内容是否达到布置的要求、报告的完整性、内容的准确性、文本的可读性等方面来评价。"课程报告"具体评分标准分优秀、良好、中等、及格、不及格五个等级：<br>（1）优秀（A，90分以上）：课程报告格式规范、目的明确、内容全面、条理清晰、结论正确、实验结果和可视性强、符合实际需求、实验代码完整。（2）良好（B，80-89分）：课程报告格式规范、目的明确、内容全面、条理基本清晰、结论正确、实验结果和可视性好、基本符合实际需求、实验代码完整。（3）中等（C，70-79分）：课程报告格式规范、目的基本明确、内容完整、条理性一般、结论正确、实验结果和可视性一般、基本符合实际需求、有实验代码。（4）及格（D，60-69分）：课程报告格式基本规范、目的基本明确、内容基本涉及、结论正确、实验结果和可视性基本有、实验代码数据基本有。（5）不及格（E，60分以下）：课程报告格式不规范、目的不明确、内容不完整、结论不正确、没有实验结果，或不符合专业特征、报告有抄袭现象或上交不及时 | 课程目标1、<br>课程目标2、<br>课程目标3 |

## 七、主要仪器设备和材料

1.硬件环境要求：

能上网的 PC（单机）。

2.软件要求：

Windows 环境下的以下软件：

（1）SQL Server 软件。

（2）Visual Studio 软件。

## 八、教材及主要参考资料

1.AGARWAL .C# 2012 数据库编程入门经典 ［M］. 沈刚，谭明红，译. 5 版. 北京：清华大学出版社，2013.

2.林成春，孟湘来，马朝东. C#数据库程序设计 ［M］. 北京：清华大学出版社，2010.

3.明日科技. 实战突击：C#项目开发案例整合 ［M］. 北京：电子工业出版社，2011.

# 实验一　数据库基本操作

## 一、实验名称和性质

| 所属课程 | C#数据库系统开发 |
|---|---|
| 实验名称 | 数据库基本操作 |
| 实验学时 | 4 |
| 实验性质 | ☑验证　□综合　□设计 |
| 必做/选做 | ☑必做　□选做 |

## 二、实验目的

1.掌握利用 SQL Server Management Studio 对象资源管理器和 T-SQL 语句两种方法进行数据库的创建、查看、修改、重命名和删除等操作；

2.掌握数据表的基本概念、理解约束、默认和规则的含义并且学会运用；

3.掌握数据查询基本语句与操作。

## 三、实验的软硬件环境要求

1.硬件环境要求：

网络环境：能够登录互联网，进行网络查询。

硬件：每人1台奔腾以上 PC。

2.软件：

Visual Studio 和 SQL Server。

## 四、知识准备

前期学完"数据库原理"和"C#程序设计"这两门课程的相关理论知识，并具备基本的实践操作能力。

## 五、实验内容

1.SQL Server 工具应用；

2.利用 T-SQL 创建数据库；

3.数据库基本查询语句操作。

## 六、实验过程

实验一　实验过程

## 七、思考

1.数据库定义有哪些约束？请分别说明它们的作用。

2.SQL 包括 DDL、DCL 和 DML，分别说明它们的意义和各包含哪些 SQL 命令？

3.Delete 语句的作用是什么？使用 Delete 语句能一次删除多个行吗？

4.SQL Server 2005 的服务器有哪两种登录方式？

# 实验二　数据库高级操作

## 一、实验名称和性质

| 所属课程 | C#数据库系统开发 |
|---|---|
| 实验名称 | 数据库高级操作 |
| 实验学时 | 4 |
| 实验性质 | □验证　□综合　☑设计 |
| 必做/选做 | ☑必做　□选做 |

## 二、实验目的

1.掌握存储过程的概念；

2.掌握存储过程的用途、创建、修改等操作；

3.能编写简单的存储过程。

## 三、实验的软硬件环境要求

1.硬件环境要求：

网络环境：能够登录互联网，进行网络查询。

硬件：每人 1 台奔腾以上 PC。

2.软件：

Visual Studio 和 SQL Server。

## 四、知识准备

前期学完"数据库原理"和"C#程序设计"这两门课程的相关理论知识，并具备基本的实践操作能力。

## 五、实验内容

1.创建存储过程；

2.在 WinForm 中执行存储过程。

## 六、实验过程

实验二　实验过程

## 七、思考

1.存储过程的意义？

2.按有无参数进行分类，存储过程有哪几类形式？

# 实验三　　数据库连接

## 一、实验名称和性质

| | |
|---|---|
| 所属课程 | C#数据库系统开发 |
| 实验名称 | 数据库连接 |
| 实验学时 | 2 |
| 实验性质 | □验证　□综合　☑设计 |
| 必做/选做 | ☑必做　□选做 |

## 二、实验目的

1.掌握将 SqlConnection 对象添加到 Windows 窗体上的方法；

2.掌握通过编程创建 Connection 对象的方法；

3.掌握 Connection 对象属性的使用方法；

4.理解如何管理数据源连接的打开及关闭连接。

## 三、实验的软硬件环境要求

1.硬件环境要求：

网络环境：能够登录互联网，进行网络查询。

硬件：每人1台奔腾以上 PC。

2.软件：

Visual Studio 和 SQL Server。

## 四、知识准备

前期学完"数据库原理"和"C#程序设计"这两门课程的相关理论知识，并具备基本的实践操作能力。

## 五、实验内容

1.数据库的连接；

2.SqlConnection 对象事件；

3.登录系统连接数据库。

## 六、实验过程

实验三　实验过程

## 七、思考

1.什么是连接字符串？

2.如何找到需要的连接字符串参数说明？

3.将连接字符串放入配置文件的方法以及从配置文件中读取连接字符串的方法是什么？

# 实验四　Command对象

## 一、实验名称和性质

| | |
|---|---|
| 所属课程 | C#数据库系统开发 |
| 实验名称 | Command对象 |
| 实验学时 | 6 |
| 实验性质 | □验证　□综合　☑设计 |
| 必做/选做 | ☑必做　□选做 |

## 二、实验目的

1.了解 ADO 的数据对象；

2.掌握 SqlCommand 的常用属性；

3.掌握 SqlCommand 的常用方法；

4.掌握 SqlCommand 的参数设置；

5.掌握 SqlCommand 的对象存储过程的调用方法。

## 三、实验的软硬件环境要求

1.硬件环境要求：

网络环境：能够登录互联网，进行网络查询。

硬件：每人1台奔腾以上PC。

2.软件：

Visual Studio 和 SQL Server。

## 四、知识准备

1.掌握 SqlCommand 对象允许指定在数据库上执行的操作的类型。比如对数据库中的行数据执行 Select、Insert、Modify 以及 Delete 命令。

2.SqlCommand 的常用属性。

3.SqlCommand 的常用方法。

4.创建 SqlCommand 对象的方法。

5.SqlCommand 的 Parameters 属性。

## 五、实验内容

1.用 SqlCommand 完成界面信息的插入；

2.编写带参数的存储过程；

3.用 SqlCommand 读取界面参数，综合存储过程，对数据更新操作。

## 六、实验过程

实验四　实验过程

## 实验五　数据读取器

### 一、实验名称和性质

| 所属课程 | C#数据库系统开发 |
| --- | --- |
| 实验名称 | 数据读取器 |
| 实验学时 | 2 |
| 实验性质 | ☐验证　　☐综合　　☑设计 |
| 必做/选做 | ☑必做　　☐选做 |

### 二、实验目的

1. 掌握创建 DataReader 的方法；

2. 掌握获取 DataReader 的属性；

3. 掌握执行 DataReader 的方法；

4. 掌握创建和配置 Command 对象参数的方法；

5. 掌握 Windows 应用程序窗体间传递数据的方法。

### 三、实验的软硬件环境要求

1. 硬件环境要求：

网络环境：能够登录互联网，进行网络查询。

硬件：每人 1 台奔腾以上 PC。

2. 软件：

Visual Studio 和 SQL Server。

### 四、知识准备

前期学完"数据库原理"和"C#程序设计"这两门课程的相关理论知识，并具备基本的实践操作能力。

### 五、实验内容

1. 读表字段名；

2. 设计一个登录系统；

3. 浏览数据；

4. 操作多个结果集。

### 六、实验过程

实验五　实验过程

### 七、思考

1. 如何控制 DataReader 的当前指针的移动操作？

2.DataReader 有哪些常用方法和属性？

3.Winform 应用程序在两个窗体之间如何传递数据？

4.描述 DataReader.NextResult（）方法和 DataReader.Read（）方法的各自功能。

# 实验六　事务处理

## 一、实验名称和性质

| | |
|---|---|
| 所属课程 | C#数据库系统开发 |
| 实验名称 | 事务处理 |
| 实验学时 | 2 |
| 实验性质 | □验证　□综合　☑设计 |
| 必做/选做 | ☑必做　□选做 |

## 二、实验目的

1.掌握事务的特点；

2.掌握 SQL Server 中处理事务的方法；

3.掌握 C#中处理事务的机制。

## 三、实验的软硬件环境要求

1.硬件环境要求：

网络环境：能够登录互联网，进行网络查询。

硬件：每人1台奔腾以上 PC。

2.软件：

Visual Studio 和 SQL Server。

## 四、知识准备

前期学完"数据库原理"和"C#程序设计"这两门课程的相关理论知识，并具备基本的实践操作能力。

SqlTransaction 类知识

初始化 SqlTransaction 类时，需要使用 SqlConnection 类的 BeginTransaction（）方法：

SqlTransaction myTran；

myTran=myConn.BeginTransaction（）；

SqlTransaction 的主要方法：

Commit（），提交事务

Rollback（），回滚事务

## 五、实验内容

1.建立数据库利用事务模拟转账过程；

2.建立数据表利用事务模拟转账过程；

3.利用事务进行数据更新。

## 六、实验过程

实验六　实验过程

## 七、思考

1.事务有哪些属性？

2.什么是事物的一致性原则？

3.利用事务有什么好处？

# 实验七　数据集合与DataAdapter对象

## 一、实验名称和性质

| 所属课程 | C#数据库系统开发 |
|---|---|
| 实验名称 | 数据集合与DataAdapter对象 |
| 实验学时 | 4 |
| 实验性质 | □验证　□综合　☑设计 |
| 必做/选做 | ☑必做　□选做 |

## 二、实验目的

1.了解ADO.NET断开连接的数据模型；

2.掌握如何创建DataSet；

3.掌握创建DataAdapter及预览DataAdapter结果的方法；

4.掌握如何使用DataAdapter查询表和填充DataSet；

5.掌握使用DataAdapter和DataSet更新数据。

## 三、实验的软硬件环境要求

1.硬件环境要求：

网络环境：能够登录互联网，进行网络查询。

硬件：每人1台奔腾以上PC。

2.软件：

Visual Studio 和 SQL Server。

## 四、知识准备

前期学完"数据库原理"和"C#程序设计"这两门课程的相关理论知识，并具备基本的实践操作能力。

## 五、实验内容

1.创建DataTable；

2.创建 DataTable 并在其中添加记录；

3.利用 DataTable.Find 方法查询数据；

4.使用 DataAdapter 填充 DataSet；

5.使用 DataAdapter 更新数据库。

### 六、实验过程

实验七　实验过程

### 七、思考

1.描述 ADO.NET 断开连接操作的意义。

2.DataSet 包含哪些信息？各用什么类描述？

3.如何创建一个完整的 DataSet？

# 第五节　C#数据库系统开发综合实验

## "C#数据库系统开发综合实验"课程实训教学大纲

### 一、课程基本信息

| 课程中文名称 | C#数据库系统开发综合实验 | | | | |
|---|---|---|---|---|---|
| 课程英文名称 | Comprehensive Experiment of C # Database Application and Development | | | | |
| 学　　分 | 理论 | 0 | 实践 | 1 | |
| 学　　时 | 理论 | 0 | 实验/实训 | 16 | 多种形式教学 | 0 |
| 课程代码 | 40019 | | 实验中心名称 | 经济管理实验中心 | |
| 适用专业 | 信息管理与信息系统 | | | | |
| 开课单位 | 商学院 | | 开课教研室 | 信息管理系 | |
| 先修课程 | "数据库原理""C#编程基础""C#数据库系统开发" | | | | |
| 课程要求 | 必修 | | 课程类别 | 必修 | |
| 开课学期 | 第三学期 | | 考核方式 | 考查 | |

### 二、课程描述和目标

　　"C#数据库系统开发综合实验"是继"C#数据库系统开发"以后的综合实验设计课程，是一门理论结合实践，以实践教学为主的实验课程。其主要目的是让学生在前期"C#数据库系统开发"课程所学的理论知识进一步得到巩固与提升，完成综合实验项目的设计。通过本课程实验的学习，学生应该掌握项目报告的简要书写、数据库系统的综合设计和对综合系统程序设计和程序调试的能力。

本课程拟达到的课程目标：

课程目标1：学会项目报告及文本的书写。

培养学生能书写出设计思路清晰、可读性强的项目报告书，并装订完整的一套项目资料。

课程目标2：具备数据库系统开发与设计的能力。

通过项目需求分析与系统功能设计、数据库的设计，以及应用程序代码编写和程序调试，掌握对数据库系统的开发与设计的基本技能，提高学生分析、设计和动手解决实际问题的能力。

课程目标3：团队合作与动手创新的能力。

培养学生团队合作、分工协同作业的能力，及发现问题、分析问题和解决问题的能力。

## 三、课程目标对毕业要求的支撑关系

| 毕业要求指标点 | 课程目标 | 权重 | 目标达成形式 |
|---|---|---|---|
| 10.信息系统分析能力 | 课程目标1 | M | 实验、讨论、项目报告 |
| 10.信息系统分析能力 | 课程目标2 | M | 实验、讨论、项目报告 |
| 10.信息系统分析能力 | 课程目标3 | M | 实验、讨论、项目报告 |
| 11.信息系统开发设计能力 | 课程目标1 | H | 实验、讨论、项目报告 |
| 11.信息系统开发设计能力 | 课程目标2 | H | 实验、讨论、项目报告 |
| 11.信息系统开发设计能力 | 课程目标3 | H | 实验、讨论、项目报告 |
| 12.信息系统实施与运行维护能力 | 课程目标1 | H | 实验、讨论、项目报告 |
| 12.信息系统实施与运行维护能力 | 课程目标2 | H | 实验、讨论、项目报告 |
| 12.信息系统实施与运行维护能力 | 课程目标3 | H | 实验、讨论、项目报告 |
| 13.综合应用与创新创业能力 | 课程目标1 | M | 实验、讨论、项目报告 |
| 13.综合应用与创新创业能力 | 课程目标2 | M | 实验、讨论、项目报告 |
| 13.综合应用与创新创业能力 | 课程目标3 | M | 实验、讨论、项目报告 |

## 四、实验/实训项目与内容提要

| 序号 | 教学内容要点 | 教学要求 | 实践学时 | 教学方法 | 对应课程目标 |
|---|---|---|---|---|---|
| 1 | 实验选题、分组、项目背景与需求分析，实验设计的要求 | 明确选题、项目背景与需求分析，了解报告书的书写格式，结合要求进行选题与项目设计的前期分析 | 4 | 讲授与练习 | 课程目标1、课程目标3 |
| 2 | 综合实验设计与开发实训 | 以 SQL Server 为后台数据库，以 .NET 中 C#语言作为前台开发工具，完成一个小型数据库应用系统的设计开发 | 8 | 混合式 | 课程目标2、课程目标3 |
| 3 | 完成项目报告书的撰写与评议 | 结合所设计的数据库应用系统，按要求撰写相应项目报告书，进行汇报评议 | 4 | 小组讨论、练习 | 课程目标1、课程目标3 |
| | 合计 | | 16 | | |

**五、实验/实训教学方式与基本要求**

本课程以学生组队的项目团队形式，通过学生自行选题，参考纸质资料和网上资料，结合理论进行探索性的动手实验设计为主，培养学生项目开发与设计的能力，教学环节主要包括：教师课堂指导、学生小组讨论、团队合作选题、查资料动手设计项目、撰写项目报告等。

**六、实验/实训报告与考核**

| 考核依据 | 建议分值 | 评价细则 | 对应课程目标 |
|---|---|---|---|
| 出勤与课堂表现 | 百分制占20分 | 出勤成绩采用扣分制，每旷课一次扣平时成绩5分。课堂表现具体包括讨论发言、提问回答、团队小组合作情况、组内分工的任务情况、听课专注度等 | 课程目标1、课程目标3 |
| 实验过程认真程度 | 百分制占30分 | 具体包括讨论发言、提问回答、实验纪律遵守、学生动手能力、代码编写情况 | 课程目标2、课程目标3 |
| 课程报告考核 | 百分制占50分 | 课程报告视内容是否达到布置的要求、报告的完整性、内容的准确性、文本的可读性等方面来评价。"课程报告"具体评分标准如下：课程报告成绩分优秀、良好、中等、及格、不及格五个等级：（1）优秀（A，90分以上）：课程报告格式规范、目的明确、内容全面、条理清晰、结论正确、实验结果和可视性强、符合实际需求、实验代码数据完整。（2）良好（B，80~89分）：课程报告格式规范、目的明确、内容全面、条理基本清晰、结论正确、实验结果和可视性好、基本符合实际需求、实验代码数据完整。（3）中等（C，70~79分）：课程报告格式规范、目的基本明确、内容完整、条理性一般、结论正确、实验结果和可视性一般、基本符合实际需求、有实验代码数据。（4）及格（D，60~69分）：课程报告格式基本规范、目的基本明确、内容基本涉及、结论正确、实验结果和可视性基本有、实验代码数据基本有。（5）不及格（E，60分以下）：课程报告格式不规范、目的不明确、内容不完整、结论不正确、没有实验结果，或不符合专业特征、报告有抄袭现象或上交很不及时 | 课程目标1、课程目标2、课程目标3 |

## "C#数据库系统开发综合实验"课程设计实训指导

### 一、实训名称和性质

| | |
|---|---|
| 所属课程 | C#数据库系统开发综合实验 |
| 实训名称 | "C#数据库系统开发综合实验"课程设计 |
| 实训学时 | 2周（16学时） |
| 实训性质 | □验证　☑综合　□设计 |
| 必做/选做 | ☑必做　□选做 |

### 二、实训目的

本课程设计是一种综合训练，致力于培养学生全面、灵活的算法设计思想和较深入的编程能力，为今后从事计算机开发与应用打下基础，培养具有丰富科学知识、独立解决实际问题、有创造能力的新型人才，这也是该课程设计的最终目的。

### 三、实训内容和要求

以 SQL Server 2000 以上版本的数据库为后台数据库，以 .NET 中 C#语言作为前台开发工具，完成一个小型数据库应用系统的设计开发。要求学生以 4 人为一组，自愿组合，每组从以下系统中选择一个课题或自拟课题。

（1）图书销售管理系统；

（2）通用工资管理系统；

（3）报刊订阅管理系统；

（4）医药销售管理系统；

（5）电话计费管理系统；

（6）宾馆客房管理系统；

（7）学生学籍管理系统；

（8）车站售票管理系统；

（9）汽车销售管理系统；

（10）仓储物资管理系统；

（11）企业人事管理系统；

（12）学生选课管理系统。

以上例子的各系统的具体要求如下：

1.图书销售管理系统

调查新华书店图书销售业务，设计的图书销售管理系统主要包括进货、退货、销售、统计功能。

（1）进货：根据某种书籍的库存量及销售情况确定进货数量，根据供应商报价选择供应商。输出一份进货单并自动修改库存量，把本次进货的信息添加到进货库中。

（2）退货：顾客把已买的书籍退还给书店。输出一份退货单并自动修改库存量，把本次退货的信息添加到退货库中。

（3）统计：根据销售情况输出统计的报表。一般内容为每月的销售总额、销售总量及排行榜。

（4）销售：输入顾客要买书籍的信息，自动显示此书的库存量，如果可以销售，打印销售单并修改库存，同时把此次销售的有关信息添加到日销售库中。

2.通用工资管理系统

考察某中小型企业，要求设计一套企业通用工资管理系统，其中应具有一定的人事档案管理功能。工资管理系统是企业进行管理的不可缺少的一部分，它是建立在人事档案系统之上的，其职能部门是财务处和会计室。通过对职工建立人事档案，根据其考勤情况以及相应的工资级别，算出其相应的工资。为了减少输入账目时的错误，可以根据职工的考勤、职务、部门和各种税费，自动求出工资。

为了便于企业领导掌握本企业的工资信息，在系统中应加入各种查询功能，包括个人信息、职工工资、本企业内某一个月或某一部门的工资情况查询，系统应能输出各类统计报表。

3.报刊订阅管理系统

通过对某企业的报刊订阅业务进行分析、调查，设计该企业的报刊订阅管理系统。该系统主要实现以下功能；

（1）录入功能：录入订阅人员信息、报刊基本信息。

（2）订阅功能：订阅人员订阅报刊（并计算出金额）。

（3）查询功能：按人员查询、按报刊查询、按部门查询有关订阅信息，对查询结果能进行预览和打印。

（4）统计功能：可以按报刊、人员、部门进行统计，并能对统计结果进行预览和打印。

（5）系统维护。

4.医药销售管理系统

调查从事医药产品的零售、批发等工作的企业，根据其具体情况，设计医药销售管理系统。该系统的主要功能包括：

（1）基础信息管理：药品信息、员工信息、客户信息、供应商信息等。

（2）进货管理：入库登记、入库登记查询、入库报表等。

（3）库房管理：库存查询、库存盘点、退货处理、库存报表等。

（4）销售管理：销售登记、销售退货、销售报表及相应的查询等。

（5）财务统计：当日统计、当月统计及相应报表等。

（6）系统维护。

5.电话计费管理系统

对邮电局电话计费业务进行调查，设计电话计费管理系统，具体的要求包括：

（1）能用关系数据库理论建立几个数据库文件来存储用户信息、收费员信息和收费信息等资料。

（2）具有对各种数据文件装入和修改数据的功能。

（3）能在用户交费的同时打印发票。

（4）能通过统计功能制订未来邮局服务计划方案。

（5）有多种查询和统计功能。

6.宾馆客房管理系统

具体考察本市的宾馆，设计客房管理系统，要求：

（1）具有方便的登记、结账功能，以及预订客房的功能，能够支持团体登记和团体结账。

（2）能快速、准确地了解宾馆内的客房状态，以便管理者决策。

（3）提供多种手段查询客人的信息。

（4）具备一定的维护手段，例如，只有具有一定权利的操作员在密码的支持下才可以更改房价、房间类型、增减客房。

（5）具有完善的结账报表系统。

7.学生学籍管理系统

调查所在学校学生处、教务处，设计本校学生学籍管理系统，要求：

（1）建立学生档案，设计学生入学、管理及查询界面。

（2）设计学生各学期、学年成绩输入及查询界面，并打印各类报表。

（3）根据各年度总成绩，查询、输出学生学籍管理方案（优秀、合格、试读、退学）。

（4）毕业管理。

（5）系统维护。

8.车站售票管理系统

考察本市长途汽车站、火车站售票业务，设计车站售票管理系统，要求：

（1）具有方便、快速的售票功能，包括车票的预订和退票功能，能够支持团体的预订票和退票。

（2）能准确地了解售票情况，提供多种查询和统计功能。例如车次的查询、时刻表的查询。

（3）能按情况所需实现对车次的更改、票价的变动及调度功能。

（4）具有完善的报表系统。

（5）具备一定的维护功能。

9.汽车销售管理系统

调查本地从事汽车销售的企业，根据该企业的具体情况，设计汽车销售管理系统。该系统的主要功能有：

（1）基础信息管理：厂商信息、车型信息和客户信息等。

（2）进货管理：车辆采购、车辆入库。

（3）销售管理：车辆销售、收益统计。

（4）仓库管理：库存车辆、仓库明细、进销存统计。

（5）系统维护：操作员管理、权限设置等。

10.仓储物资管理系统

经过调查，对仓库管理的业务流程进行分析。库存的变化通常是通过入库、出库操作来进行的。系统对每个入库操作均要求用户填写入库单，对每个出库操作均要求用户填写出库单。在出入库操作的同时可以进行增加、删除和修改等操作。用户可以随时进行各种查询、统计、报表打印、账目核对等工作。另外，也可以用图表形式来反映查询结果。

11.企业人事管理系统

调查本地的企业，根据企业的具体情况，设计企业人事管理系统。该系统的主要功能有：

(1) 人事档案管理：户籍信息、政治面貌、婚姻状况、合同管理等。

(2) 考勤加班出差管理。

(3) 人事变动：新进员工登记、员工离职登记、人事变更记录。

(4) 考核奖惩：奖惩原则、奖惩方案。

(5) 员工培训：培训项目、培训考核。

(6) 系统维护：操作员管理、权限设置等。

12.学生选课管理系统

调查学校教务处，设计一个简单的用于管理学生选课的信息管理系统。该系统的主要功能有：

(1) 登录模块：提供用户登录界面，用户输入正确的用户名和密码后，则可进入系统主窗口（即导航页面），从而可以选择进入相应的子系统。

(2) 学生信息模块：主要用于管理学生的基本信息，包括学号、姓名、性别、年龄和所在系，能对学生信息进行添加、删除和修改等操作。

(3) 课程信息模块：主要用于管理课程信息，包括课程号、课程名、学分和学时，能对课程信息进行添加、删除和修改等操作。

(4) 选课信息模块：主要用于管理学生选课信息，包括选课学生的学号、所选课程的课程号和该课程的考试成绩，并提供学生选课和选课信息查询等功能。

**四、实训的软硬件环境要求**

硬件环境要求：

能上网的 PC（单机）。

使用的软件名称、版本号以及模块：

Windows 环境下的以下三款软件：

1. Visio 2010 以上版本软件。

2. SQL Server 2000 以上版本软件。

3. Visual Studio 2010 以上版本软件。

**五、实训的基本理论**

1.前期学完"数据库原理""C#程序设计"这两门课程的相关理论知识，并具备基本的实践操作能力；

2.面向对象程序设计的基本理论知识与操作技能；

3.数据库规范化理论及信息系统的数据库设计理论；

4.能利用流程图、伪代码等来描述程序设计思路。

**六、实训组织和安排**

1.实训组织

学生可以自主选题，以单人或组队（1组不超过4人）形式完成课题要求均可。学生选题和分组由学生自行选择。自组同学自己负责，多名同学的分组选择组长并由组长进行内容分配和协调。

2.实训安排

实训的整个过程可分为三个阶段：第一阶段是分组、选题、任务分配及查阅资料阶段，分配时间是4课时；第二阶段是编写、调试程序阶段，分配时间是8课时；第三阶段是实训结果的检查阶段，指导教师根据每个学生所完成的情况进行问题的答辩，分配时间是4课时，教学形式在学校规定范围内可以多样化，学生可以到网上、图书馆查阅资料，教学场地可根据实际情况灵活调整。

## 七、注意事项

在整个实训过程中，每个学生都必须认真按照分工和具体要求独立完成任务，不得抄袭和请人代替完成。每组最后只提交一个程序，程序中设计一个菜单，可选择其中的任意一个应用问题执行，这就要求每组最后要通过团队的合作、协调来完成整个实训内容。

## 八、实训结果提交方式

在程序编写完成并能得出正确运行结果后，由指导老师组织学生进行问题的答辩，答辩通过后，每组编写一份完整的课程设计实训报告。课程报告应包含如下六个方面的内容：

1.问题描述

根据你所选做的题目，写出其问题的文字描述。

2.问题分析

根据自身对课程的掌握程度，充分分析和理解问题的设计要求，给出较为明确、简洁的设计思路和解决方法。

3.信息系统的需求分析和系统数据库设计

根据信息系统的需求进行数据库设计，数据库设计要包含数据字典、E-R图、数据库逻辑结构设计等内容。

4.算法设计

根据问题分析的结果及存储结构的描述，写出合理的算法设计过程，特别要注意所使用函数间的调用与被调用关系，可以用程序总模块图及程序流程图表示。

5.信息系统的详细设计

根据前面的功能分析和数据库设计结果，对信息进行详细设计。要求对每一功能模块的主要功能进行文字描述，并附加运行界面截图和主要控件的事件代码、自定义过程或函数、自定义类等关键代码。

6.写出使用说明，实习体会心得等

最后，将以上文字材料整理好，并做好封面装订成册，提交给指导老师。

## 九、实训考核方式和标准

1.考核方式

本实验课程的成绩由两部分构成：一部分是实验过程成绩（包括实验预习、实验出勤、运行结果和答辩等），占总成绩的50%；另一部分是课程设计实验报告成绩，占总成绩的50%。

2.评分标准

| 评分等级 | 评分标准 |
|---|---|
| 优秀（A，90分以上） | 出全勤，能按时完成各项任务；程序编写达到要求，回答问题正确；实训报告内容符合要求、条理清楚 |
| 良好（B，80~89分） | 出全勤，能按时完成各项任务；程序编写基本达到要求或回答问题基本正确或实训报告内容基本符合要求、条理比较清楚 |
| 中等（C，70~79分） | 出全勤，基本能按时完成各项任务；程序编写基本达到要求，回答问题基本正确或实训报告内容基本符合要求 |
| 及格（D，60~69分） | 出全勤，基本能按时完成各项任务；程序编写基本达到要求，回答问题不够正确；实训报告内容基本符合要求、条理不够清楚 |
| 不及格（E，60分以下） | 不能按时完成各项任务；程序编写基本达到要求，回答问题不够正确；实训报告内容书写不符合要求 |

# 第六节　计算机网络知识与能力训练

## "计算机网络"课程实验教学大纲

### 一、课程基本信息

| | | | | |
|---|---|---|---|---|
| 课程中文名称 | 计算机网络 | | | |
| 课程英文名称 | Computer Network | | | |
| 学　分 | 理论 | 2 | 实践 | 1 |
| 学　时 | 理论 | 32 | 实验/实训 | 16　多种形式教学 |
| 课程代码 | 26320 | | 实验中心名称 | 经济管理实验中心 |
| 适用专业 | 信息管理与信息系统 | | | |
| 开课单位 | 数理与信息工程学院 | | 开课教研室 | 网络工程系 |
| 先修课程 | 数据结构，数据库原理 | | | |
| 课程要求 | 必修 | | 课程类别 | 专业核心课 |
| 开课学期 | 第六学期 | | 考核方式 | 考试 |

### 二、课程描述和目标

　　"计算机网络"是信息管理与信息系统专业学生的专业核心必修课程，是一门集计算机技术与通信技术、软件与硬件、理论与实践为一体的课程。作为一门学科与专业基础性课程，本课程的学习将为学生后续从事计算机网络应用、设计与开发和进一步的专业学习打下必要的基础。

　　本课程对接专业人才培养目标与标准的实现，重点关注学生：（1）对计算机网络基本知识体系与基本工作原理的掌握；（2）对计算机网络主流技术的了解；（3）对计算机网络思维方法和分析网络问题能力的培养；（4）对计算机网络基本技术实践与技术应用能力的培养；（5）对跟踪新知识与新技术的学习能力培养。

　　本课程理论教学以计算机网络体系分层模型为主线，介绍计算机网络的基本原理、组成和结构，结合主流局域网技术介绍物理层、数据链路层的功能与实现原理，结合TCP/IP介绍网络层、运输层和应用层的功能和主要协议，并介绍网络管理的基本知识。

　　本课程的实践教学既要帮助学生加深对计算机网络基本知识与原理的理解与掌握，又是培养学生技术实践与技术应用能力的主要途径，主要实践教学内容包括计算机网络基本命令、局域网组网技术、TCP/IP应用服务的配置、TCP和UDP协议分析等。通过该教学环节，学生在掌握计算机网络基本理论知识和主流网络技术的基础上，能够具备基本的局域网组网能力和TCP/IP应用部署能力。

　　课程目标1：理解并掌握计算机网络的基本概念、基本原理和基本方法。

　　课程目标2：熟悉计算机网络的体系结构，理解各层的功能、工作原理和相关协议。

　　课程目标3：能够着眼于数据通信中所要解决的问题，分析网络协议的语法、语义和时序，从而对网络协议有一个非常透彻的理解。

　　课程目标4：通过练习和实验，验证和掌握计算机网络的安装、配置、调试、开发和应用，提高利用计算机解决网络体系问题的实践技能。

## 三、课程目标对毕业要求的支撑关系

| 毕业要求指标点 | 课程目标 | 权重 | 目标达成形式 |
|---|---|---|---|
| 7.信息资源规划能力<br>系统地掌握信息管理与信息系统专业的基本知识和基本理论；熟悉信息管理与信息系统、互联网、电子商务等相关技术知识；具备信息资源规划能力 | 课程目标1、课程目标2 | H | 闭卷笔试、作业、实验 |
| 8.信息分析处理能力<br>掌握信息分析处理的基本知识和方法；有较强的独立自主地获取和更新信息管理与信息系统专业知识的学习能力；善于跟踪、把握事物的发展变化，初步形成科学的思维方法，具备信息分析处理能力 | 课程目标3 | L | 闭卷笔试、作业、实验 |
| 9.电子商务管理能力<br>熟悉互联网、电子商务等相关技术知识；了解管理学等相关知识；具有电子商务网站建设、电子商务运营与管理能力 | 课程目标1、课程目标4 | M | 闭卷笔试、作业、实验 |
| 10.信息系统分析能力<br>掌握信息系统的需求分析方法；熟悉企业信息化处理过程；具备信息系统分析能力 | 课程目标4 | M | 闭卷笔试、作业、实验 |
| 12.信息系统实施与运行维护能力<br>掌握信息系统实施流程；具备对电子商务网站、ERP等信息系统的维护能力 | 课程目标4 | M | 实验 |

## 四、实验项目与内容提要

| 序号 | 项目名称 | 目的要求、内容提要 | 每组人数 | 实验学时 | 实验类型 | 实验要求 | 实验分室 | 对应课程目标 |
|---|---|---|---|---|---|---|---|---|
| 1 | 双绞线网线的制作与双机直连 | 掌握制作网线的方法，并用制作的网线完成双机直连的测试 | 1 | 2 | 设计 | 必做 | 数据通信与网络安全实验室 | 课程目标4 |
| 2 | 组建简单局域网 | 掌握使用网络交换机构建局域网的方法、掌握模拟器Cisco Packet Tracer的使用方法并模拟构建局域网 | 2 | 2 | 综合 | 必做 | 经管实验室 | 课程目标4 |
| 3 | 使用Wireshark分析以太网帧 | 掌握网络分析器Wireshark的使用，掌握以太网帧结构的分析方法 | 2 | 2 | 综合 | 必做 | 经管实验室 | 课程目标1、课程目标3 |
| 4 | 掌握常用网络命令的使用 | 掌握常用网络命令，对网络进行简单的操作 | 2 | 2 | 验证 | 必做 | 经管实验室 | 课程目标1、课程目标4 |
| 5 | 子网掩码与划分子网 | 理解子网掩码的作用，掌握子网的划分方法 | 1 | 2 | 验证 | 必做 | 经管实验室 | 课程目标1、课程目标2 |
| 6 | 掌握路由器中静态路由的配置 | 掌握路由器管理策略和静态路由的配置 | 2 | 2 | 综合 | 必做 | 经管实验室 | 课程目标1、课程目标2 |
| 7 | TCP协议与UDP协议分析 | 理解TCP协议包格式和工作原理，掌握TCP连接建立和释放的过程，理解UDP协议包格式 | 2 | 2 | 综合 | 必做 | 经管实验室 | 课程目标1、课程目标2 |
| 8 | 搭建Web和FTP服务 | 掌握Windows环境下使用XAMPP（Apache和FileZilla）搭建Web和FTP服务器的方法 | 2 | 2 | 综合 | 必做 | 经管实验室 | 课程目标1、课程目标4 |

## 五、实验教学方式与基本要求

（一）实验方式

本课程实验可以在具有硬件环境的网络技术实验室开展，也可以在具有Cisco Packet Tracer或HUAWEI ENSP等仿真软件的计算机专业实验室进行，教师可灵活设计。实验分为个人独立完成和分组合作完成两类，可以采用2~3人为一小组，每组合作完成实验。

（二）基本要求

学生实验前预习与实验相关的理论知识，并对相关的先修课程中的知识点进行适当复习与回顾。指导教师应概述实验的原理、方法及设备使用并适当给予演示，具体实验步骤和实际数据处理由学生独立完成。

## 六、实验报告与考核

课前预习实验，撰写预习报告（实验名称、实验目的、实验内容和实验步骤）。

实验课上开展实验并填写实验时间、实验小组成员、实验数据及实验结果与体会。

考核以抽查、实验报告数据批改相结合的方式进行。

本课程实验占总成绩的10%，每次实验可按五级制计分，也可以按百分制计分。下表中的建议分值给出了每次实验在实验总成绩中所占的比例。

| 考核依据 | 建议分值 | 考核/评价细则 | 对应课程目标 |
|---|---|---|---|
| 双绞线网线的制作与双机直连的实验报告 | 10% | 考核观测点：是否独立完成双绞线的制作，并测试合格<br>考核方式及评价：在规定的时间内完成实验内容、实验报告中的原理描述详略得当、数据真实、结论合理、体会深刻 | 课程目标4 |
| 组建简单局域网的实验报告 | 20% | 考核观测点：是否独立完成局域网的配置，并测试合格<br>考核方式及评价：在规定的时间内完成实验内容、实验报告中的原理描述详略得当、数据真实、结论合理、体会深刻 | 课程目标4 |
| 使用 Wireshark 分析以太网帧的实验报告 | 10% | 考核观测点：是否熟练使用 Wireshark 软件，并对以太网帧结构进行分析<br>考核方式及评价：在规定的时间内完成实验内容、实验报告中的原理描述详略得当、数据真实、结论合理、体会深刻 | 课程目标1、课程目标3 |
| 掌握常用网络命令的使用的实验报告 | 10% | 考核观测点：是否能正确完成该命令，并测试<br>考核方式及评价：在规定的时间内完成实验内容、实验报告中的原理描述详略得当、数据真实、结论合理、体会深刻 | 课程目标1、课程目标4 |
| 子网掩码与划分子网的实验报告 | 10% | 考核观测点：是否能正确设置子网掩码，并进行子网划分<br>考核方式及评价：在规定的时间内完成实验内容、实验报告中的原理描述详略得当、数据真实、结论合理、体会深刻 | 课程目标1、课程目标2 |
| 掌握路由器中静态路由的配置的实验报告 | 10% | 考核观测点：是否能正确配置静态路由，并进行测试<br>考核方式及评价：在规定的时间内完成实验内容、实验报告中的原理描述详略得当、数据真实、结论合理、体会深刻 | 课程目标1、课程目标2 |
| TCP 协议与 UDP 协议分析的实验报告 | 10% | 考核观测点：是否能正确理解 TCP 和 UDP 协议包格式和工作原理<br>考核方式及评价：在规定的时间内完成实验内容、实验报告中的原理描述详略得当、数据真实、结论合理、体会深刻 | 课程目标1、课程目标2 |
| 搭建 Web 和 FTP 服务的实验报告 | 20% | 考核观测点：是否能独立正确搭建 Web 和 FTP 服务<br>考核方式及评价：在规定的时间内完成实验内容、实验报告中的原理描述详略得当、数据真实、结论合理、体会深刻 | 课程目标1、课程目标4 |

**七、主要仪器设备和材料**

1.已联网的PC、交换机、路由器等。

2.RJ45水晶头、直通数据线、交叉双绞线、网线钳和网线测试仪等。

**八、教材及主要参考资料**

1.《计算机网络实验指导书》（王结太）。

2.相关设备厂家的《用户手册》。

# 第三章
## 信息分析处理能力训练

### 第一节　信息存储与检索能力训练

#### "信息存储与检索"课程实验/实训教学大纲

**一、课程基本信息**

| 课程中文名称 | | 信息存储与检索 | | | |
|---|---|---|---|---|---|
| 课程英文名称 | | Information Storage and Retrieval | | | |
| 学　分 | 理论 | | 实践 | | |
| 学　时 | 理论 | | 实验/实训 | | 多种形式教学 | 12 |
| 课程代码 | | | 实验中心名称 | | 经济管理实验中心 |
| 适用专业 | | 信息管理与信息系统 | | | |
| 开课单位 | 商学院 | | 开课教研室 | | 信息管理系 |
| 先修课程 | | 信息管理导论 | | | |
| 课程要求 | 必修 | | 课程类别 | | 专业课 |
| 开课学期 | 第三学期 | | 考核方式 | | 考试 |

**二、课程描述和目标**

（一）本课程在实现专业人才培养目标中的地位、作用，以及基本内容

　　"信息存储与检索"是信息管理与信息系统专业的一门专业必修课，它系统地阐述了信息资源描述、组织与检索的理论与方法，重点讨论了数字化信息资源的检索方法。本课程有助于学生掌握信息收集、组织、检索的基本理论、方法和技能，解决初步科学研究过程中遇到的海量信息的选择与控制问题。

　　本课程的基本内容主要包括：信息存储与检索原理、类型；信息存储技术与信息检索方法；计算机信息存储系统、联机存储系统及网络信息存储。

（二）本课程拟达到的课程目标

　　通过本课程的学习，学生应掌握信息存储与检索的基本理论知识、原理与方法；掌握计算机技术和网络技术在信息存储与检索中的应用、最新成果和发展趋势；能利用信息收集、组织、检索的基本理论、方法和技能，初步分析和解决有关信息存储与检索的各种相关问题。

本课程拟达到以下课程目标：

课程目标1：掌握信息存储与检索的基本理论知识、原理与方法。

课程目标2：掌握计算机技术和网络技术在信息存储与检索中的应用、最新成果和发展趋势。

课程目标3：利用信息收集、组织、检索的基本理论、方法和技能，初步分析和解决有关信息存储与检索的各种相关问题。

课程目标4：提高学生的信息意识，丰富学生的信息知识，提高学生分析问题、解决问题的能力。

## 三、课程目标对毕业要求的支撑关系

| 毕业要求指标点 | 课程目标 | 权重 | 目标达成形式 |
|---|---|---|---|
| 10. 信息系统的开发能力 | 课程目标2、课程目标3 | M | 理论教学、实验、各类综合考评 |
| 13. 信息组织、检索和处理能力 | 课程目标1、课程目标2、课程目标3、课程目标4 | H | 理论教学、实验、各类综合考评 |

## 四、实验/实训项目与内容提要

| 序号 | 项目名称 | 目的要求、内容提要 | 每组人数 | 实验学时 | 实验类型 | 实验要求 | 实验分室 | 对应课程目标 |
|---|---|---|---|---|---|---|---|---|
| 1 | 国内数据库检索实验 | ①掌握常用的国内联机学术检索系统的检索功能；②查找有关主题的中文文献，并配备题录、全文佐证资料 | 1 | 2 | 综合 | 必做 | 管理综合实验室 | 课程目标1、课程目标2、课程目标3、课程目标4 |
| 2 | 国外数据库检索实验 | ①掌握常用的国外联机检索系统的检索功能；②能查找有关主题的外文文献线索及原文；③能根据信息需求查找适当的外文资源 | 1 | 4 | 综合 | 必做 | 管理综合实验室 | 课程目标2、课程目标3、课程目标4 |
| 3 | 网络信息资源检索实验 | ①掌握搜索引擎等常用网络检索工具的用法；②利用网络检索工具解决学习、生活中的综合问题 | 1 | 2 | 综合 | 必做 | 管理综合实验室 | 课程目标3、课程目标4 |
| 4 | 数值数据库检索实验 | ①掌握数值数据库检索的功能；②对检索结果进行分析与优化 | 1 | 4 | 综合 | 选做 | 管理综合实验室 | 课程目标1、课程目标2、课程目标3 |

### 五、实验/实训教学方式与基本要求

1.实验/实训教学方式

由教师给出具体实验任务，学生在实验室通过各检索系统进行实验操作。

2.基本要求

（1）对学生的要求：学生先查看实验供选题目、过程要求材料，然后独立完成实验，并撰写实验报告。

（2）对教师的要求：做好解释说明和课堂组织，引导学生认真进行实验活动并进行及时的指导与点评。

### 六、实验/实训报告与考核

| 考核依据 | 建议分值 | 考核/评价细则 | 对应课程目标 |
|---|---|---|---|
| 实验过程与结果 | 50 | 实验过程按照实验要求有序完成，能正确得出实验结果或完成实验要求的相应成果 | 课程目标1、课程目标2、课程目标3、课程目标4 |
| 实验报告 | 50 | 完整详细记录实验过程与实验/实训结果，对实验思考能有针对性地答辩，合理表述实验心得 | 课程目标1、课程目标2、课程目标3、课程目标4 |

### 七、主要仪器设备和材料

计算机、投影仪、Office办公软件、统计软件等。

### 八、教材及主要参考资料

（一）教材

张帆，等.信息存储与检索［M］.2版.北京：高等教育出版社，2007.

（二）主要参考资料

1.张景元.信息存储与检索［M］.北京：高等教育出版社，2004.

2.彭奇志.信息检索与利用教程［M］.北京：中国轻工业出版社，2007.

3.何晓萍.文献信息检索理论、方法和案例分析［M］.北京：机械工业出版社，2017.

4.徐红云，张芩.网络信息检索［M］.广州：华南理工大学出版社，2018.

5.郭爱章，张洁.网络应用与综合信息检索［M］.3版.北京：清华大学出版社，2016.

## 实验一　国内数据库检索

### 一、实验名称和性质

| | |
|---|---|
| 所属课程 | 信息存储与检索 |
| 实验名称 | 国内数据库检索 |
| 实验学时 | 2 |
| 实验性质 | □验证　☑综合　□设计 |
| 必做/选做 | ☑必做　□选做 |

**二、实验目的**

1.掌握"中国学术期刊全文数据库"收录的资源范围。

2.掌握"中国学术期刊全文数据库"的检索方法，包括了解逻辑与或非、同义词扩展、汉语词语切分、在结果中检索等概念和方法；掌握调整检索范围的主要方法；掌握专辑导航浏览方法。

3.掌握"中国学术期刊全文数据库"中导出结果的方法，包括如何导题录，如何导原文，如何导出原文内的文字和图并放于Word中处理。

**三、实验的软硬件环境要求**

1.硬件环境要求：

本实验需要使用账号登录校园网。

2.使用的软件名称、版本号以及模块：

本实验主要使用校园上的"中国学术期刊全文数据库"，并使用Adobe Acrobat Reader阅读器。实验室要求装有Office等基本文字处理软件。

**四、知识准备**

前期要求掌握的知识：

学习过有关信息资源的基本概念；了解信息检索系统的构成和工作原理；熟练掌握信息检索策略的构造方法和修改方法；全面学习过"中国学术期刊全文数据库"的检索帮助。

**五、实验内容**

1.按验证性实验的具体要求逐步完成检索题目，观察并记录每一步所得的结果。

2.对设计性实验的检索题目，设计检索策略并查找，要求记录检索表达式、查找步骤及所得结果。

**六、验证性实验**

1.实验要求

查找"国内智能信息检索研究"方面的相关文献。

2.实验步骤（或源程序代码）

（1）分析检索概念和构建检索策略。

①概念切分：智能，信息检索。

②构成检索策略：智能 检索。

（2）文献检索。

①单逻辑

在嘉兴学院图书馆主页上选择"中国学术期刊全文"，在出现的页面上选择"单库检索首页"按钮，在接下来一页上选择"中国期刊全文数据库"，在出现的检索界面上进行如下选择：取系统默认值（专辑导航为全选、字段为"主题"、词频默认、检索时间范围1999—2009、检索期刊范围为全部期刊、模糊匹配、结果按时间排序），在文本框中键入："智能 检索"，结果得到2 108条记录。

②多逻辑（缩小检索范围）

取系统默认值（专辑导航为全选、字段为"主题"、词频默认、检索时间范围1999—2009、检索期刊范围为全部期刊、模糊匹配、结果按时间排序）。

检索过程提示：

| 字段 逻辑表达式 | 界面间关系 | 命中的记录数 |
|---|---|---|
| 主题 信息检索 | | 26 190 |
| 主题 智能 | 在结果中检索 | 1 458 |
| 主题 agent | 在结果中检索 | 291 |
| 篇名 agent | 在结果中检索 | 163 |

3.实验结果

（1）将第②步中的前60条切题论文的题录信息导出。

步骤说明：

①在结果页中选中文献，可点击全选或编号前的复选框，点击存盘。

②选择输出格式为"自定义"，并选择题名、作者、中文关键词、单位、中文摘要、年、期、第一责任人。选好后点击"预览"按钮。

③点击复制，在Word中使用"选择性粘贴"中的"无格式文本粘贴"，得到如下结果：

1 题名 基于Multi-Agent的Web个性化信息推送系统

作者 黄继征

中文关键词 Agent 信息检索 信息过滤 信息推送 向量空间模型 相似度 文档聚类

单位 湛江师范学院图书馆

中文摘要 针对搜索引擎在信息检索过程中存在的缺陷，本文提出了一种基于Multi-Agent的Web个性化信息推送系统模型，并给出了该模型的结构、工作流程以及算法设计。该系统采用Multi-Agent系统的体系结构和反馈机制，各个Agent分工协作完成信息推送任务，体现了信息服务的智能化与个性化等特点。

年 2009

期 08

第一责任人 黄继征（后略）

（2）将第一篇文献的PDF格式的原文导出，并选取第一段文字及文章内一幅图片复制至Word文件中。

步骤说明：

①点击第一条文献的篇名"基于Multi-Agent的Web个性化信息推送系统"，在出现的结果页中，点击"PDF下载"按钮，在下载界面中点击"下载"按钮。

②用Adobe Reader 7.0打开该PDF文档，在Adobe Reader的工具栏中选择"选择工具"，选中文内第一段文字，右键点击，选择"复制到剪贴板"，打开Word软件，新建Word文档，选择"粘贴"即可。

③在Adobe Reader的工具栏中选择"快照工具"，选中文内"图1：基于Multi-Agent的Web个性化信息推送系统模型结构"，在弹出的对话框中选择"确定"按钮，在Word文档中，选择"粘贴"即可。

（3）记录前面查询所选用的检索表达式。

步骤说明：

在检索结果页中点击"查看检索历史"，找到需要的检索表达式，选中并点击复制，粘贴至 Word 文档中，如：

数据库：中国期刊全文数据库 检索条件：（主题=信息检索）（模糊匹配）并且（主题=智能）（模糊匹配）并且（主题=agent）（模糊匹配）并且（题名=agent）（模糊匹配）；时间排序；单库检索（结果中检索）检索到：163 条记录

## 七、设计性实验

实验要求：

（1）在 CNKI 主页上查看现有期刊、图书、学位论文数据库的收录时间范围和文献数量。记录查找步骤和查找结果。

（2）使用"中国学术期刊全文数据库"，调研马费成教授最近两年发表的文献。记录使用的检索策略。导出前 25 篇文献的题录，并推测这位专家的工作单位。记录检索过程中对应的专业检索表达式。

（3）指出"图书情报工作"在 CNKI 专辑导航中所在的分类目录（从最顶层起记录）。

（4）查询并下载"图书情报工作"最新一期上的某文章，将其转化为 Word 版本进行保存。

（5）总结 CNKI 上您认为较有用，但平常不使用的检索功能，指出这些功能的用途。

## 实验二　国外数据库检索

## 一、实验名称和性质

| 所属课程 | 信息存储与检索 |
|---|---|
| 实验名称 | 国外数据库检索 |
| 实验学时 | 4 |
| 实验性质 | □验证　☑综合　□设计 |
| 必做/选做 | ☑必做　□选做 |

## 二、实验目的

1. 掌握"EBSCO 全文数据库"收录的资源范围。

2. 掌握"EBSCO 全文数据库"的检索方法，包括掌握词组检索的方法以及逻辑、优先、字段、截词和位置算符的使用方法；掌握高级检索界面中以往检索步骤的再次调用方法。

3. 掌握"EBSCO 全文数据库"中导出结果的方法，包括如何导题录，如何导原文，如何导出原文内的文字和图并放于 Word 中处理。

## 三、实验的软硬件环境要求

1. 硬件及网络环境要求：

本实验需要使用账号登录校园网、PC。

2. 使用的软件名称、版本号以及模块：

本实验需要使用校园网上的"EBSCO 全文数据库"，并使用 Adobe Acrobat Reader 阅读器。实验室要装有Office等基本文字处理软件。

**四、知识准备**

前期要求掌握的知识：

学习过有关信息资源的基本概念；了解信息检索系统的构成和工作原理；熟练掌握信息检索策略的构造方法和修改方法；全面学习过EBSCO的检索帮助。

**五、实验内容**

1.按验证性实验的具体要求逐步完成检索题目，观察并记录每一步所得的结果。

2.对设计性实验的检索题目，设计检索策略并查找，要求记录检索表达式，查找步骤及所得结果。

**六、验证性实验**

1.实验要求

检索题目：查找国外社会性网络服务方面的最新研究文献。

检索要求：观察并记录检索过程、检索策略，记录一篇相关结果的题录信息。

2.实验步骤（或源程序代码）

（1）概念分析和使用的检索词。

社会性网络服务：social networking services。

（2）选择数据库：Academic Source Premier。

（3）在其基本检索界面中输入"social networking services"，其余选项不变，点击"检索"按钮，得到55条检索结果。

（4）在其高级检索界面进行如下检索：

①基于不同检索模式的扩展检索。

在检索文本框中输入"social networking services"，在检索模式选项中进行如下设置：选中"查找全部检索词语""查询应用其他术语""也可以在文章的全文范围内搜索"。

系统响应：所有结果：1~10共22 327。

②基于限制选项的缩小范围检索。

在检索文本框中输入"social networking services"，在检索模式选项中进行如下设置：选中"查找全部检索词语""查询应用其他术语""也可以在文章的全文范围内搜索"。在限制结果中选择："全文""学术（同行评审）期刊"，文献类型选择为"Article"。

系统响应：所有结果：1~10共11 067。

③位置检索。

在检索文本框输入"social N10 network* N10 service*"，其余选项不变。

系统响应：所有结果：1~10共865

④截词、字段检索。

在检索文本框输入"ti social AND ti network* AND ti service*"，其余选项不变。

系统响应：所有结果：1~10共15。

⑤检索结果再处理。

点击检索结果页上的"检索历史记录/快讯"按钮，选择S4、S5，并用"合并检索"中的"AND检索"按钮，观察检索历史中的结果。结果是13条。

⑥导出⑤检索后结果集中所得的第一篇相关文献的摘要。

点击"查看完整引文"，复制后，在Word中使用"选择性粘贴"中的"无格式文本粘贴"，得到如下结果：

标题：Depressive Symptoms，Social Network，and Bereavement Service Utilization and Preferences among Spouses of Former Hospice Patients.

作者：Bergman，Elizabeth J.1
　　　Haley，William E.2

来源：Journal of Palliative Medicine；Feb2009，Vol. 12 Issue 2，p.170-176，7p，6 Charts

文献类型：Article

主题语：*BEREAVEMENT -- Psychological aspects
　　　　*SOCIAL networks
　　　　*SPOUSES
　　　　*TERMINAL care
　　　　*HOSPICE care
　　　　*COHORT analysis
　　　　*SERVICES for

地理术语：TAMPA Bay（Fla.）
　　　　　FLORIDA
　　　　　NAICS/Industry Codes：621610 Home Health Care Services
　　　　　623110 Nursing Care Facilities
　　　　　624190 Other Individual and Family Services

摘要：Background：Bereavement services are an important part of comprehensive end-of-life care with potential to ameliorate physical，psychological，and spiritual distress. We studied bereaved spouses of hospice patients to examine bereavement service utilization，barriers，and preferences regarding content，structure，and delivery of potential bereavement services. We also examined the impact of depressive symptoms and social network. Methods：Retrospective cohort study of bereaved spousal caregivers of patients of three hospices in Tampa Bay，Florida. Descriptive and univariate analyses assessed demographics，depressive symptoms，social network，service utilization，barriers，and preferences. R...

## 七、设计性实验

实验要求：

1.在EBSCO上查看其三个主要数据库的收录范围信息。记录查找步骤和查找结果。

2.请运用合适的检索策略检索EBSCO-Academic Search Premier数据库，查找与课题"社会问答网站"相关的文献。提交的结果要求：①给出检索策略（必须使用检索算符并要求可获得全文）；②给出一篇最相关文献的题录（题目中必须出现主要概念检索词，书目信息中篇名、作者和出处必须完整，同时给出文献的全文标识）。

3.请运用合适的检索策略查找与"教育领域中的电子评价技术"相关的文献，提交的结果包括：①给出合适的数据库选择；②给出检索策略（必须使用检索算符并要求可获得全文）；③给出一篇最相关文献的题录（题目中必须出现主要概念检索词，书目信息中篇名、作者和出处必须完整，同时给出文献的全文标识）。

4.请以"社会问答网站"为检索课题，记录 EBSCO 中视觉搜索的过程，并选中最相关的三篇文献进行题录导出、原文获取。

5.选择 EBSCO 数据库中最新一期 Harvard Business Review 中的一篇文章，并制作其题录。

## 实验三　网络信息资源检索

### 一、实验名称和性质

| 所属课程 | 信息存储与检索 |
| --- | --- |
| 实验名称 | 网络信息资源检索 |
| 实验学时 | 4 |
| 实验性质 | ☐验证　☑综合　☐设计 |
| 必做/选做 | ☑必做　☐选做 |

### 二、实验目的

1.了解网络信息资源的构成和特点；

2.掌握搜索引擎的类型、作用、检索范围和检索结果；

3.熟练掌握搜索引擎的使用方法；

4.了解引文的著录规则。

### 三、实验的软硬件环境要求

1.硬件及网络环境要求：

本实验需要使用账号登录互联网、PC。

2.使用的软件名称、版本号以及模块：

本实验需要登上互联网，能使用其中的搜索引擎。实验室要求装有 Office 等基本文字处理软件。

### 四、知识准备

前期要求掌握的知识：

学习过有关信息资源的基本概念；了解信息检索系统的构成和工作原理；熟练掌握信息检索策略的构造方法和修改方法；全面学习过搜索引擎的检索帮助。

### 五、实验内容

1.按题目要求完成 1~5 的引文著录规则检索课题，记录检索表达式、检索步骤及检索结果。

2.按题目要求完成 6 的检索课题，记录检索表达式及检索结果。

3.综合运用各种检索技术，完成 7~10 的综合性检索课题，要求记录检索表达式、检索策略的调整方法，及每一步得到的结果。

### 六、设计性实验

实验要求：（1）请查找文后《参考文献著录规则 GB/T 7714—2015》的全文。

要求：请记录您拟定的关键词，编写的检索表达式，使用的搜索工具。列举另一种查找其全文的方法，比较两者的异同。

（2）以下是某同学著录的引文，您知道它代表哪类文献吗？格式是否正确？

王珊 陈红 编著，《数据库系统原理教程》，清华大学出版社，2002

要求：请用正确的引文著录规则对其重新著录，并记录检索步骤，检索工具。

（3）以下是某同学著录的引文，您知道它代表哪类文献吗？格式是否正确？

徐黎镇，「中山大学电子布告栏系统使用简介」，教育部电子计算中心简讯第8204期，1993

要求：请用正确的引文著录规则对其重新著录，并记录检索步骤，检索工具。

（4）以下是某同学著录的引文，您知道它代表哪类文献吗？格式是否正确？

陈健. UML技术应用探讨［j］. 计算机工程. 2004，1.第30卷第2期

要求：请用正确的引文著录规则对其重新著录，并记录检索步骤，检索工具。

（5）以下是某同学著录的引文，您知道它代表哪类文献吗？格式是否正确？

邢志宇. http：//www.sowang.com/ZHUANJIA/XZHY/20041122.htm.2007-09-10

要求：请用正确的引文著录规则对其重新著录，并记录检索步骤，检索工具。

（6）利用搜索引擎，记录检索表达式和命中结果的数量。

①一般检索。

用逻辑与查出与"电子商务""购物网站"相关的网页。

使用Site查出嘉兴学院网站（site：www.zjxu.edu.cn）中有关"科研项目"的网页。

使用intitle查出有关"嘉兴学院数学与信息工程学院"问题的网页。

使用filetype分别查出有关"文本挖掘"的PPT（课件）和PDF文件。

利用图像检索功能查出金庸先生的图像？选取一张进行下载。

②高级检索。

通过高级检索功能查出最近1个月以内搜索到的标题含有"山西煤矿透水事件"的网页。

③特殊检索。

用"天气"或"tq"命令查出明天嘉兴的最高温度。

④学术检索。

查出"社会问答网站"方面的高引文献。

⑤在线词典。

请利用在线翻译工具（https：//fanyi.baidu.com//），对以下来自DEMETRIOS GEORGE GLINOS博士的论文《SYNTAX-BASED CONCEPT EXTRACTION FOR QUESTION ANSWERING》中的文摘进行翻译。

Question answering（QA）stands squarely along the path from document retrieval to text understanding. As an area of research interest，it serves as a proving ground where strategies for document processing，knowledge representation，question analysis，and answer extraction may be evaluated in real world information extraction contexts. The task is to go beyond the representation of text documents as "bags of words" or data blobs that can be scanned for keyword combinations and word collocations in the manner of internet search engines. Instead，the goal is to recognize and extract the semantic content of the text，and to organize it in a manner that supports reasoning about the concepts represented. The issue presented is how to obtain and query such a structure without either a predefined set of concepts or a predefined set of relationships among concepts.

This research investigates a means for acquiring from text documents both the underlying concepts and their interrelationships. Specifically, a syntax-based formalism for representing atomic propositions that are extracted from text documents is presented, together with a method for constructing a network of concept nodes for indexing such logical forms based on the discourse entities they contain. It is shown that meaningful questions can be decomposed into Boolean combinations of question patterns using the same formalism, with free variables representing the desired answers. It is further shown that this formalism can be used for robust question answering using the concept network and wordnet synonym, hypernym, hyponym, and antonym relationships.

This formalism was implemented in the Semantic Extractor (SEMEX) research tool and was tested against the factoid questions from the 2005 Text Retrieval Conference (TREC), which operated upon the AQUAINT corpus of newswire documents. After adjusting for the limitations of the tool and the document set, correct answers were found for approximately fifty percent of the questions analyzed, which compares favorably with other question answering systems.

（7）某男士计划周六携带一家人去上海科技馆旅游一天，请为其安排行程，包括交通路线、主要景点参考、门票价格、用餐选择等。

（8）某同学具有较高的外语、计算机编程能力，且对智能信息处理较感兴趣，请为其准备考研方面的预备信息，包括学校、专业、导师、报考时间、考试科目、参考书籍等，并推荐最优方案。

（9）某毕业生准备进行电子商务领域的自主创业，其经营的产品主要为山核桃，请为其提供创业计划及营销手段。

（10）请查找两个国外智能信息检索领域的授课网站，对其考核方式、教学内容、实验项目设计等进行记录及分析。

## 实验四　数值数据库检索

### 一、实验名称和性质

| 所属课程 | 信息存储与检索 |
| --- | --- |
| 实验名称 | 数值数据库检索 |
| 实验学时 | 4 |
| 实验性质 | □验证　☑综合　□设计 |
| 必做/选做 | □必做　☑选做 |

**二、实验目的**

1.掌握CNKI中"中国年鉴全文数据库"收录范围及检索方法；

2.掌握"百度统计数据搜索"的资源收录范围及检索功能；

3.熟悉"中国资讯行"收录范围及其检索方法；

4.掌握各类统计数据资源中的结果导出方法，如将数据转入Word或Excel中以便分析、处理。

**三、实验的软硬件环境要求**

1.硬件及网络环境要求：

本实验需要使用账号登录校园网、PC。

2.使用的软件名称、版本号以及模块：

本实验需要使用校园网上的CNKI"中国年鉴全文数据库""中国资讯行"，以及外网上的"百度统计数据搜索"检索软件，文献阅读时需要使用CAJ Viewer阅读器，实验室还要求装有Office等基本文字、数字处理软件。

**四、知识准备**

前期要求掌握的知识：

学习过有关信息资源的基本概念；了解信息检索系统的构成和工作原理；熟练掌握信息检索策略的构造方法和修改方法；了解"数值数据库"的构成、检索特点及检索方法。

**五、实验内容**

1.按验证性实验的具体要求逐步完成检索题目，观察并记录每一步所得的结果。

2.对设计性实验的检索题目，设计检索策略并查找，要求记录检索表达式、查找步骤及所得结果。

**六、验证性实验**

1.实验要求

查找"浙江省电子商务"方面的有关数据。

2.实验步骤（或源程序代码）

（1）分析检索概念和构建检索策略

①概念切分：浙江，电子商务；

②构成检索策略：浙江 AND 电子商务。

（2）中国年鉴全文数据库中的数值数据检索

①打开IE浏览器，在地址栏中输入"http：//lib.zjxu.edu.cn"，在出现的页面中选择"中国知网全文数据库"链接，在出现的页面中选择"中国年鉴全文数据库"，点击进入。

②在"中国年鉴全文数据库"的检索界面中，选择"地域导航"，并选择"浙江省"。

③在检索对话框的检索项中选择"正文"，检索词中选择"电子商务"，其余保持不变，点击"检索"按钮。

④观察结果，并将匹配条件改为"精确"匹配，重新检索。

⑤选择"2019年浙江旅游年鉴"中的"旅游信息化"，分析2018年浙江省各市的旅游发展情况、旅游信息化举措，并用Excel表格记录浙江省著名的旅游资源。

（3）百度中的数值数据检索

①百度统计数据搜索中的数据检索。

　　打开 IE 浏览器，在其中的地址栏上输入"http：//tjsj.baidu.com/"，在出现的检索页面的搜索框中输入"浙江 电子商务"，点击"百度一下"按钮，出现结果页面。

　　②在结果页中选中"中国 2020 年度上规模民营企业 500 家统计_百度统计数据"文献，即点击标题，进入该文献的信息内容页面。将信息内容页的网址进行复制。

　　③打开 Excel，选择"数据"下的菜单项"导入外部数据"中的"新建 Web 查询…"，如图 3-1 Excel 中的外部数据导入菜单所示。

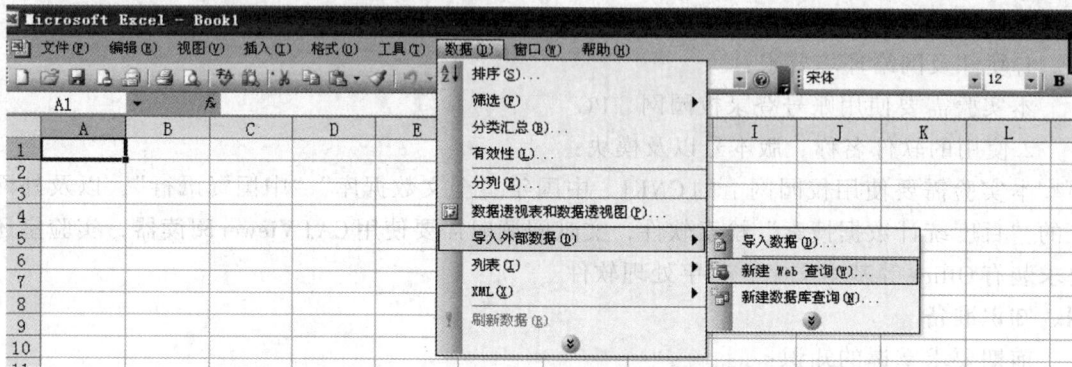

图 3-1　Excel 中的外部数据导入菜单

　　④在出现的"新建 Web 查询…"页的地址栏，按 Ctrl+V 将信息内容页的网址复制入地址栏，点击转到。

　　⑤在出现的页面中单击要选择的表格旁边的箭头符号，如图 3-2 Excel 中新建 Web 查询中的表格导入界面所示，点击"导入"按钮，在"导入数据"页面中点击"确定"按钮，则数据被导入 Excel。

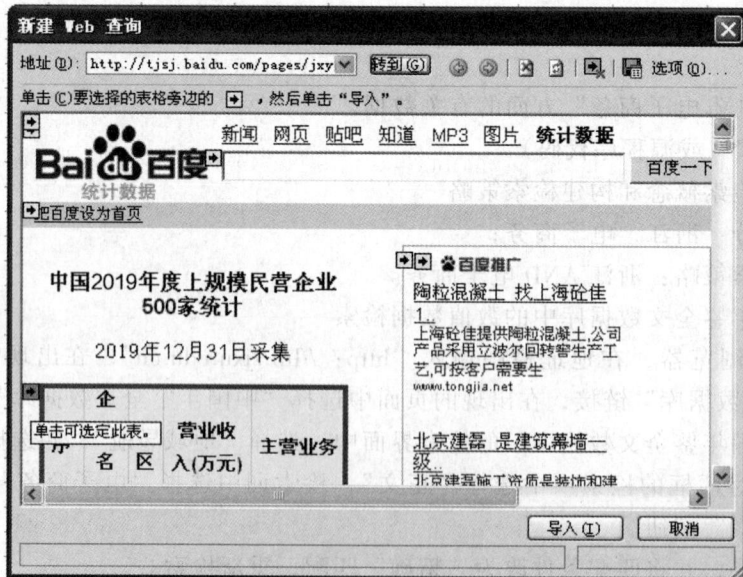

图 3-2　Excel 中新建 Web 查询中的表格导入界面

## 七、设计性实验

实验要求：

1.确定并记录"中国年鉴全文数据库"的收录范围、数据提供单位、制作单位、主要功能。

2.使用"中国年鉴全文数据库",并结合纸质年鉴,对浙江省内各市近五年的旅游业发展状况进行比较研究。

3.使用"中国年鉴全文数据库",并结合纸质年鉴,说明如果想获得比较好的电子商务方面的调查数据,应如何细化主题、如何确定相应的检索策略。

4.以您家乡较著名的产业或您较关心的产业为产业背景,介绍该产业的主要产品、产业特点及经营特点,并用"百度统计数据搜索"搜索该产业的有关信息,分析、评价检索结果。

5.确定"中国资讯行"的收录范围、数据提供单位、举例说明其主要功能。

# 第二节 信息分析与预测能力训练

## "信息分析与预测"课程实验/实训教学大纲

### 一、课程基本信息

| 课程中文名称 | 信息分析与预测 | | | |
|---|---|---|---|---|
| 课程英文名称 | Information Analysis and Forecast | | | |
| 学 分 | 理论 | | 实践 | |
| 学 时 | 理论 | 实验/实训 | 多种形式教学 | 12 |
| 课程代码 | | 实验中心名称 | 经济管理实验中心 | |
| 适用专业 | 信息管理与信息系统 | | | |
| 开课单位 | 商学院 | 开课教研室 | 信息管理系 | |
| 先修课程 | 信息管理导论、信息存储与检索 | | | |
| 课程要求 | 必修 | 课程类别 | 专业课 | |
| 开课学期 | 第五学期 | 考核方式 | 考查 | |

### 二、课程描述和目标

(一)本课程在实现专业人才培养目标中的地位、作用,以及基本内容

信息分析与预测是一项以取得增值了的、具有决策支持作用的信息分析与预测产品为目的的信息深加工活动。"信息分析与预测"课程是一门讲解如何对已知信息的内容进行整序和科学抽象的专业课程。通过本课程的学习,学生可系统地掌握信息分析与预测的基本理论、原则、程序和方法,掌握信息分析与预测理论在科技、经济及其他各项社会实践中的应用。

本课程的基本内容主要包括:信息分析与预测的程序、流程;信息分析与预测方法;信息分析与预测方法的应用。

（二）本课程拟达到的课程目标

通过本课程的学习，学生可以了解信息分析与预测的作用，掌握信息分析与预测的方法，培养学生对信息资源收集、分析和预测的能力，为以后的专业学习和工作打下坚实的基础。

本课程拟达到以下课程目标：

课程目标1：掌握信息分析与预测的基本理论知识，了解信息分析与预测的最新成果和发展趋势。

课程目标2：掌握各种类型的信息分析与预测方法的原理、分析过程及作用。

课程目标3：利用信息分析与预测的基本理论、方法和技能，初步解决实际问题。

课程目标4：提高学生的信息意识，丰富学生的信息知识，提高学生分析问题、解决问题的能力。

## 三、课程目标对毕业要求的支撑关系

| 毕业要求指标点 | 课程目标 | 权重 | 目标达成形式 |
|---|---|---|---|
| 12. 信息调研与分析能力 | 课程目标1、课程目标2、课程目标3、课程目标4 | H | 理论教学、实验、各类综合考评 |
| 13. 信息组织、检索和处理能力 | 课程目标2、课程目标3、课程目标4 | M | 理论教学、实验、各类综合考评 |

## 四、实验/实训项目与内容提要

| 序号 | 项目名称 | 目的要求、内容提要 | 每组人数 | 实验学时 | 实验类型 | 实验要求 | 实验分室 | 对应课程目标 |
|---|---|---|---|---|---|---|---|---|
| 1 | 线性回归分析 | ①熟悉线性分析的数学模型、线性分析的普通最小二乘法估计；②掌握线性回归分析软件的使用 | 1 | 2 | 综合 | 必做 | 管理综合实验室 | 课程目标1、课程目标2、课程目标3 |
| 2 | 时间序列分析与预测 | ①掌握倾向线拟合分析方法；②掌握倾向线逐步修正分析方法 | 1 | 2 | 综合 | 必做 | 管理综合实验室 | 课程目标1、课程目标2、课程目标3、课程目标4 |
| 3 | 层次分析 | 利用层次分析法对研究对象进行客观评价 | 1 | 2 | 综合 | 必做 | 管理综合实验室 | 课程目标2、课程目标3、课程目标4 |
| 4 | 可视化分析 | ①掌握可视化分析工具的使用方法；②利用可视化分析工具，解决具体问题 | 1 | 2 | 综合 | 必做 | 管理综合实验室 | 课程目标2、课程目标3、课程目标4 |
| 5 | 信息分析与预测案例讨论 | ①选择典型案例讨论；②强化信息分析与预测方法的原理及应用 | 1 | 4 | 综合 | 必做 | 管理综合实验室 | 课程目标1、课程目标2、课程目标3、课程目标4 |

### 五、实验/实训教学方式与基本要求

（一）实验/实训教学方式

由教师给出具体实验任务，学生在实验室通过各信息分析与预测工具进行实验操作。

（二）基本要求

1.对学生的要求：学生先查看实验供选题目、过程要求材料，然后独立完成实验，并撰写实验报告。

2.对教师的要求：做好解释说明和课堂组织，引导学生认真进行实验活动并进行及时的指导与点评。

### 六、实验/实训报告与考核

| 考核依据 | 建议分值 | 考核/评价细则 | 对应课程目标 |
|---|---|---|---|
| 实验过程与结果 | 50 | 实验过程按照实验要求有序完成，能正确得出实验结果或完成实验要求的相应成果 | 课程目标1、课程目标2、课程目标3、课程目标4 |
| 实验报告 | 50 | 完整详细记录实验过程与实验结果，对实验思考能有针对性地答辩，能合理表述实验心得 | 课程目标1、课程目标2、课程目标3、课程目标4 |

### 七、主要仪器设备和材料

计算机、投影仪、Office办公软件，统计软件等。

### 八、教材及主要参考资料

（一）教材

朱庆华，陈铭. 信息分析：基础、方法及应用［M］. 北京：科学出版社，2004.

（二）主要参考资料

1.江三宝，毛振鹏. 信息分析与预测［M］. 北京：清华大学出版社，北京交通大学出版社，2008.

2.李莉. 信息分析方法［M］. 北京：科学出版社，2017.

3.余波. 现代信息分析与预测［M］. 北京：北京理工大学出版社，2011.

4.卢小宾，郭亚军. 信息分析理论与实践［M］. 北京：清华大学出版社，2013.

# 第三节　数据仓库与数据挖掘能力训练

## "数据仓库与数据挖掘"课程实验/实训教学大纲

### 一、课程基本信息

| 课程中文名称 | 数据仓库与数据挖掘 | | |
|---|---|---|---|
| 课程英文名称 | Data Warehouse and Data Mining | | |
| 学　分 | 理论 | 2.5 | 实践 | 0.5 |

| 学　时 | 理论 | 32 | 实验/实训 | 16 | 多种形式教学 | |
|---|---|---|---|---|---|---|
| 课程代码 | | 0806523006 | 实验中心名称 | | 经济管理实验中心 | |
| 适用专业 | | | 信息管理与信息系统 | | | |
| 开课单位 | | 商学院 | 开课教研室 | | 信息管理系 | |
| 先修课程 | | | 数据库、信息管理导论、统计学 | | | |
| 课程要求 | | 选修 | 课程类别 | | 选修课 | |
| 开课学期 | | 第五学期 | 考核方式 | | 考查 | |

## 二、课程描述和目标

（一）本课程在实现专业人才培养目标中的地位、作用，以及基本内容

"数据仓库与数据挖掘"是信息管理与信息系统专业选修课。本课程的任务是：从数据仓库角度出发，全面、系统地介绍数据仓库和数据挖掘的基本概念、基本方法以及数据挖掘的最新进展。通过本课程的学习，学生应对数据挖掘的整体结构、概念和技术有深入的认识和了解，并且可以熟悉数据挖掘的基本原理，提高分析数据的思维能力与计算能力。

（二）本课程拟达到的课程目标

"数据仓库与数据挖掘技术"是信息管理与信息系统专业一门重要专业课。数据仓库与数据挖掘是一门涉及数据库技术、人工智能、机器学习、神经网络、统计学、模式识别、知识库系统、知识获取、信息检索、高性能计算和数据可视化等多学科的课程。通过该课程的学习可以达到巩固学生对数据库系统的理解，提高学生数据挖掘的工作能力的目的。

本课程拟达到的课程目标：包括两大目标，即课程知识本身和课程思政。

1.课程知识本身的教学目标

教学目标在于使学生全面而深入地掌握数据仓库的一些基本知识，比如数据仓库的概念、原理、数据仓库的建模以及数据仓库的构成过程等；在此基础上系统掌握有关数据挖掘的基本概念和原理，了解数据挖掘的最新发展、常用的数据挖掘算法、前沿的数据挖掘研究领域；深入地掌握1~2个热点的理论和技术。同时使学生能够使用典型的挖掘工具，进行深入的业务数据分析，为今后在商业运营和企业管理中利用信息技术提升企业市场竞争力，提供良好的理论和技术训练。

2.课程思政的教学目标

习近平总书记在全国高校思想政治工作会议上强调，要用好课堂教学这个主渠道，各类课程都要与思想政治理论课同向同行，形成协同效应。本课程通过深入挖掘核心授课知识的思政资源，以数据仓库的数据建模中的事实表的核心地位进行坚持党的领导地位的必要性教育；通过数据仓库与数据集市的嵌套关系进行中央集权的理论教育，并引出整体与部分关系原理的教育；在数据挖掘的聚类教学以及粗糙集的教学中，引入组织创新管理的教育思想；在数据挖掘的关联规则的教学中引入"蝴蝶效应"以及"防微杜渐"的思政教育。通过知识教育与思政教育的自然融合，取得了较好的协同效应。

## 三、课程目标对毕业要求的支撑关系

| 毕业要求指标点 | 课程目标 | 权重 | 目标达成形式 |
|---|---|---|---|
| 1.数据仓库数据环境构建能力 | 课程目标1、课程目标2 | L | 分析、实验考评 |
| 2.数据仓库的数据处理能力 | 课程目标1、课程目标2 | H | 分析、实验考评 |
| 3.决策树、粗糙集、模糊聚类及关联规则挖掘能力 | 课程目标1、课程目标2 | H | 分析、实验考评 |

## 四、实验/实训项目与内容提要

| 序号 | 项目名称 | 目的要求、内容提要 | 每组人数 | 实验学时 | 实验类型 | 实验要求 | 实验分室 | 对应课程目标 |
|---|---|---|---|---|---|---|---|---|
| 1 | 建立数据库与数据表 | 掌握创建数据库与数据表的方法 | 1 | 2 | 综合 | 选做 | 管理综合实验室 | 课程目标1、课程目标2 |
| 2 | 数据导入/导出 | 掌握外围数据的导入和导出 | 1 | 2 | 综合 | 必做 | 管理综合实验室 | 课程目标1、课程目标2 |
| 3 | 数据库迁移 | 掌握数据库移动的一些方法 | 1 | 2 | 综合 | 必做 | 管理综合实验室 | 课程目标1、课程目标2 |
| 4 | 数据抽样 | 掌握数据抽样步骤和技巧 | 1 | 2 | 综合 | 必做 | 管理综合实验室 | 课程目标1、课程目标2 |
| 5 | 创建多维数据集 | 掌握多维数据集的创建步骤 | 1 | 2 | 综合 | 必做 | | 课程目标1、课程目标2 |
| 6 | 基于决策树的信息挖掘 | 掌握决策树模型的挖掘方法 | 1 | 2 | 综合 | 必做 | | 课程目标1、课程目标2 |
| 7 | 基于粗糙集的数据挖掘 | 掌握基于粗糙集的数据挖掘方法 | 1 | 2 | 综合 | 必做 | | 课程目标1、课程目标2 |
| 8 | 模糊聚类 | 掌握模糊聚类的过程和方法 | 1 | 2 | 综合 | 必做 | | 课程目标1、课程目标2 |
| 9 | 关联规则挖掘 | 掌握事务数据库数据的关联规则挖掘方法 | 1 | 2 | 综合 | 必做 | | 课程目标1、课程目标2 |
| 合计 | | | | 16+2 | | | | |

## 五、实验/实训教学方式与基本要求

（一）实验/实训教学方式

注重挖掘方法，有SQL数据库软件及马克威软件环境。实验方式主要是上机按照要求完成指定操作，得出实验结果。

（二）基本要求

要求学生根据实验大纲及指导书中设定的实验任务，利用实验室和指导教师提供的实验软件，认真完成规定的实验内容，真实地记录实验中遇到的各种问题和解决的方法与过程。为圆满完成实验任务，需要学生提前熟悉相关背景知识或者预做。要求每个学生独立完成实验报告。

## 六、实验/实训报告与考核

（一）实验报告：

每个实验都要求学生根据实验内容写出实验报告，除了实验名称外，报告还要求包括以下6个方面的内容：

1. 实验目的；

2. 实验要求；

3. 实验内容（任务）；

4. 实验过程（包括步骤以及详细的实验过程）；

5. 实验结果；

6. 问题讨论或实验心得体会。

每个实验项目根据以下两个方面进行考核：

根据实验报告的完成程度以及完成质量采取倒扣分的计分方法；缺失一项为A−，依次类推。关键核心步骤缺失最高得分B−。

（二）实验考核

1. 考核方式

本课程成绩由两部分构成：一部分是实验过程表现成绩，占总成绩的40%；另一部分是实验报告成绩，占总成绩的60%。

2. 实验报告评分标准

实验报告采用五级评分制，也可以按此并结合平时成绩换算成百分制的评分制。

| 评分等级 | 评分标准 |
| --- | --- |
| A | 能很好地完成实验任务，结果都正确，独立完成任务，达到实验大纲中规定的全部要求，能对实验内容进行全面的记载和系统的总结，并能运用学过的理论知识对实验中的问题加以分析。实验过程很认真；实验过程描述完整到位、实验报告完成质量很高、图文很清晰、誊写格式等很好 |
| B | 实验报告完成质量较高、图文比较清晰、实验过程描述比较完整到位、誊写格式等比较好 |
| C | 实验过程一般认真，实验报告完成质量一般、图文及誊写格式等一般。个别图文看不太清楚。实验过程描述不太到位 |
| D | 实验报告完成质量、图文、誊写格式等较差。图文及结论有个别错误或模糊。实验过程描述很不到位 |
| E | 上课纪律太差，大多任务不能独立按时完成；提交的实验报告内容书写不符合要求，有些没有按要求进行实践。报告完成质量、图文、誊写格式等很差。图文及结论错误较多。缺少或者实验过程描述错误 |

## 七、主要仪器设备和材料

1. 硬件：奔腾以上PC。

2.软件：SQL Server 2008以上版本、马克威（Markway）4.0版本以上的软件。

## 八、教材及主要参考资料

（一）教材

陈文伟. 数据仓库与数据挖掘教程［M］. 2版. 北京：清华大学出版社. 2011.

（二）主要参考资料

1.康晓东. 基于数据仓库的数据挖掘技术［M］. 北京：机械工业出版社，2004.

2.彭木根. 数据仓库技术与实现指南［M］. 北京：电子工业出版社，2002.

3.陈京民. 数据仓库原理、设计与应用［M］. 北京：中国水利水电出版社，2004.

4.邵峰晶，于忠清. 数据挖掘原理与算法［M］. 北京：中国水利水电出版社，2003.

5.林杰斌，陈湘，刘明德. 数据挖掘与OLAP理论与实务［M］. 北京：清华大学出版社，2003.

6. SEIDMAN C.SQL SERVER 2000数据挖掘技术指南［M］. 刘艺，王鲁军，蒋丹丹，译. 北京：机械工业出版社，2002.

7. KANTARDZIC M.数据挖掘——概念、模型、方法和算法［M］. 闪四清，陈茵，程雁，译. 北京：清华大学出版社，2003.

## 实验一　建立数据库与数据表

### 一、实验名称和性质

| | |
|---|---|
| 所属课程 | 数据仓库与数据挖掘 |
| 实验名称 | 建立数据库与数据表 |
| 实验学时 | 2 |
| 实验性质 | □验证　☑综合　□设计 |
| 必做/选做 | □必做　☑选做 |

### 二、实验目的

本实验的主要目的为：掌握SQL Server中创建数据库与数据表的方法。

### 三、实验内容

以SQL Server为系统平台，创建数据库、数据表及管理操作。

### 四、实验的软硬件环境要求

1.硬件环境要求：

PC（单机）。

2.使用的软件名称、版本号以及模块：

Windows环境下的SQL Server 2008以上版本。

### 五、知识准备

前期要求在一定程度上掌握了数据库的一些知识及一种数据库软件的基本操作方法。

### 六、验证性实验

1.实验要求

（1）在SQL Server企业管理器中创建一个数据库；

（2）在建好的数据库中创建表，并给出相应的键码。

2.实验参考步骤

（1）数据库的创建；

（2）数据表的创建。

3.实验相关原理

SQL Server是一种典型的RDBMS，从数据源抽取的数据，必须先存储在SQL Server数据库的具体表中，等待导入数据仓库作进一步的分析处理。因此，首先必须对数据库/表的建立及使用方法有所了解，这是构建数据仓库和基于SQL Server的数据挖掘的基础。

## 七、设计性实验

实验要求：

1.对建立的数据表进行增加、修改和删除字段工作，要求：

①给Student表增加一个memo（备注）字段，类型为Varchar（200）；

②将memo字段的类型修改为Varchar（300）；

③删除memo字段。

2.利用企业管理器修改、删除数据库及表，记录操作步骤。

## 实验二　数据导入/导出

### 一、实验名称和性质

| 所属课程 | 数据仓库与数据挖掘 |
| --- | --- |
| 实验名称 | 数据导入/导出 |
| 实验学时 | 2 |
| 实验性质 | □验证　☑综合　□设计 |
| 必做/选做 | ☑必做　□选做 |

### 二、实验目的

掌握SQL数据库数据导入导出的方法。

### 三、实验内容

以SQL Server为系统平台，进行数据的导入及导出操作。

### 四、实验的软硬件环境要求

1.硬件环境要求：

PC（单机）。

2.使用的软件名称、版本号以及模块：

Windows环境下的SQL Server 2008以上版本。

### 五、知识准备

前期要求在一定程度上掌握了数据库的一些知识及一种数据库软件的基本操作方法。

## 六、设计性实验

1.实验要求

建立一个数据文件，并将其导入所建立的 SQL 数据库，同时掌握逆向操作。

2.实验过程的参考步骤

（1）设计并构建一个数据源文件；

（2）把建立的数据文件导入 SQL 的数据库。

3.实验相关原理

SQL Server 是一种典型的 RDBMS，从数据源获取的数据，必须先存储在 SQL Server 数据库的具体表中，等待导入数据仓库作进一步的分析处理。因此，首先必须对数据库/表的建立及使用方法有所了解，这是构建数据仓库和基于 SQL Server 的数据挖掘的基础。

## 七、验证性实验

实验要求：

1.找到设计性实验中建立的数据库和数据表。

2.把上面建好的数据表导出到一个外部文件中。

3.检验导出操作的有效性。

## 八、誊写并提交实验报告

# 实验三　数据库迁移

## 一、实验名称和性质

| 所属课程 | 数据仓库与数据挖掘 |
|---|---|
| 实验名称 | 数据库迁移 |
| 实验学时 | 2 |
| 实验性质 | □验证　☑综合　□设计 |
| 必做/选做 | ☑必做　□选做 |

## 二、实验目的

使学生掌握数据库移动的一些方法和技巧。

## 三、实验的软硬件环境要求

1.硬件环境要求：

PC（单机）。

2.使用的软件名称、版本号以及模块：

SQL Server 2008 以上版本。

## 四、知识准备

前期要求在一定程度上掌握了数据库的一些知识及一种数据库软件的基本操作方法。

## 五、综合实验

1.实验任务与实验要求

（1）建立一个数据库以及数据表。（设计性实验）

（2）把建立好的非空数据库迁移到其他或本服务器的其他数据库中。（验证性实验）

2.实验参考步骤

（1）建立非空的数据库和数据表。

（2）把一个数据库整体迁移到其他服务器上。

（3）把一个数据库整体迁移到本服务器上的其他数据库中。

（4）描述过程并记录过程。

3.实验相关原理

在建立数据仓库时，往往需要从一些事务管理系统的数据库中导出一些数据到目的地，很多时候需要把整个数据库导出到其他服务器的目的地数据库中；也有很多时候需要把一些数据库进行整合或者本地迁移操作，以及数据表的迁移等数据处理工作，这些是构建数据仓库数据环境的基本工作。

## 实验四　数据抽样

### 一、实验名称和性质

| | |
|---|---|
| 所属课程 | 数据仓库与数据挖掘 |
| 实验名称 | 数据抽样 |
| 实验学时 | 2 |
| 实验性质 | □验证　☑综合　□设计 |
| 必做/选做 | ☑必做　□选做 |

### 二、实验目的

通过实验对构建数据仓库时的数据处理工作有所了解，掌握数据抽样方法。

### 三、实验的软硬件环境要求

1.硬件环境要求：

PC（单机）。

2.使用的软件名称、版本号以及模块：

SQL Server 2008以上版本。

### 四、知识准备

前期要求在一定程度上掌握了数据库的一些知识及一种数据库软件的基本操作方法。

### 五、综合性实验

1.实验任务与实验要求

（1）设计并建立一个外部数据源。

（2）对数据源进行数据抽样操作，并给出结果。

（3）独立完成实验任务并誊写实验报告。

2.实验步骤提示（设计性和验证性实验融合在一起）

根据外部数据文件，完成数据的抽样工作。

3.实验相关原理

　　数据仓库的设计可以说是数据分析和商业智能的最基础的工作。良好的数据仓库结构设计是以后工作能顺利进行的保证。而数据仓库中的数据则一般要经过"提取－转换－加载"的过程从原始业务数据中获取，这就是ETL过程。

# 实验五　创建多维数据集

## 一、实验名称和性质

| | |
|---|---|
| 所属课程 | 数据仓库与数据挖掘 |
| 实验名称 | 创建多维数据集 |
| 实验学时 | 2 |
| 实验性质 | □验证　☑综合　□设计 |
| 必做/选做 | ☑必做　□选做 |

## 二、实验目的
　　掌握多维数据集的创建方法。

## 三、实验的软硬件环境要求
　　1.硬件环境要求：

PC（单机）。

　　2.使用的软件名称、版本号以及模块：

SQL Server 2008以上版本软件。

## 四、知识准备
　　前期要求在一定程度上掌握了数据库的一些知识及一种数据库软件的基本操作方法。

## 五、综合性实验
　　1.实验任务与实验要求

　　（1）实验任务：

　　①根据特定的数据仓库创建多维数据集；部署多维数据集到 Analysis Services 中。（设计性实验）

　　②创建多维数据集的报表。（验证性实验）

　　（2）实验要求：以 SQL Server 中一个现有数据库为例，如果没有现有的就自己创建一个数据库，创建数据库的多维数据集。

　　2.实验相关原理

　　设计好结构良好的数据仓库，并且将需要分析的业务数据装载到数据仓库，这就为满足商务决策的全方位需求打下了根基，以后的操作都是基于这些拥有数据的数据仓库进行的。但是，对数据的多维分析却并不是主要针对数据仓库的，而是针对从数据仓库中提取的子集，如数据集市和多维数据集（也称为数据立方）。因此通常还需要在具体分析数据之前创建多维数据集。

## 六、誊写并提交实验报告

## 实验六　基于决策树的信息挖掘

### 一、实验名称和性质

| 所属课程 | 数据仓库与数据挖掘 |
|---|---|
| 实验名称 | 基于决策树的信息挖掘 |
| 实验学时 | 2 |
| 实验性质 | □验证　☑综合　□设计 |
| 必做/选做 | ☑必做　□选做 |

### 二、实验目的

掌握 Microsoft 决策树模型的使用方法。

### 三、实验内容

1. 根据武将数据，找出武将的特性分布。（验证性实验）
2. 对决策树模型进行分析。（设计性实验）

### 四、实验的软硬件环境要求

1. 硬件环境要求：

PC（单机）。

2. 使用的软件名称、版本号以及模块：

SQL Server 2008 以上版本。

### 五、知识准备

前期要求在一定程度上掌握了数据库的一些知识及 SQL Server 的基本操作方法。

### 六、综合性实验

1. 实验任务及要求

（1）构造一个数据源（设计性实验）。

（2）以武将数据的特性分布信息获得一个决策树，分析相关信息（验证性实验）。

2. 实验参考步骤

（1）建立武将的数据文件；

（2）建立决策树挖掘模型；

（3）运行并根据结果进行分析。

3. 实验相关原理

决策树算法通过在树中创建一系列拆分来生成数据挖掘模型。这些拆分以"节点"来表示。每当发现输入列与可预测列密切相关时，该算法便会向该模型中添加一个节点。

4. 形成的决策树参考图

验证性结果参考图如图 3-3 所示。

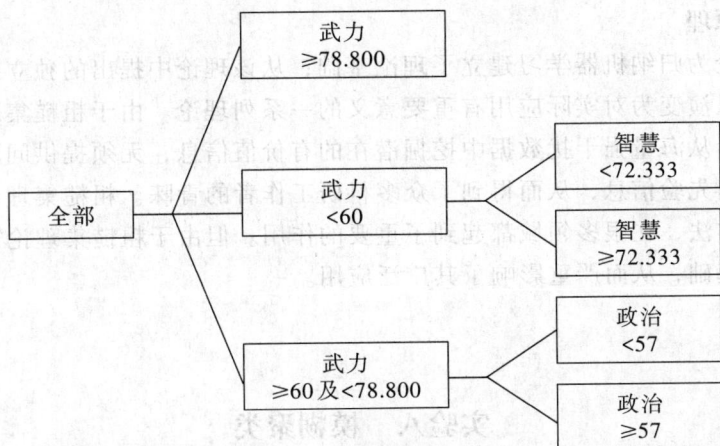

图 3-3 验证性结果参考图

## 实验七 基于粗糙集的数据挖掘

### 一、实验名称和性质

| | |
|---|---|
| 所属课程 | 数据仓库与数据挖掘 |
| 实验名称 | 基于粗糙集的数据挖掘 |
| 实验学时 | 2 |
| 实验性质 | □验证 ☑综合 □设计 |
| 必做/选做 | ☑必做 □选做 |

### 二、实验目的

本实验的主要目的是理解粗糙集理论及数据挖掘应用知识。

### 三、实验的软硬件环境要求

1.硬件环境要求：

PC（单机）。

2.使用的软件名称、版本号以及模块：

马克威（Markway）4.0以上版本软件。

### 四、知识准备

前期需要具备一定的粗糙集理论知识。

### 五、实验任务及实验要求

（1）以一些重要的指标为依据构建一个数据源。（设计性实验）

（2）利用马克威的粗糙集数据挖掘功能，实现心理健康问题分析，给出分析结果。

（验证性实验）

### 六、实验参考步骤

1.设定一些数据的决策表。

2.利用粗糙集分析，通过马克威（Markway）软件对决策表进行约简。

3.分析结果，提交实验报告。

## 七、实验相关原理

粗糙集理论为归纳机器学习建立了理论基础；从该理论中提出的独立约简与正区域的概念出发，可以演变为对实际应用有重要意义的一系列理论。由于粗糙集理论不需要任何先验知识，善于从海量强干扰数据中挖掘潜在的有价值信息，无须提供问题所需处理数据集合以外的任何先验信息，从而得到了众多科研工作者的青睐。粗糙集理论作为数据挖掘中的一个重要方法，在很多领域都起到了重要的作用。但由于粗糙集理论需要应用者具有较艰深的数学基础，从而严重影响了其广泛应用。

# 实验八　模糊聚类

## 一、实验名称和性质

| 所属课程 | 数据仓库与数据挖掘 |
| --- | --- |
| 实验名称 | 模糊聚类 |
| 实验学时 | 2 |
| 实验性质 | □验证　☑综合　□设计 |
| 必做/选做 | ☑必做　□选做 |

## 二、实验目的

熟悉现实问题中的模糊聚类方法。

## 三、实验的软硬件环境要求

1.硬件环境要求：

PC（单机）。

2.使用的软件名称、版本号以及模块：

马克威（Markway）4.0以上版本软件。

## 四、知识准备

需要具备一定的模糊聚类知识。

## 五、实验任务及实验要求

1.构建一个信息表。（设计性实验）

2.对信息表中的因素进行聚类分析。（验证性实验）

## 六、实验参考步骤

1.根据所建立的数据文件建立模糊聚类分析模型。

2.进行模型参数设置。

3.运行模型并输出结果。

4.分析结果，提交实验报告。

## 七、结果说明

数据经过模糊相似计算，得到模糊相似矩阵，对模糊相似矩阵进行褶积计算得出模糊分类关系矩阵。分类表给出了最终的分类结果。从表中可知，在置信度为0.8的水平上，将10个农业气象单元聚成9类：单元7、8为一类，其余的各成一类。

**八、实验相关原理**

利用模糊集理论来处理分类问题，它对经济领域中具有模糊特征的两态数据或多态数据具有明显的分类效果。

# 实验九　关联规则挖掘

**一、实验名称和性质**

| | |
|---|---|
| 所属课程 | 数据仓库与数据挖掘 |
| 实验名称 | 关联规则挖掘 |
| 实验学时 | 2 |
| 实验性质 | □验证　☑综合　□设计 |
| 必做/选做 | ☑必做　□选做 |

**二、实验目的**

1. 理解关联规则挖掘的概念；

2. 理解关联分析的功能和作用。

**三、实验的软硬件环境要求**

1. 硬件环境要求：

PC（单机）。

2. 使用的软件名称、版本号以及模块：

马克威（Markway）4.0以上版本软件。

**四、知识准备**

前期要求熟悉关联规则的挖掘思想。

**五、验证性实验**

实验任务：

1. 找一些销售系统的记录数据，生成一个数据文件。（验证性实验）

2. 寻找商品间的关联关系（比如顾客买了头盔是否就一定会买摩托车。要求挖掘出支持度大于40%（即至少出现两次）的商品间的关联）。运用软件对结果进行关联挖掘，给出结果并写出不同选择的决策后果。（设计性实验）

**六、实验参考步骤**

1. 建立数据源；

2. 建立多维关联规则挖掘模型；

3. 对结果进行分析。

根据上面实验挖掘出的关联规则，考虑决策者相应的几种决策选择及决策后果，了解关联规则的应用目的。

**七、实验相关原理**

在事务数据库中，存在着一些记录，例如：事务A、事务B，以及同时出现事务A和事务 B，那么事务 A 和事务 B 的出现在数据库中是否有规律可循呢？关联规则就是描述这种多个事务同时出现的规律的知识模式，确切来说，就是用量化的数字来描述事务 A 的出现对事务 B 的出现有多大的影响。

# 第四节  数据可视化实验/实训

## "数据可视化——基于 Tableau" 课程实验/实训教学大纲

### 一、课程基本信息

| 课程中文名称 | 数据可视化——基于 Tableau | | | | |
|---|---|---|---|---|---|
| 课程英文名称 | Data visualization-Tableau | | | | |
| 学　分 | 理论 | 0 | 实践 | | 2 |
| 学　时 | 理论 | 0 | 实验/实训 | 32 | 多种形式教学 |
| 课程代码 | 最新代码 | | 实验中心名称 | | 经济管理综合实验室 |
| 适用专业 | 信息管理与信息系统专业 | | | | |
| 开课单位 | 商学院 | | 开课教研室 | | 信息管理系 |
| 先修课程 | C#编程基础 | | | | |
| 课程要求 | 选修 | | 课程类别 | | 专业课 |
| 开课学期 | 第五学期 | | 考核方式 | | 考查 |

### 二、课程描述和目标

（一）本课程在实现专业人才培养目标中的地位、作用，以及基本内容

本课程主要学习 Tableau 软件安装、数据源连接、创建视图、使用筛选器、创建地图、生成仪表板、生成故事、共享发现等数据可视化方法的基础知识，掌握数据分析及可视化的方法和技巧，为将来从事数据分析相关工作打下基础。

（二）本课程拟达到的课程目标

本课程拟达到以下课程目标：

课程目标 1：具有编程思维

了解高级程序设计的基本知识，掌握程序设计的基本方法，养成严格遵守和执行程序设计标准的良好习惯，培养认真负责的工作态度和一丝不苟的工作作风。

课程目标 2：具备数据可视化分析能力

掌握利用数据分析工具 Tableau 进行数据分析及可视化的能力。

课程学习后能做到：编写的程序完整且清晰，能阅读和编写比较复杂的程序。

课程目标 3：创新能力

注重学生勤于动手、独立思考的能力，培养学生发现问题、分析问题和解决问题的能力。

## 三、课程目标对毕业要求的支撑关系

| 毕业要求指标点 | 课程目标 | 权重 | 目标达成形式 |
|---|---|---|---|
| 9.信息系统分析能力 | 课程目标1 | M | 实验、笔试 |
| 9.信息系统分析能力 | 课程目标2 | M | 实验、笔试、作业 |
| 9.信息系统分析能力 | 课程目标3 | M | 实验、笔试、讨论 |
| 10.信息系统开发设计能力 | 课程目标1 | M | 实验、笔试 |
| 10.信息系统开发设计能力 | 课程目标2 | M | 实验、笔试、作业 |
| 10.信息系统开发设计能力 | 课程目标3 | M | 实验、笔试、讨论 |
| 11.信息系统实施与运行维护能力 | 课程目标1 | M | 实验、笔试 |
| 11.信息系统实施与运行维护能力 | 课程目标2 | M | 实验、笔试、作业 |
| 11.信息系统实施与运行维护能力 | 课程目标3 | L | 实验、笔试 |

## 四、实验/实训项目与内容提要

| 序号 | 项目名称 | 目的要求、内容提要 | 每组人数 | 实验学时 | 实验类型 | 实验要求 | 实验分室 | 对应课程目标 |
|---|---|---|---|---|---|---|---|---|
| 1 | Tableau 软件安装与连接数据源 | 掌握Tableau软件安装，熟悉软件操作界面，掌握连接数据源的方法 | 1 | 4 | 验证 | 必做 | 教一316 | 课程目标1 |
| 2 | Tableau 创建视图 | 在视图中创建一个适合图表；在视图中添加字段以获得正确的详细级别 | 1 | 4 | 验证 | 必做 | 教一316 | 课程目标2 |
| 3 | Tableau 使用筛选器和颜色 | 应用筛选器和颜色，以便能够更加轻松地关注最感兴趣的数据区域；使用Tableau提供的工具与图表进行交互；复制工作表并保存更改 | 1 | 4 | 验证 | 必做 | 教一316 | 课程目标3 |
| 4 | Tableau 创建地图 | 掌握地图创建方法 | 1 | 4 | 验证 | 必做 | 教一316 | 课程目标1 |
| 5 | Tableau 前筛选器使用 | 掌握使用筛选器发现问题的操作方法 | 1 | 4 | 验证 | 必做 | 教一316 | 课程目标2 |
| 6 | Tableau 生成仪表板 | 掌握设置仪表板；掌握排列仪表板；掌握添加交互功能；学会重命名并开始 | 1 | 4 | 验证 | 必做 | 教一316 | 课程目标3 |
| 7 | Tableau 生成故事 | 创建第一个故事点；突出显示计算机销售额；说明重点；最后润色 | 1 | 4 | 验证 | 必做 | 教一316 | 课程目标1 |
| 8 | Tableau 共享发现 | 掌握使用 Tableau Public 进行共享；掌握使用 Tableau Server进行共享 | 1 | 4 | 验证 | 必做 | 教一316 | 课程目标2 |

## 五、实验/实训教学方式与基本要求

课程教学提倡以学生的主动学习和主动实践为核心，精心组织教学安排，注重培养学生的创新精神和团队意识，学生在完成课程的过程中，会积极地去思考、探索。

## 六、实验/实训报告与考核

### （一）实验报告

每个实验项目都必须根据实验情况写出实验报告，内容包括：（1）实验目的；（2）实验内容；（3）实验步骤；（4）实验结果；（5）问题讨论与实验心得。

### （二）实验考核

每个实验项目根据下表的指标进行综合评价，每个实验项目根据实验纪律、实验操作、实验报告进行评分，每个实验项目采用A+、A、A-、B+、B、B-、C+、C、C-、D 10个等级进行评价登记。实验成绩由8个实验项目的等级折算成百分制，并计算其平均分作为整个实验成绩；实验成绩占本门课程总成绩的30%。

| 考核依据 | 建议分值 | 考核/评价细则 | 对应课程目标 |
|---|---|---|---|
| 实验纪律 | 20 | 实验态度端正，实验课期间能够积极参与、上课期间能够遵守学校及经管中心相关规章制度 | |
| 实验操作 | 50 | 实验能够按照每个实验项目内容、操作步骤进行，严格按照每个实验的要求完成实验操作任务 | 课程目标2、课程目标3、课程目标1 |
| 实验报告 | 30 | 字迹清晰，语言流畅，逻辑性强，内容丰富，重点突出，论证有力，具有独到见解和可操作性，问题分析全面深刻，解决方案合理科学，报告能够及时上交 | 课程目标1、课程目标3 |

## 七、主要仪器设备和材料

Tableau Desktop。

## 八、教材及主要参考资料

### （一）教材

王国平. Tableau数据可视化：从入门到精通［M］. 北京：清华大学出版社，2017.

### （二）主要参考资料

美智讯（Bizinsight）.Tableau商业分析从新手到高手［M］. 北京：电子工业出版社，2018.

## 实验一　Tableau软件安装与连接数据源

### 一、实验名称和性质

| | |
|---|---|
| 所属课程 | 数据可视化——基于Tableau |
| 实验名称 | Tableau软件安装与连接数据源 |
| 实验学时 | 4 |
| 实验性质 | ☑验证　□综合　□设计 |
| 必做/选做 | ☑必做　□选做 |

## 二、实验目的

1.熟悉 Tableau 安装环境配置；

2.熟悉 Tableau 连接数据源操作。

## 三、实验的软硬件环境要求

1.硬件环境要求：

网络环境：本实验需要使用账号登录校园网。

硬件：PC。

2.使用的软件名称、版本号以及模块：

本实验主要使用互联网、校内网等。实验室要求装有 Tableau、Office 等相关软件。

## 四、知识准备

前期要求掌握的知识：

学习过有关数据分析基本概念、电子商务相关课程。

## 五、实验内容

1.Tableau Desktop 下载安装；

2.连接数据源。

实验一　Tableau软件安装与连接数据源实验步骤

## 六、实验结果和总结

1.根据实验步骤及内容完成实验并截图，添加必要说明文字；

2.撰写实验报告。

## 七、实验成绩评价标准

参考实验/实训教学大纲。

# 实验二　Tableau创建视图

## 一、实验名称和性质

| 所属课程 | 数据可视化——基于Tableau |
| --- | --- |
| 实验名称 | Tableau创建视图 |
| 实验学时 | 4 |
| 实验性质 | ☑验证　□综合　□设计 |
| 必做/选做 | ☑必做　□选做 |

## 二、实验目的

1.熟悉 Tableau 创建视图；

2.熟悉 Tableau 可视化操作流程。

### 三、实验的软硬件环境要求

1.硬件环境要求：

网络环境：本实验需要使用账号登录校园网。

硬件：PC。

2.使用的软件名称、版本号以及模块：

本实验主要使用互联网、校内网等。实验室要求装有Tableau、Office等相关软件。

### 四、知识准备

前期要求掌握的知识：

学习过有关数据分析基本概念、电子商务相关课程。

### 五、实验内容

1.在视图中创建一个适合图表；

2.在视图中添加字段以获得正确的详细级别。

实验二　Tableau创建视图实验步骤

### 六、实验结果和总结

1.根据实验步骤及内容完成实验并截图，添加必要说明文字；

2.撰写实验报告。

### 七、实验成绩评价标准

参考实验/实训教学大纲。

## 实验三　Tableau使用筛选器和颜色

### 一、实验名称和性质

| 所属课程 | 数据可视化——基于Tableau |
|---|---|
| 实验名称 | Tableau使用筛选器和颜色 |
| 实验学时 | 4 |
| 实验性质 | ☑验证　□综合　□设计 |
| 必做/选做 | ☑必做　□选做 |

### 二、实验目的

1.熟悉Tableau使用筛选器和颜色；

2.熟悉Tableau可视化操作流程。

### 三、实验的软硬件环境要求

1.硬件环境要求：

本实验需要使用账号登录校园网。

2.使用的软件名称、版本号以及模块：

本实验主要使用互联网、校内网等。实验室要求装有 Tableau、Office 等相关软件。

### 四、知识准备

前期要求掌握的知识：

学习过有关数据分析基本概念、电子商务相关课程。

### 五、实验内容

1.应用筛选器和颜色，以便能够更加轻松地关注最感兴趣的数据区域；

2.使用 Tableau 提供的工具与图表进行交互；

3.复制工作表并保存更改。

实验三　Tableau 使用筛选器和颜色实验步骤

### 六、实验结果和总结

1.根据实验步骤及内容完成实验并截图，添加必要说明文字；

2.撰写实验报告。

### 七、实验成绩评价标准

参考实验/实训教学大纲。

# 实验四　Tableau 创建地图

### 一、实验名称和性质

| | |
|---|---|
| 所属课程 | 数据可视化——基于 Tableau |
| 实验名称 | Tableau 创建地图 |
| 实验学时 | 4 |
| 实验性质 | ☑验证　□综合　□设计 |
| 必做/选做 | ☑必做　□选做 |

### 二、实验目的

1.熟悉 Tableau 创建地图；

2.熟悉 Tableau 可视化操作流程。

### 三、实验的软硬件环境要求

1.硬件环境要求：

网络环境：本实验需要使用账号登录校园网。

硬件：PC。

2.使用的软件名称、版本号以及模块：

本实验主要使用互联网、校内网等。实验室要求装有 Tableau、Office 等相关软件。

## 四、知识准备

前期要求掌握的知识：

学习过有关数据分析基本概念、电子商务相关课程。

## 五、实验内容

生成地图视图。

**实验四　Tableau 创建地图实验步骤**

## 六、实验结果和总结

1.根据实验步骤及内容完成实验并截图，添加必要说明文字；

2.撰写实验报告。

## 七、实验成绩评价标准

参考实验/实训教学大纲。

# 实验五　Tableau 前筛选器使用

## 一、实验名称和性质

| | |
|---|---|
| 所属课程 | 数据可视化——基于 Tableau |
| 实验名称 | Tableau 前筛选器使用 |
| 实验学时 | 4 |
| 实验性质 | ☑验证　□综合　□设计 |
| 必做/选做 | ☑必做　□选做 |

## 二、实验目的

1.熟悉 Tableau 前筛选器使用；

2.熟悉 Tableau 可视化操作流程。

## 三、实验的软硬件环境要求

1.硬件环境要求：

网络环境：本实验需要使用账号登录校园网。

硬件：PC。

2.使用的软件名称、版本号以及模块：

本实验主要使用互联网、校内网等。实验室要求装有 Tableau、Office 等相关软件。

## 四、知识准备

前期要求掌握的知识：

学习过有关数据分析基本概念、电子商务相关课程。

### 五、实验内容

前筛选器的使用。

**实验五　Tableau前筛选器使用实验步骤**

### 六、实验结果和总结

1.根据实验步骤及内容完成实验并截图，添加必要说明文字；

2.撰写实验报告。

### 七、实验成绩评价标准

参考实验/实训教学大纲。

## 实验六　Tableau生成仪表板

### 一、实验名称和性质

| 所属课程 | 数据可视化——基于Tableau |
|---|---|
| 实验名称 | Tableau生成仪表板 |
| 实验学时 | 4 |
| 实验性质 | ☑验证　□综合　□设计 |
| 必做/选做 | ☑必做　□选做 |

### 二、实验目的

1.熟悉Tableau生成仪表板；

2.熟悉Tableau可视化操作流程。

### 三、实验的软硬件环境要求

1.硬件环境要求：

网络环境：本实验需要使用账号登录校园网。

硬件：PC。

2.使用的软件名称、版本号以及模块：

实验室要求装有Tableau、Office等相关软件。

### 四、知识准备

前期要求掌握的知识：

学习过有关数据分析基本概念、电子商务相关课程。

### 五、实验内容

1.设置仪表板；

2.排列仪表板；

3.添加交互功能；

4.重命名并开始。

实验六　Tableau生成仪表板实验步骤

## 六、实验结果和总结

1.根据实验步骤及内容完成实验并截图，添加必要说明文字；

2.撰写实验报告。

## 七、实验成绩评价标准

参考实验/实训教学大纲。

# 实验七　Tableau生成故事

## 一、实验名称和性质

| 所属课程 | 数据可视化——基于Tableau |
|---|---|
| 实验名称 | Tableau生成故事 |
| 实验学时 | 4 |
| 实验性质 | ☑验证　□综合　□设计 |
| 必做/选做 | ☑必做　□选做 |

## 二、实验目的

1.熟悉Tableau生成故事；

2.熟悉Tableau可视化操作流程。

## 三、实验的软硬件环境要求

1.硬件环境要求：

网络环境：本实验需要使用账号登录校园网。

硬件：PC。

2.使用的软件名称、版本号以及模块：

要求装有Tableau、Office等相关软件。

## 四、知识准备

前期要求掌握的知识：

学习过有关数据分析基本概念、电子商务相关课程。

## 五、实验内容

1.创建第一个故事点；

2.突出显示计算机销售额；

3.说明重点；

4.最后的润色；

5.演示之后。

实验七　Tableau 生成故事实验步骤

**六、实验结果和总结**

1.根据实验步骤及内容完成实验并截图，添加必要说明文字；

2.撰写实验报告。

**七、实验成绩评价标准**

参考实验/实训教学大纲。

# 实验八　Tableau 共享发现

**一、实验名称和性质**

| 所属课程 | 数据可视化——基于 Tableau |
|---|---|
| 实验名称 | Tableau 共享发现 |
| 实验学时 | 4 |
| 实验性质 | ☑验证　□综合　□设计 |
| 必做/选做 | ☑必做　□选做 |

**二、实验目的**

1.熟悉 Tableau 共享发现；

2.熟悉 Tableau 可视化操作流程。

**三、实验的软硬件环境要求**

1.硬件环境要求：

网络环境：本实验需要使用账号登录校园网。

硬件：PC。

2.使用的软件名称、版本号以及模块：

要求装有 Tableau、Office 等相关软件。

**四、知识准备**

前期要求掌握的知识：

学习过有关数据分析基本概念、电子商务相关课程。

**五、实验内容**

1.使用 Tableau Public；

2.使用 Tableau Server。

**实验八 Tableau 共享发现实验步骤**

### 六、实验结果和总结

1.根据实验步骤及内容完成实验并截图，添加必要说明文字；

2.撰写实验报告。

### 七、实验成绩评价标准

参考实验/实训教学大纲。

# 第五节　商务数据分析技术——Python实验/实训

## "商务数据分析技术——Python"课程实验/实训教学大纲

### 一、课程基本信息

| 课程中文名称 | 商务数据分析技术——Python | | | |
|---|---|---|---|---|
| 课程英文名称 | Business Data Analysis-Python | | | |
| 学　分 | 理论 | 0 | 实践 | 2 |
| 学　时 | 理论 | 0 | 实验/实训 | 32 | 多种形式教学 |
| 课程代码 | 最新代码 | | 实验中心名称 | 经济管理实验中心 |
| 适用专业 | 信息管理与信息系统 | | | |
| 开课单位 | 学院 | | 开课教研室 | 信息管理系 |
| 先修课程 | C#编程基础 | | | |
| 课程要求 | 选修 | | 课程类别 | 专业课 |
| 开课学期 | 第四学期 | | 考核方式 | 考查 |

### 二、课程描述和目标

本课程主要学习 Python 语法规则、变量、控制流、函数、错误与异常处理、文件操作、类、并发处理等内容。通过该课程的学习，学生应掌握 Python 开发编程的基础知识、编程思想、面向对象编程及数据分析，为后续的技术课程学习打下基础。

本课程拟达到以下课程目标：

课程目标1：具有编程思维

了解高级程序设计的基本知识，掌握程序设计的基本方法，养成严格遵守和执行程序设计标准的良好习惯，培养认真负责的工作态度和一丝不苟的工作作风。

课程目标2：具备Python程序开发及数据分析能力。

掌握程序设计的流程图画法、掌握程序设计中的选择结构和循环结构、掌握面向对象的类的定义和使用、掌握Python中控件的基本属性和方法、掌握文件的读写操作。

课程学习后能做到：编写的程序完整且清晰，能阅读和编写比较复杂的程序。

课程目标3：创新能力。

注重学生勤于动手、独立思考的能力，培养学生发现问题、分析问题和解决问题的能力。

## 三、课程目标对毕业要求的支撑关系

| 毕业要求指标点 | 课程目标 | 权重 | 目标达成形式 |
|---|---|---|---|
| 9.信息系统分析能力 | 课程目标1 | M | 实验、笔试 |
| 9.信息系统分析能力 | 课程目标2 | M | 实验、笔试、作业 |
| 9.信息系统分析能力 | 课程目标3 | M | 实验、笔试、讨论 |
| 10.信息系统的开发设计能力 | 课程目标1 | M | 实验、笔试 |
| 10.信息系统的开发设计能力 | 课程目标2 | M | 实验、笔试、作业 |
| 10.信息系统的开发设计能力 | 课程目标3 | M | 实验、笔试、讨论 |

## 四、实验/实训项目与内容提要

| 序号 | 项目名称 | 目的要求、内容提要 | 每组人数 | 实验学时 | 实验类型 | 实验要求 | 实验分室 | 对应课程目标 |
|---|---|---|---|---|---|---|---|---|
| 1 | 机器配置及搭建开发环境 | 掌握机器配置及搭建开发环境 | 1 | 2 | 验证 | 必做 | 教一316 | 课程目标1 |
| 2 | Python语法规则 | 掌握Python语法规则 | 1 | 2 | 验证 | 必做 | 教一316 | 课程目标2 |
| 3 | Python变量使用 | 掌握Python变量使用方法与技巧 | 1 | 4 | 验证 | 必做 | 教一316 | 课程目标3 |
| 4 | Python控制流操作 | 掌握Python控制流操作与接口控制技巧 | 1 | 4 | 验证 | 必做 | 教一316 | 课程目标1 |
| 5 | Python中函数操作 | 掌握Python中函数操作 | 1 | 4 | 验证 | 必做 | 教一316 | 课程目标2 |
| 6 | Python中错误与异常处理 | 掌握Python中错误与异常的处理方法与技巧 | 1 | 4 | 验证 | 必做 | 教一316 | 课程目标3 |
| 7 | Python文件操作 | 掌握Python中文件操作的方法与技巧 | 1 | 4 | 验证 | 必做 | 教一316 | 课程目标1 |
| 8 | Python面向对象编程 | 掌握Python面向对象的编程方法 | 1 | 4 | 验证 | 必做 | 教一316 | 课程目标2 |
| 9 | Python线程操作 | 掌握Python中线程控制方法 | 1 | 4 | 验证 | 必做 | 教一316 | 课程目标1 |
| 10 | Python进程与协程操作 | 掌握Python中进程与协程操作 | 1 | 4 | 验证 | 必做 | 教一316 | 课程目标2 |
| 11 | Python爬虫实战 | 掌握Python处理网络大数据的能力 | 1 | 4 | 设计 | 必做 | 教一316 | 课程目标2 |

**五、实验/实训教学方式与基本要求**

1.实验/实训教学方式

教学方式主要是通过在 Spyder 环境中用 Python 语言来进行程序设计的学习。每次实验预先下发实验指导，实验包括验证性实验和设计性实验。课前由学生预习实验内容，上机时先由教师讲解每次实验的要求、难点及目的，并对难点进行演示，学生按教师的要求逐个项目地进行操作和问题解决，教师个别辅导与集体辅导相结合。

2.基本要求

要求学生根据实验大纲及指导书中列出的实验步骤，利用实验室和指导教师提供的实验指导，认真完成规定的实验内容，在实验过程中遇到语法错误、逻辑错误等问题及时解决，以提高程序设计能力、调试程序能力和跟踪程序的能力。为圆满完成实验任务，需要学生提前熟悉相关背景知识或者预做。

**六、实验/实训报告与考核**

（一）实验报告

每个实验项目都必须根据实验情况写出实验报告，内容包括：（1）实验目的；（2）实验内容；（3）实验步骤；（4）实验结果；（5）问题讨论与实验心得。

（二）实验考核

每个实验项目根据下表的指标进行综合评价，每个实验项目根据实验纪律、实验操作、实验报告进行评分，每个实验项目采用 A+、A、A-、B+、B、B-、C+、C、C-、D 10个等级进行评价登记。实验成绩由11个实验项目的等级折算成百分制，并计算其平均分作为整个实验成绩；实验成绩占本门课程总成绩的30%。

| 考核依据 | 建议分值 | 考核/评价细则 | 对应课程目标 |
|---|---|---|---|
| 实验纪律 | 20 | 实验态度端正，实验课期间能够积极参与、上课期间能够遵守学校及经管中心相关规章制度 | |
| 实验操作 | 50 | 实验能够按照每个实验项目内容、操作步骤进行，严格按照每个实验的要求完成实验操作任务 | 课程目标2、课程目标3、课程目标1 |
| 实验报告 | 30 | 字迹清晰，语言流畅，逻辑性强，内容丰富，重点突出，论证有力，具有独到见解和可操作性，问题分析全面深刻，解决方案合理科学，报告能够及时上交 | 课程目标1、课程目标3 |

**七、主要仪器设备和材料**

Anaconda3.Spyder 等。

**八、教材及主要参考资料**

（一）教材

李金洪. Python 带我起飞：入门、进阶、商业实战［M］. 北京：电子工业出版社，2018.

（二）主要参考资料

1.刘顺祥. 从零开始学 Python 数据分析与挖掘［M］. 北京：清华大学出版社，2018.

2.张啸宇，李静. Python 数据分析从入门到精通［M］. 北京：电子工业出版社，2018.

## 实验一　机器配置及搭建开发环境

### 一、实验名称和性质

| | |
|---|---|
| 所属课程 | 商务数据分析技术——Python |
| 实验名称 | 机器配置及搭建开发环境 |
| 实验学时 | 2 |
| 实验性质 | ☑验证　□综合　□设计 |
| 必做/选做 | ☑必做　□选做 |

### 二、实验目的

1.熟悉 Python 开发环境配置；

2.熟悉 Python 软件开发项目的基本流程。

### 三、实验的软硬件环境要求

1.硬件环境要求：

网络环境：本实验需要使用账号登录校园网。

硬件：PC。

2.使用的软件名称、版本号以及模块：

要求装有 Anaconda3、Spyder 等 Python 相关的编程软件。

### 四、知识准备

前期要求掌握的知识：

学习过有关数据分析基本概念、电子商务相关课程。

### 五、实验内容

1.下载及安装 Anaconda3。

Anaconda 的特点：集成性高，包含很多常用的开发软件包，省去下载和安装软件包的时间。下载地址：https：//www.anaconda.com / distribution/#download-section. 安装 Anaconda 的版本要与 Python 的版本对应，否则可能出现不支持问题。

2.熟悉 Anaconda3 的开发工具。

在 Anaconda3 中常用的开发工具为 Spyder、Jupyter Notebook。

3.了解 Spyder。

（1）通过勾选菜单 view/Toolbar 里面的命令来增加快捷方式；

（2）用于注释及左右缩进；

（3）多文档间的切换。

4.实例——运行程序，传入参数。

创建一个 .py 文件，编写代码，在程序中显示参数。

（1）用命令行启动并传入参数；

（2）用 Spyder 启动程序并传入参数。

实验一　机器配置及搭建开发环境

## 六、实验结果和总结

1.根据实验步骤及内容完成实验并截图，添加必要说明文字；

2.撰写实验报告。

## 七、实验成绩评价标准

参考实验/实训教学大纲。

# 实验二　Python 语言规则

## 一、实验名称和性质

| 所属课程 | 商务数据分析技术——Python |
|---|---|
| 实验名称 | Python语言规则 |
| 实验学时 | 2 |
| 实验性质 | ☑验证　□综合　□设计 |
| 必做/选做 | ☑必做　□选做 |

## 二、实验目的

1.熟悉 Python 语言规则；

2.熟悉 Python 编程的要求。

## 三、实验的软硬件环境要求

1.硬件环境要求：

网络环境：本实验需要使用账号登录校园网。

硬件：PC。

2.使用的软件名称、版本号以及模块：

要求装有 Anaconda3、Spyder 等 Python 相关的编程软件。

## 四、知识准备

前期要求掌握的知识：

学习过有关数据分析基本概念、电子商务相关课程。

## 五、实验内容

1.获取 CPU 信息；

2.获取内存信息；

3.获取硬盘信息；

4.获取进程信息。

**实验二 Python 语言规则**

### 六、实验结果和总结

1.根据实验步骤及内容完成实验并截图，添加必要说明文字；

2.撰写实验报告。

### 七、实验成绩评价标准

参考实验/实训教学大纲。

# 实验三 Python 变量使用

### 一、实验名称和性质

| 所属课程 | 商务数据分析技术——Python |
| --- | --- |
| 实验名称 | Python变量使用 |
| 实验学时 | 4 |
| 实验性质 | ☑验证 □综合 □设计 |
| 必做/选做 | ☑必做 □选做 |

### 二、实验目的

1.熟悉 Python 中变量使用；

2.掌握 Python 软件开发项目的基本流程。

### 三、实验的软硬件环境要求

1.硬件环境要求：

网络环境：本实验需要使用账号登录校园网。

硬件：PC。

2.使用的软件名称、版本号以及模块：

要求装有 Anaconda3、Spyder 等相关编程软件。

### 四、知识准备

前期要求掌握的知识：

学习过有关数据分析基本概念、电子商务相关课程。

### 五、实验内容

1.算术运算符的使用。

定义两个变量a和b，其中a为20，b为-3，进行加、减、乘、除等操作。

2.赋值运算符的使用。

定义两个变量，分别使用运算符对其进行运算操作，观察运算结果。

3.比较运算符的使用。

定义三个变量a、b和c，其中a的值为3，b的值为5，c为None，对其进行大于、小于、等于、不等于等操作。

4.序列类型运算及操作。

定义一个"hello"字符串来代表一个"序列"类型。对其进行连接、重复、检索、切片操作的处理，并通过print函数将处理结果输出。

5.list使用技巧与注意事项。

定义一个多类型的list和一个普通的list，同时进行实验：

（1）使用多种方法将它们连接起来，并通过print函数将处理结果输出，比较内部变化及外部结果。

（2）使用del对list进行切片删除、索引删除、全部删除，观察操作后的结果。

实验三　Python变量使用参考代码

## 六、实验结果和总结

1.根据实验步骤及内容完成实验并截图，添加必要说明文字；

2.撰写实验报告。

## 七、实验成绩评价标准

参考实验/实训教学大纲。

# 实验四　Python控制流操作

## 一、实验名称和性质

| 所属课程 | 商务数据分析技术——Python |
| --- | --- |
| 实验名称 | Python控制流操作 |
| 实验学时 | 4 |
| 实验性质 | ☑验证　□综合　□设计 |
| 必做/选做 | ☑必做　□选做 |

## 二、实验目的

1.熟悉Python控件流操作；

2.掌握Python软件开发项目的基本流程。

## 三、实验的软硬件环境要求

1.硬件环境要求：

网络环境：本实验需要使用账号登录校园网。

## 二、实验目的

1.熟悉 Python 错误和异常操作；

2.掌握 Python 软件开发项目的基本流程。

## 三、实验的软硬件环境要求

1.硬件环境要求：

网络环境：本实验需要使用账号登录校园网。

硬件：PC。

2.使用的软件名称、版本号以及模块：

要求装有 Anaconda3、Spyder 等相关编程软件。

## 四、知识准备

前期要求掌握的知识：

学习过有关数据分析基本概念、电子商务相关课程。

## 五、实验内容

1.定义一个装饰器函数 retry，将重试次数作为函数参数。

2.在 retry 中使用 while 循环来进行请求处理，并记录请求次数。

3.在请求处理过程中，使用 try 语句来运行被装饰的请求网络函数，但 http 请求失败时，通过 except 捕获异常并调整请求次数。

实验六 Python 中错误和异常处理参考代码

## 六、实验结果和总结

1.根据实验步骤及内容完成实验并截图，添加必要说明文字；

2.撰写实验报告。

## 七、实验成绩评价标准

参考实验/实训教学大纲。

# 实验七 Python 文件操作

## 一、实验名称和性质

| 所属课程 | 商务数据分析技术——Python |
| --- | --- |
| 实验名称 | Python 文件操作 |
| 实验学时 | 4 |
| 实验性质 | ☑验证　□综合　□设计 |
| 必做/选做 | ☑必做　□选做 |

**二、实验目的**

1.熟悉 Python 文件操作；

2.掌握 Python 软件开发项目的基本流程。

**三、实验的软硬件环境要求**

1.硬件环境要求：

网络环境：本实验需要使用账号登录校园网。

硬件：PC。

2.使用的软件名称、版本号以及模块：

实验室要求装有 Anaconda3、Spyder 等相关编程软件。

**四、知识准备**

前期要求掌握的知识：

学习过有关数据分析基本概念、电子商务相关课程。

**五、实验内容**

1.对文件分别进行写入和读取操作，并且使用 try/except 进行异常处理，最终在 finally 中进行关闭：

（1）在第一个 try 里面，以二进制形式打开一个文件，以文本的方式向里面写入一个字符串，使用 except 对 try 里面的异常进行捕获。最终在 finally 中对文件进行关闭。

（2）在第二个 try 里面，以文本的方式打开一个文件，并读取里面的内容，使用 except 对 try 里面的异常进行捕获。最终在 finally 中对文件进行关闭。

2.用 pickle 函数实现元组与"二进制对象""二进制对象文件"之间的转换。

定义一个含有多种类型元素的元组，分别对其进行如下操作：

（1）使用 pickle 函数将元组转成二进制对象，然后从二进制对象还原回来，观察其值是否有变化。

（2）使用 pickle 函数将元组转成二进制对象文件，然后从二进制对象文件还原回来，观察其值是否有变化。

**实验七　Python 文件操作参考代码**

**六、实验结果和总结**

1.根据实验步骤及内容完成实验并截图，添加必要说明文字；

2.撰写实验报告。

**七、实验成绩评价标准**

参考实验/实训教学大纲。

## 实验八　Python 面向对象编程

### 一、实验名称和性质

| | |
|---|---|
| 所属课程 | 商务数据分析技术——Python |
| 实验名称 | Python 面向对象编程 |
| 实验学时 | 4 |
| 实验性质 | ☑验证　□综合　□设计 |
| 必做/选做 | ☑必做　□选做 |

### 二、实验目的

1.熟悉 Python 面向对象编程操作；

2.掌握 Python 软件开发项目的基本流程。

### 三、实验的软硬件环境要求

1.硬件环境要求：

网络环境：本实验需要使用账号登录校园网。

硬件：PC。

2.使用的软件名称、版本号以及模块：

实验室要求装有 Anaconda3、Spyder 等相关编程软件。

### 四、知识准备

前期要求掌握的知识：

学习过有关数据分析基本概念、电子商务相关课程。

### 五、实验内容

1.类的继承。

创建一个父类，实现其初始化函数，再创建一个子类继承该父类。同时做如下实验：验证子类继承父类的初始化函数，当通过子类实例化对象并传入初始值时，分析是否能实例化成功；验证子类覆写父类的方法，在子类与父类中实现同样函数名的方法，通过子类实例化对象调用该方法时，观察父类的方法是否被调用。

2.包装和代理。

使用代理的方式实现 RESTful API 的两种形式接口：静态接口和动态接口。静态接口指的是固定 URL；动态接口指的是带有参数的 URL，类似 GitHub 的 API，会把参数放到 URL 的中间。实现静态接口：/status/allusers/list 接口。实现动态接口：/users/：user/info。其中冒号后面的 user 指代具体的参数。

**实验八　Python 面向对象编程参考代码**

## 六、实验结果和总结

1.根据实验步骤及内容完成实验并截图，添加必要说明文字；

2.撰写实验报告。

## 七、实验成绩评价标准

参考实验/实训教学大纲。

# 实验九　Python线程操作

## 一、实验名称和性质

| 所属课程 | 商务数据分析技术——Python |
|---|---|
| 实验名称 | Python线程操作 |
| 实验学时 | 4 |
| 实验性质 | ☑验证　□综合　□设计 |
| 必做/选做 | □必做　☑选做 |

## 二、实验目的

1.熟悉Python线程操作；

2.掌握Python软件开发项目的基本流程。

## 三、实验的软硬件环境要求

1.硬件环境要求：

网络环境：本实验需要使用账号登录校园网。

硬件：PC。

2.使用的软件名称、版本号以及模块：

要求装有Anaconda3、Spyder等相关编程软件。

## 四、知识准备

前期要求掌握的知识：

学习过有关数据分析基本概念、电子商务相关课程。

## 五、实验内容

1.信号量同步多线程间的顺序关系。

先定义两个线程处理函数：一个生产者，一个消费者。使用信号量来同步两个函数的顺序关系。在生产者函数中，不定期地完成生产任务。在消费者函数中，直接进行消费操作。接着，同时启用若干关于生产者及消费者的线程。观察程序运行情况。

2.事件机制实现消息队列。

创建两个线程，让其共同操作一个队列。一个线程是readthread，负责从队列里往外读取数据。一个线程是writethread，负责写入数据。

要求：readthread读时，writethread不能写；writethread写时，readthread不能读。

**实验九　Python线程操作参考代码**

### 六、实验结果和总结

1.根据实验步骤及内容完成实验并截图，添加必要说明文字；

2.撰写实验报告。

### 七、实验成绩评价标准

参考实验/实训教学大纲。

## 实验十　Python进程与协程操作

### 一、实验名称和性质

| 所属课程 | 商务数据分析技术——Python |
|---|---|
| 实验名称 | Python进程与协程操作 |
| 实验学时 | 4 |
| 实验性质 | ☑验证　□综合　□设计 |
| 必做/选做 | □必做　☑选做 |

### 二、实验目的

1.熟悉Python进程与协程操作；

2.掌握Python软件开发项目的基本流程。

### 三、实验的软硬件环境要求

1.硬件环境要求：

网络环境：本实验需要使用账号登录校园网。

硬件：PC。

2.使用的软件名称、版本号以及模块：

要求装有Anaconda3、Spyder等相关编程软件。

### 四、知识准备

前期要求掌握的知识：

学习过有关数据分析基本概念、电子商务相关课程。

### 五、实验内容

1.创建多线程。

分别使用继承类与类的实例化方式创建多线程程序，并做如下操作：

向进程传入参数；打印程序中已启动的进程ID；分析输出结果，理解多线程程序。

2.创建协程。

在本地D盘中新建一个文件夹test，并在其中放置若干Python代码文件。使用协程批量将这些文件全部转为扩展名为".txt"的文件。

**实验十　Python 进程与协程操作参考代码**

## 六、实验结果和总结

1.根据实验步骤及内容完成实验并截图，添加必要的说明文字；

2.撰写实验报告。

## 七、实验成绩评价标准

参考实验/实训教学大纲。

# 实验十一　Python 爬虫实战

## 一、实验名称和性质

| 所属课程 | 商务数据分析技术——Python |
|---|---|
| 实验名称 | Python 爬虫实战 |
| 实验学时 | 4 |
| 实验性质 | □验证　□综合　☑设计 |
| 必做/选做 | ☑必做　□选做 |

## 二、实验目的

1.熟悉 Python 爬虫工具开发；

2.掌握 Python 软件开发项目的基本流程。

## 三、实验的软硬件环境要求

1.硬件环境要求：

网络环境：本实验需要使用账号登录校园网。

硬件：PC。

2.使用的软件名称、版本号以及模块：

要求装有 Anaconda3、Spyder 等相关编程软件。

## 四、知识准备

前期要求掌握的知识：

学习过有关数据分析基本概念、电子商务相关课程。

## 五、实验内容

1.爬取股票代码。

编写代码实现 urlTolist 函数，并在函数里实现主要爬取功能：

（1）通过使用 urllib.request 模块中的 urlopen 函数访问目的链接；

（2）通过 urlopen 返回值的 read 方法获取网页的全部内容；

（3）使用 re 模块下的 compile 函数做正则表达式的计算模块，其模块字符串就是之前分析网页的目标代码；

（4）调用 re.compile 返回对象的 findall' 方法，对网页的 HTML 代码进行正则表达式计算。得到的返回值 code 便是最终的爬取结果。

2.爬取股票内容。

在代码上仍然使用 urllib.request 模块进行网络请求，并调用 urllib.request 模块下的 urlretrieve 函数，将返回的数据保存到 excel 表里。

**实验十一　Python 爬虫实战参考代码**

## 六、实验结果和总结

1.根据实验步骤及内容完成实验并截图，添加必要的说明文字；

2.撰写实验报告。

## 七、实验成绩评价标准

参考实验/实训教学大纲。

# 第六节　SPSS 统计分析能力训练

## "SPSS 统计分析"课程实验教学大纲

### 一、课程基本信息

| 课程中文名称 | | | | SPSS 统计分析 | | | |
|---|---|---|---|---|---|---|---|
| 课程英文名称 | | | | Basis of SPSS Statistical Analysis | | | |
| 学　分 | 理论 | 0 | | 实践 | | 1 | |
| 学　时 | 理论 | 0 | 实验/实训 | 16 | 多种形式教学 | | 0 |
| 课程代码 | | | | 实验中心名称 | | 经济管理实验中心 | |
| 适用专业 | | | | 信息管理与信息系统 | | | |
| 开课单位 | | 商学院 | | 开课教研室 | | 信息管理与电子商务系 | |
| 先修课程 | | | | 统计学 | | | |
| 课程要求 | | 选修 | | 课程类别 | | 专业选修课 | |
| 开课学期 | | 第五学期 | | 考核方式 | | 考查 | |

## 二、课程描述和目标

"SPSS统计分析"是一门实践性课程，通过这门课程的学习不仅可以巩固学生的统计学知识，还可以为更复杂的数据处理学习打下基础。SPSS统计软件目前已经成为非统计专业人员进行统计分析的首选工具，是国际公认的最优秀的统计分析软件包之一。本课程训练学生针对实际问题选择适当的统计学方法，将统计学方法中复杂的统计公式及计算过程作为暗箱，然后应用SPSS软件，直接实现数据结果的呈现。最终使学生形成"发现问题—搜集数据—分析数据—结果解释"的完整能力，对学生的科研训练以及实际决策问题的解决都有积极的作用。

课程目标1：熟悉SPSS软件

课程目标2：掌握描述性统计分析的操作方法

课程目标3：掌握参数检验的操作方法

课程目标4：掌握方差分析的操作方法

课程目标5：掌握相关分析和回归分析的操作方法

课程目标6：掌握聚类分析和判别分析的操作方法

课程目标7：掌握主成分分析和因子分析的操作方法

## 三、课程目标对毕业要求的支撑关系

| 毕业要求指标点 | 课程目标 | 权重 | 目标达成形式 |
|---|---|---|---|
| 1.信息分析处理能力 | 课程目标2、课程目标3、课程目标4、课程目标5、课程目标6、课程目标7、课程目标8 | H | 实验项目操作与报告 |
| 2.分析和解决企业管理问题能力 | 课程目标2、课程目标3、课程目标4、课程目标5、课程目标6、课程目标7、课程目标8 | L | 实验项目操作与报告 |

## 四、实验/实训项目与内容提要

| 序号 | 项目名称 | 目的要求、内容提要 | 每组人数 | 实验学时 | 实验类型 | 实验要求 | 实验分室 | 对应课程目标 |
|---|---|---|---|---|---|---|---|---|
| 1 | SPSS基本操作 | 熟悉SPSS菜单、窗口。掌握数据文件的建立、打开和保存方法 | 1 | 2 | 综合 | 必做 | 经管中心 | 课程目标1 |
| 2 | 数据整理 | 掌握数据的合并、排序、汇总等方法 | 1 | 2 | 综合 | 必做 | 经管中心 | 课程目标1 |
| 3 | 描述性统计分析 | 掌握数据集中趋势和离中趋势的分析方法 | 1 | 2 | 综合 | 必做 | 经管中心 | 课程目标2 |
| 4 | 参数检验 | 进行单样本、两独立样本以及成对样本的均值检验 | 1 | 2 | 综合 | 必做 | 经管中心 | 课程目标3 |

续表

| 序号 | 项目名称 | 目的要求、内容提要 | 每组人数 | 实验学时 | 实验类型 | 实验要求 | 实验分室 | 对应课程目标 |
|---|---|---|---|---|---|---|---|---|
| 5 | 方差分析 | 掌握单因素方差分析、多因素方差分析和协方差分析 | 1 | 2 | 综合 | 必做 | 经管中心 | 课程目标4 |
| 6 | 相关分析和回归分析 | 进行相关分析、线性回归分析 | 1 | 2 | 综合 | 必做 | 经管中心 | 课程目标5 |
| 7 | 聚类分析和判别分析 | 了解聚类的概念，掌握系统聚类方法和快速聚类方法 | 1 | 2 | 综合 | 必做 | 经管中心 | 课程目标6 |
| 8 | 主成分分析和因子分析 | 熟悉因子、旋转的概念，能从数据中提取因子并进行命名和解释 | 1 | 2 | 综合 | 必做 | 经管中心 | 课程目标7 |

## 五、实验/实训教学方式与基本要求

（一）教学方式

由教师讲解统计学背景知识和SPSS操作要点，必要时进行演示，然后学生通过实验指导利用SPSS软件进行实际操作。

（二）基本要求

学生须按照实验指导中例题的要求独立进行数据的录入、整理和分析，操作完成后认真总结，对数据分析结果进行合理解释，并根据操作情况完成实验报告的撰写。

## 六、实验/实训报告与考核

每个实验项目都必须根据实验情况写出实验报告，内容包括：（1）实验目的；（2）实验内容；（3）实验步骤；（4）实验结果；（5）问题讨论与实验心得。

| 考核依据 | 建议分值 | 考核/评价细则 | 对应课程目标 |
|---|---|---|---|
| 数据 | 40 | 完整、准确地进行数据输入、处理和输出 | 课程目标1、课程目标2、课程目标3、课程目标4、课程目标5、课程目标6、课程目标7 |
| 参数 | 20 | 理解各项参数的意义，正确选择和设置各项参数 | 课程目标1、课程目标2、课程目标3、课程目标4、课程目标5、课程目标6、课程目标7 |
| 结果 | 40 | 数据分析结果正确，对数据分析结果的解释合理 | 课程目标1、课程目标2、课程目标3、课程目标4、课程目标5、课程目标6、课程目标7 |

## 七、主要仪器设备和材料

计算机和SPSS统计软件。

## 八、教材及主要参考资料

1.沈渊，吴丽民，许胜江. SPSS17.0（中文版）统计分析及应用实验教程［M］. 杭州：浙江大学出版社，2013.

2.武松，潘发明. SPSS统计分析大全［M］. 北京：清华大学出版社，2014.

# 实验一　SPSS基本操作

## 一、实验名称和性质

| 所属课程 | SPSS统计分析 |
|---|---|
| 实验名称 | SPSS基本操作 |
| 实验学时 | 2 |
| 实验性质 | 综合 |
| 必做/选做 | 必做 |

## 二、实验目的

1.掌握建立SPSS数据文件的方法；

2.掌握保存SPSS数据文件的方法；

3.掌握打开SPSS数据文件的方法。

## 三、实验的软硬件环境要求

1.硬件环境：PC。

2.软件环境：SPSS软件。

## 四、知识准备

统计学是收集、处理、分析、解释数据并得出结论的科学。统计分为描述性统计和推断性统计两大类。描述性统计研究数据收集、处理和描述，推断性统计研究如何利用样本数据来推断总体特征。

变量是描述对象某个特征的概念，对变量的每一次观察都可能得到不同的结果，每一次观察结果就是数据。

变量分为定性变量和定量变量两种。定性变量根据取值是否有序分为名义变量和顺序变量，前者的值不可以排序，后者的值可以排序。定量变量根据取值特点分为离散型变量和连续型变量，前者只能取有限个值，可以列举出来，后者取值是连续的，无法列举出来。

## 五、实验内容

1.实验要求。

建立一个SPSS数据文件来记录你所在宿舍同学的情况，要求包括：学号、姓名、年龄、政治面貌（群众、团员、预备党员、党员）、英语四级通过情况（通过、没通过）和每月零花钱。

2.提示。

设置正确的变量名、变量类型、标签和测度类型。

## 实验二 数据整理

### 一、实验名称和性质

| 所属课程 | SPSS统计分析 |
|---|---|
| 实验名称 | 数据整理 |
| 实验学时 | 2 |
| 实验性质 | 综合 |
| 必做/选做 | 必做 |

### 二、实验目的

1.掌握数据的拆分方法；

2.掌握数据的排序方法；

3.掌握数据的分类汇总方法；

4.掌握个案的选择方法；

5.掌握计算新变量的方法。

### 三、实验的软硬件环境要求

1.硬件环境：PC。

2.软件环境：SPSS软件。

### 四、知识准备

在对数据进行分析之前一般要先进行数据整理，如果只需要分析一部分数据，就要进行数据拆分或选择；如果要分门别类地进行汇总，就要进行分类汇总等。数据整理是数据分析前的基础工作，其结果好坏直接影响数据分析的效率和效果。

### 五、实验内容

1.实验要求。

某单位职工情况见下表。

**某单位职工情况**

| 职工号 | 性别 | 年龄 | 职称 | 月工资（元） |
|---|---|---|---|---|
| 1 | 男 | 25 | 高级 | 3 000 |
| 2 | 女 | 22 | 高级 | 3 100 |
| 3 | 男 | 33 | 初级 | 1 250 |
| 4 | 男 | 28 | 中级 | 2 000 |
| 5 | 女 | 23 | 中级 | 2 100 |
| 6 | 女 | 34 | 初级 | 1 300 |
| 7 | 女 | 40 | 初级 | 1 200 |
| 8 | 男 | 35 | 中级 | 2 200 |
| 9 | 女 | 27 | 高级 | 3 200 |

（1）建立相应的SPSS数据文件；

（2）根据性别和工资对数据进行拆分；

（3）分别根据年龄、工资对数据进行排序；

（4）对数据进行分类汇总，以了解不同性别职工的平均工资；

（5）从全部个案中选出工资小于2 500元的个案；

（6）计算新变量"年工资"（按12个月计算）。

2.提示。

注意变量、参数的选择，公式的表达要准确。

## 实验三　描述性统计分析

### 一、实验名称和性质

| 所属课程 | SPSS统计分析 |
| --- | --- |
| 实验名称 | 描述性统计分析 |
| 实验学时 | 2 |
| 实验性质 | 综合 |
| 必做/选做 | 必做 |

### 二、实验目的

1.掌握频数分布分析方法；

2.掌握数据描述方法；

3.掌握数据探索方法。

### 三、实验的软硬件环境要求

1.硬件环境：PC。

2.软件环境：SPSS软件。

### 四、知识准备

描述性统计分析是一项基础性的统计分析，是其他统计分析的前提和基础。通过描述性统计分析输出各种关于样本数据的基本统计量和统计图表，据此可以对样本数据的数字特征以及总体的特征进行判断。熟练掌握描述性统计分析是SPSS使用者的基本功。

### 五、实验内容

［实验1］

1.实验要求。

运用数据文件"实验3-作业.sav"，对"性别"进行频数分析并输出条形图，对"年龄"、"工龄"和"月收入"分别进行频数分析并输出直方图。

2.提示。

参数的选择决定输出结果的数量和内容。

[实验2]

1.实验要求。

运用数据文件"实验3-作业.sav":

（1）分别对"年龄""工龄""月收入"进行描述性统计分析，求：均值、中位数和众数；全距（最大值和最小值）、方差和标准差；峰度和偏度。

（2）计算男性职工的平均月工资。

2.提示。

（1）参数的选择决定输出结果的数量和内容。

（2）对部分个案进行描述性统计需要先选择个案再进行分析。

[实验3]

1.实验要求。

运用数据文件"实验3-作业.sav"，分别对男女职工的"工龄"进行探索分析，输出描述性统计量、茎叶图、箱图和Q-Q图。

2.提示。

在"探索"对话框中，将"性别"选入"因子列表"框就可以实现分男、女两组分析的目的。

## 实验四　参数检验

### 一、实验名称和性质

| 所属课程 | SPSS统计分析 |
| --- | --- |
| 实验名称 | 参数检验 |
| 实验学时 | 2 |
| 实验性质 | 综合 |
| 必做/选做 | 必做 |

### 二、实验目的

1.掌握单一样本T检验方法；

2.掌握两独立样本T检验方法；

3.掌握配对样本T检验方法。

### 三、实验的软硬件环境要求

1.硬件环境：PC。

2.软件环境：SPSS软件。

### 四、知识准备

参数检验是利用样本对总体特征进行推断的一个统计方法，其原理是先对总体参数提出假设，然后通过样本（要求是随机样本）构造适当的统计量来检验假设是否成立。如果样本数据不能支持假设，则在一定显著性水平（概率）下拒绝该假设；如果样本数据不能支持假设不成立，则不能拒绝该假设。

## 五、实验内容

［实验1］

1.实验要求。

某企业25家分公司2019年投资平均值为163 584元，2020年投资数据记录在数据文件"实验4-作业1.sav"中，试分析该企业2020年投资与2019年投资的平均值是否有显著差异。

2.提示。

单样本T检验。

［实验2］

1.实验要求。

根据数据文件"实验4-作业1.sav"，试分析该企业不同投资类型所对应的投资金额是否存在显著差异。

2.提示。

两独立样本T检验。

［实验3］

1.实验要求。

采用A、B两套试卷测验20名学生的物理知识，两套试卷的满分都是100分，测验结果记录在数据文件"实验4-作业2.sav"中，试分析两套试卷测验成绩的平均值是否存在显著差异。

2.提示。

配对样本T检验。

## 实验五　方差分析

### 一、实验名称和性质

| 所属课程 | SPSS统计分析 |
|---|---|
| 实验名称 | 方差分析 |
| 实验学时 | 2 |
| 实验性质 | 综合 |
| 必做/选做 | 必做 |

### 二、实验目的

1.掌握单因素方差分析方法；

2.掌握多因素方差分析方法；

3.掌握协方差分析方法。

### 三、实验的软硬件环境要求

1.硬件环境：PC。

2.软件环境：SPSS软件。

### 四、知识准备

方差分析是用来检验多个总体均值是否相等或者有显著差异的方法。

1.单因素方差分析。

单因素方差分析是分析一个自变量（定性变量）的不同水平是否给因变量（定量变量）造成显著差异的分析。

2.多因素方差分析。

多因素方差分析是分析两个或两个以上自变量（定类变量）是否对因变量（定量变量）造成显著差异的分析。与单因素方差分析不同的是，它还要检验自变量之间的交互作用是否对因变量产生作用。

3.协方差分析。

协方差分析是在控制某一个变量（协变量）的前提下（即消除该变量的影响）进行单因素或多因素方差分析。

### 五、实验内容

［实验1］

1.实验要求。

某医院采用4种方法测试某试剂浓度，结果记录在"实验5-作业1.sav"文件中，试分析四种方法的测试结果是否存在差异。

2.提示。

单因素方差分析。

［实验2］

1.实验要求。

某企业对近期客户投诉情况按照投诉类型和客户所在地区进行了收集，结果记录在"实验5-作业2.sav"文件中。试分析：（1）假设投诉类型和客户不存在交互作用，投诉类型和客户所在地区对投诉数量是否有显著影响；（2）假设投诉类型和客户存在交互作用，投诉类型、客户所在地区以及二者的交互作用对投诉数量是否有显著影响。

2.提示。

（1）双因素方差分析。

（2）假设变量之间存在交互作用，则在"模型"对话框中选择"全因子"。

［实验3］

1.实验要求。

某工厂有3个车间，每个车间有10名工人，现在对3个车间的工人进行焊接技能培训，培训前和培训后工人的考核得分记录在"实验5-作业3.sav"文件中，试分析：（1）不同车间对培训后考核得分是否存在影响；（2）培训前的考核得分是否对培训后的考核得分存在影响。

2.提示。

协方差分析。

## 实验六　相关分析和回归分析

### 一、实验名称和性质

| 所属课程 | SPSS统计分析 |
| --- | --- |
| 实验名称 | 相关分析和回归分析 |
| 实验学时 | 2 |
| 实验性质 | 综合 |
| 必做/选做 | 必做 |

### 二、实验目的

1.掌握相关分析方法；

2.掌握偏相关分析方法；

3.掌握一元线性回归分析方法。

### 三、实验的软硬件环境要求

1.硬件环境：PC。

2.软件环境：SPSS软件。

### 四、知识准备

1.相关分析是检验两个定量变量之间统计关系强弱的方法，两个变量之间没有主次关系。

2.偏相关分析是在控制某一个变量的前提下（即消除该变量的影响）进行相关分析。

3.一元线性回归分析是检验两个定量变量之间数量依存关系的方法，两个变量之间有主次关系。

### 五、实验内容

［实验1］

1.实验要求。

某学校对14名初中学生的体重、肺活量和身高进行了测量，结果记录在"实验6-作业.sav"文件中，试分析体重、肺活量和身高之间的相关关系。

2.提示。

双变量相关分析。

［实验2］

1.实验要求。

根据"实验6-作业.sav"文件提供的数据，在控制体重变量的前提下，试分析肺活量和身高之间的关系，并与实验1中的结果进行对比分析。

2.提示。

偏相关分析。

[实验3]

1.实验要求。

根据"实验6-作业.sav"文件提供的数据，试对肺活量（因变量）和身高（自变量）建立回归模型。

2.提示。

一元线性回归分析。

## 实验七 聚类分析和判别分析

### 一、实验名称和性质

| 所属课程 | SPSS统计分析 |
|---|---|
| 实验名称 | 聚类分析和判别分析 |
| 实验学时 | 2 |
| 实验性质 | 综合 |
| 必做/选做 | 必做 |

### 二、实验目的

1.掌握K-均值聚类方法；

2.掌握系统聚类方法；

3.掌握判别分析方法。

### 三、实验的软硬件环境要求

1.硬件环境：PC。

2.软件环境：SPSS软件。

### 四、知识准备

1.聚类分析。在事先不知道事物类别的情况下，根据某些特征将样本或变量进行分类的方法。

2.判别分析。在事先已经知道事物类别的情况下，根据样本数据构造判别函数，再利用判别函数对新样本判断类别的方法。

### 五、实验内容

[实验1]

1.实验要求。

20家企业的研发投资与固定资产投资情况记录在"实验7-作业1.sav"文件中，试将它们分为2类。

2.提示。

K-均值聚类。

[实验2]

1.实验要求。

20家企业的研发投资与固定资产投资情况记录在"实验7-作业1.sav"文件中，事先并不知道这些企业的类别，试对其进行分类。

2.提示。

系统聚类。

［实验3］

1.实验要求。

20家企业的研发投资与固定资产投资情况记录在"实验7-作业2.sav"文件（数据与"实验7-作业1.sav"有差异）中，所有企业分为两种类型，已经知道每一家企业所属的类型，试进行判别分析，得到判别函数。

2.提示。

判别分析。

注意：变量"类别"已经设定为数值变量，否则分析无法进行。

# 实验八　主成分分析和因子分析

## 一、实验名称和性质

| 所属课程 | SPSS统计分析 |
| --- | --- |
| 实验名称 | 主成分分析和因子分析 |
| 实验学时 | 2 |
| 实验性质 | 综合 |
| 必做/选做 | 必做 |

## 二、实验目的

1.理解主成分分析和因子分析的原理；

2.理解主成分分析和因子分析的异同；

3.掌握主成分分析方法；

4.掌握因子分析方法。

## 三、实验的软硬件环境要求

1.硬件环境：PC。

2.软件环境：SPSS软件。

## 四、知识准备

1.主成分分析。用较少的变量去解释原始数据中的大部分变异，将多个相关的指标转化为少数几个不相关的综合指标的方法，这些综合指标就是所谓的"主成分"。主成分分析一般不是最终分析，而是进行其他分析的中间产品。

2.因子分析。因子分析是主成分分析的升级和发展，它也将多个指标综合为少数几个因子。与主成分分析不同的是因子分析可以分析潜变量和显变量之间的关系，因子分析需要对主成分进行旋转等。

**五、实验内容**

［实验1］

1.实验要求。

某心理医生测量了20位客户的4个方面的人格特征，结果记录在"实验8-作业1.sav"文件中，试进行主成分分析，并计算综合得分。

2.提示。

主成分分析，综合得分采用"计算新变量"得到。

［实验2］

1.实验要求。

研究人员调查了24名出租车司机的社会态度倾向，一共包括9项指标，结果记录在"实验8-作业2.sav"文件中，试进行因子分析，并计算综合得分。

2.提示。

因子分析，综合得分采用"计算新变量"得到。

# 第四章

## 信息系统开发与管理能力训练

### 第一节　信息系统分析与设计能力训练

#### "信息系统分析与设计（英）"课程实验/实训教学大纲

## 一、课程基本信息

| 课程中文名称 | 信息系统分析与设计（英） | | | |
|---|---|---|---|---|
| 课程英文名称 | Analysis and Design of Information System　（English） | | | |
| 学　分 | 理论 | 2.5 | 实践 | 1 |
| 学　时 | 理论 | 40 | 实验/实训 | 24　多种形式教学 |
| 课程代码 | 41457 | 实验中心名称 | | 经济管理实验中心 |
| 适用专业 | 信息管理与信息系统 | | | |
| 开课单位 | 商学院 | 开课教研室 | | 信息管理系 |
| 先修课程 | C#编程基础、C#数据结构 | | | |
| 课程要求 | 必修 | 课程类别 | | 专业核心课 |
| 开课学期 | 第五学期 | 考核方式 | | 考试 |

## 二、课程描述和目标

（一）本课程在实现专业人才培养目标中的地位、作用，以及基本内容

　　信息管理与信息系统专业的技术线：C#编程基础→C#数据结构→数据库原理→信息系统分析与设计（英）。"信息系统分析与设计（英）"是信息管理与信息系统专业的必修课，是"技术线"中的第4门课程，是在高级程序设计语言、数据库原理等课程基础之上的综合和提升。

　　此课程是移动商务系统等课程的前置课程，后续课程的学习需要该课程打下的坚实基础。

　　"信息系统分析与设计（英）"课程是信息管理与信息系统专业学生必修的主干课程之一，课程基于系统工程的基本思想和方法，介绍了信息系统的战略规划、可行性分析、系统分析、初步设计、详细设计、系统实施与维护及对象建模等内容。

　　通过本课程的学习，学生应掌握不同开发方法的核心思想，结构化系统分析方法、结构化系统设计方法、面向对象分析方法和面向对象设计等的主要工作内容、建模技术等知识，并能熟练利用当前主流的建模语言，针对具体的系统进行分析与设计方面的建模，提高学生建模能力，并具备信息系统开发的初步能力。

（二）本课程拟达到的课程目标

本课程拟达到以下课程目标：

课程目标1：具有较强的外语阅读能力

具备较好的专业英语应用能力，能顺利阅读专业外文教材，具有较强的外语读、写、译的能力。

课程目标2：掌握信息系统的设计流程、规范及基本的设计工具

掌握信息系统的战略规划、可行性分析、系统分析、初步设计、详细设计、系统实施与维护及对象建模等内容。

课程学习后能做到：能确定调查对象、调查范围，制作各阶段开发文档，并能熟练制作各类系统开发模型。

课程目标3：具备分析和解决企业管理工作问题的基本能力

注重培养学生观察现象、定义问题、独立思考的能力，培养学生利用所学技术通过信息系统解决方案的构建应对企业管理要求的能力。

## 三、课程目标对毕业要求的支撑关系

| 毕业要求指标点 | 课程目标 | 权重 | 目标达成形式 |
| --- | --- | --- | --- |
| 5.外语能力 | 课程目标1 | H | 上课、课前阅读、课后复习 |
| 5.外语能力 | 课程目标2 | H | 上课、上机实验、实验报告 |
| 5.外语能力 | 课程目标3 | H | 上课、上机实验、实验报告、大作业 |
| 10.信息系统分析能力 | 课程目标1 | H | 上课、课前阅读、课后复习 |
| 10.信息系统分析能力 | 课程目标2 | H | 上课、上机实验、实验报告 |
| 10.信息系统分析能力 | 课程目标3 | H | 上课、上机实验、实验报告、大作业 |
| 11.信息系统开发设计能力 | 课程目标1 | H | 上课、课前阅读、课后复习 |
| 11.信息系统开发设计能力 | 课程目标2 | H | 上课、上机实验、实验报告 |
| 11.信息系统开发设计能力 | 课程目标3 | H | 上课、上机实验、实验报告、大作业 |
| 12.信息系统实施与运行维护能力 | 课程目标1 | H | 上课、课前阅读、课后复习 |
| 12.信息系统实施与运行维护能力 | 课程目标2 | H | 上课、上机实验、实验报告 |
| 12.信息系统实施与运行维护能力 | 课程目标3 | H | 上课、上机实验、实验报告、大作业 |

**四、实验/实训项目与内容提要**

| 序号 | 项目名称 | 目的要求、内容提要 | 每组人数 | 实验学时 | 实验类型 | 实验要求 | 实验分室 | 对应课程目标 |
|---|---|---|---|---|---|---|---|---|
| 1 | 信息系统的认识（Introduction of information system） | Install and analyze the different information system | 1个班 | 2 | 设计 | 必做 | 管理综合实验室 | 课程目标1、课程目标2 |
| 2 | 项目管理（Project management） | Make the plan for a system development task | 1个班 | 2 | 设计 | 必做 | 管理综合实验室 | 课程目标1、课程目标2、课程目标3 |
| 3 | 数据建模与分析（Data modeling and analysis） | Draw and design entity relationship diagram | 1个班 | 4 | 设计 | 必做 | 管理综合实验室 | 课程目标1、课程目标2、课程目标3 |
| 4 | 过程建模（Process modeling） | Draw and design the business flow diagrams and data flow diagrams | 1个班 | 4 | 设计 | 必做 | 管理综合实验室 | 课程目标1、课程目标2、课程目标3 |
| 5 | 基于UML的面向对象分析与建模（Object-oriented analysis and modeling using UML） | Draw and design the use-case diagram, class diagrams, sequence diagrams | 1个班 | 4 | 设计 | 必做 | 管理综合实验室 | 课程目标1、课程目标2、课程目标3 |
| 6 | 系统设计（system design） | Draw and design the structure diagrams | 1个班 | 2 | 设计 | 必做 | 管理综合实验室 | 课程目标1、课程目标2 |
| 7 | 基于UML的面向对象设计与建模（Object-oriented design and modeling using UML） | Draw and design the package diagrams, component diagrams and deployment diagrams | 1个班 | 4 | 设计 | 必做 | 管理综合实验室 | 课程目标1、课程目标2、课程目标3 |
| 8 | 用户界面设计（User interface design） | Design user interface for the prospective system, suggest the specific data validation check methods and input control methods | 1个班 | 2 | 设计 | 必做 | 管理综合实验室 | 课程目标1、课程目标2、课程目标3 |
| 合计 | | | | 24 | | | | |

**五、实验/实训教学方式与基本要求**

**（一）教学方式**

教学方式主要是在 Visio、Rational Rose 环境中进行各类建模操作和练习。每次实验包括验证性实验和设计性实验。课前由学生预习实验内容，上机时学生需按要求完成模型，教师按实验完成情况、软件操作熟练程度进行成绩评定，实验过程中采取个别辅导、互助解答等相结合的方式提高上机实训效果。

**（二）基本要求**

学生需根据实验大纲及指导书中列出的实验步骤，认真完成规定的实验内容，在实验过程中遇到问题可通过上网搜索技术方案进行解决。为进一步巩固实验效果，学生需独立完成设计性实验题目，并能顺利回答实验中提出的相关问题。

**六、实验/实训报告与考核**

**（一）实验报告**

每个实验项目都必须根据实验情况写出实验报告，内容包括：（1）实验目的；（2）实验内容与步骤；（3）实验结果；（4）问题讨论与实验心得。

**（二）实验考核**

每个实验项目采用 A+、A、A−、B+、B、B−、C+、C、C−、D10 个等级进行评价登记。实验项目根据实验纪律、实验报告、实验方案进行评分，按等级 A 总数的多少，从最高成绩同学依次递减计算实验成绩；实验成绩占本门课程总成绩的 15%。

| 考核<br>依据 | 建议<br>分值 | 考核/评价细则 | 对应课程目标 |
|---|---|---|---|
| 实验纪律 | 20 | 实验态度端正，上课期间能够专心于实验过程，遵守学校及经管中心相关规章制度 | |
| 实验报告 | 50 | 能够按照实验指导书的要求完成所有实验内容，且每个实验项目内容、操作步骤、结论较完整 | 课程目标2 |
| 实验方案 | 30 | 解决方案合理科学，报告能够及时上交；对于个别设计型题目的分析方案逻辑性较强，具有独到见解，问题分析全面深刻的可提高分值档次 | 课程目标2、课程目标3 |

**七、主要仪器设备和材料**

Visio、Rational Rose 等。

**八、教材及主要参考资料**

**（一）教材**

BENTLEY L D，WHITTEN J L.Systems analysis & design for the global enterprise（影印版）[M].7 版.北京：高等教育出版社，2008.

**（二）主要参考资料**

1.WHITTEN J L，BENTLEY L D，DITTMAN K C.System analysis and design methods（影印版）[M].5 版.北京：高等教育出版社，2001.

2.邝孔武，王晓敏.信息系统分析与设计 [M]. 4 版. 北京：清华大学出版社，2013.

3.张基温.信息系统开发实例：第一辑［M］.北京：清华大学出版社，2001.

4.张基温.信息系统开发实例：第二辑［M］.北京：清华大学出版社，2001.

# 实验一　信息系统的认识

## 一、实验名称和性质

| | |
|---|---|
| 所属课程 | 信息系统分析与设计（英） |
| 实验名称 | 信息系统的认识 |
| 实验学时 | 2 |
| 实验性质 | □验证　□综合　☑设计 |
| 必做/选做 | ☑必做　□选做 |

## 二、实验目的

1.了解常见的企业管理信息系统的使用方法；

2.了解一般信息系统和事务的结构、布局、使用界面、数据库结构、设计思路等。

## 三、实验的软硬件环境要求

1.硬件环境要求：

PC。

2.使用的软件名称、版本号以及模块：

本实验需要配备的软件包括：SQL Server。

## 四、知识准备

前期要求掌握的知识：

了解信息系统的定义、功能，掌握信息系统开发过程的各类参与者的角色和职责，能区分用户和开发人员对信息系统的不同需求和认知。

## 五、实验内容

1.按验证性实验的具体要求逐步完成指定题目，观察并记录实验的结果；

2.按具体要求完成设计性实验的题目，将设计结果记录在实验报告上。

## 六、验证性实验

实验要求：

从 Github 上下载两个案例系统，进行安装、运行、初步测试。

## 七、设计性实验

实验要求：

选择一个下载的系统，对其功能、界面（输入、输出、查询、统计等方面）、数据库结构、设计思路、优缺点进行分析评价。

## 实验二　项目管理

### 一、实验名称和性质

| | |
|---|---|
| 所属课程 | 信息系统分析与设计（英） |
| 实验名称 | 项目管理 |
| 实验学时 | 2 |
| 实验性质 | ☐验证　☐综合　☑设计 |
| 必做/选做 | ☑必做　☐选做 |

### 二、实验目的

掌握 IT 项目管理的构成要素，了解项目管理的过程，能够运用项目管理工具对项目的范围、进度、成本、人员等进行有效管理。

### 三、实验的软硬件环境要求

1.硬件环境要求：

PC。

2.使用的软件名称、版本号以及模块：

本实验需要配备的软件包括：Project 2003 或以上版本。

### 四、知识准备

前期要求掌握的知识：

了解项目管理的定义、功能，掌握项目管理的活动内容，能区别 PERT 图和甘特图的不同作用，能利用项目管理软件对项目管理涉及的活动进行有效支持。

### 五、实验内容

实验要求：

某项目的计划表见下表。

**某项目计划表**

| 任务序号 | 任务名称 | 工期（工作日） | 前置任务 | 资源名称 | 分配比率 |
|---|---|---|---|---|---|
| 1 | 项目启动 | 0 | | | |
| 2 | 启动任务 | | 1 | | |
| 3 | 与项目发起人的启动会议 | 1 | 1 | 凯西 约翰 玛丽 | 各50% |
| 4 | 研究类似项目 | 5 | 3 | 约翰 | 100% |
| 5 | 草拟项目要求 | 3 | 4 | 凯西 约翰 | 50%、100% |
| 6 | 同发起人和其他项目干系人检查项目要求 | 1 | 5 | 凯西 约翰 玛丽 | 各50% |
| 7 | 制定项目章程 | 1 | 6 | 凯西 | 100% |
| 8 | 签署合同 | 0 | 7 | | |
| 9 | 编制任务计划 | | 8 | | |
| 10 | 创建WBS | 5 | 8 | 全体 | 各25% |

续表

| 任务序号 | 任务名称 | 工期（工作日） | 前置任务 | 资源名称 | 分配比率 |
|---|---|---|---|---|---|
| 11 | 估算工期 | 5 | 10 | 凯西 约翰 玛丽 | 各25% |
| 12 | 分配资源 | 4 | 10 | 凯西 | 10% |
| 13 | 决定任务关系 | 2 | 10 | 凯西 | 10% |
| 14 | 输入成本信息 | 3 | 10 | 克里思 | 50% |
| 15 | 预览甘特图和PERT图 | 1 | 13 | 凯西 | 25% |
| 16 | 同项目干系人一起检查计划 | 1 | 11、12、13、15 | 全体 | 各25% |
| 17 | 执行任务 | | 16 | | |
| 18 | 分析任务 | 20 | 16 | 约翰 | 75% |
| 19 | 设计任务 | 20 | 18 | 玛丽 | 75% |
| 20 | 执行任务 | 20 | 19 | 玛丽 克里思 | 各75% |
| 21 | 控制任务 | | 8 | | |
| 22—39 | 状态报告（作为循环任务输入） | | 8 | 凯西 | 10% |
| 40 | 输入项目实际信息 | 60 | 8 | 克里思 | 5% |
| 41 | 预览报告 | 60 | 8 | 凯西 | 5% |
| 42 | 如果有必要，调整计划 | 1 | 8 | 凯西 | 25% |
| 43 | 结束任务 | | 20 | | |
| 44 | 准备最后项目报告 | 3 | 20 | 全体 | 各100% |
| 45 | 向项目干系人提交最后项目 | 1 | 44 | 全体 | 各100% |
| 46 | 总结项目经验和教训 | 2 | 45 | 全体 | 各25% |
| 47 | 项目总结 | | 46 | | |

项目开始时间：按当前日期自定。

要求：

1. 在Project软件中输入项目的总体信息，如项目名称、起止日期等；

2. 输入资源数据、建立资源数据库；

3. 输入工作数据、建立工作数据库；

4. 对该项目进行关键路径分析。

# 实验三　数据建模与分析

## 一、实验名称和性质

| | |
|---|---|
| 所属课程 | 信息系统分析与设计（英） |
| 实验名称 | 数据建模与分析 |
| 实验学时 | 4 |
| 实验性质 | □验证　□综合　☑设计 |
| 必做/选做 | ☑必做　□选做 |

## 二、实验目的

1. 掌握 E-R 模型的绘制方法；

2. 能将 E-R 模型转换为关系模型，并在关系模型中实现表间关联；

3. 根据需求描述，利用 Visio 进行 E-R 模型的构建。

## 三、实验的软硬件环境要求

1. 硬件环境要求：

PC。

2. 使用的软件名称、版本号以及模块：

本实验需要配备的软件包括：Visio 2003 或以上版本。

## 四、知识准备

前期要求掌握的知识：

数据库设计的概要设计阶段中，设计人员要从用户的角度看待数据及处理要求和约束，产生一个反映用户观点的概念模型，然后把概念模型转换成逻辑模型。

实验相关理论或原理：

设计 E-R 图的步骤：

1. 对现实世界进行需求分析

该步骤包括了解组织机构情况，为分析信息流做准备；了解各部门业务情况，调查各部门输入和使用的数据及处理数据的方法与算法；确定数据库的信息组成及计算机系统应实现的功能。

2. 设计局部 E-R 图

基于实体集、联系、多重性、关联实体等概念，进行局部 E-R 图的构建。

3. 合并局部 E-R 图

将局部 E-R 图合并成全局 E-R 图，合并时要注意消除冲突、消除冗余。

4. 从 E-R 图导出关系数据模型

其中，每个实体转换为一个关系，E-R 图中的联系，则根据多重性进行不同转换。

## 五、实验内容

实验要求：

以嘉兴学院图书馆主页中"我的图书馆"为原型，自行选择自定义图书馆管理系统的开发范围，针对该范围设计 E-R 图，并将 E-R 图转化为关系模型。其中图书馆管理系统部分页面如图 4-1 图书馆目录检索功能页面、图 4-2 图书馆分类导航页面、图 4-3 个人借书历史显示页面所示。

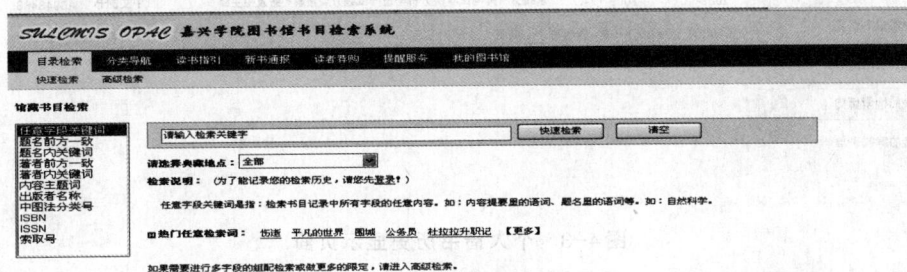

图 4-1　图书馆目录检索功能页面

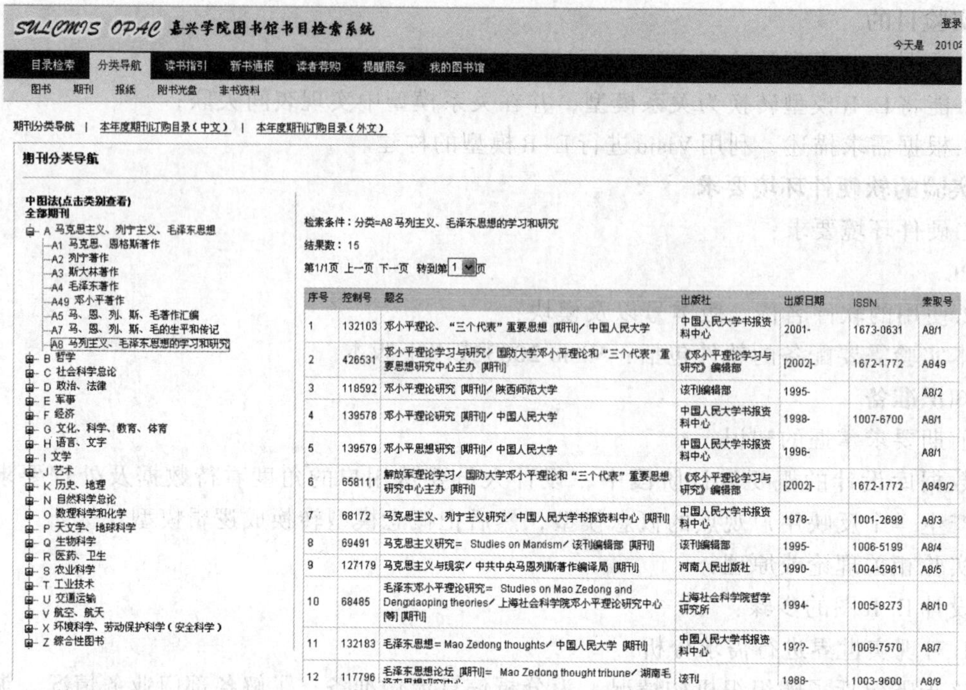


图 4-2 图书馆分类导航页面

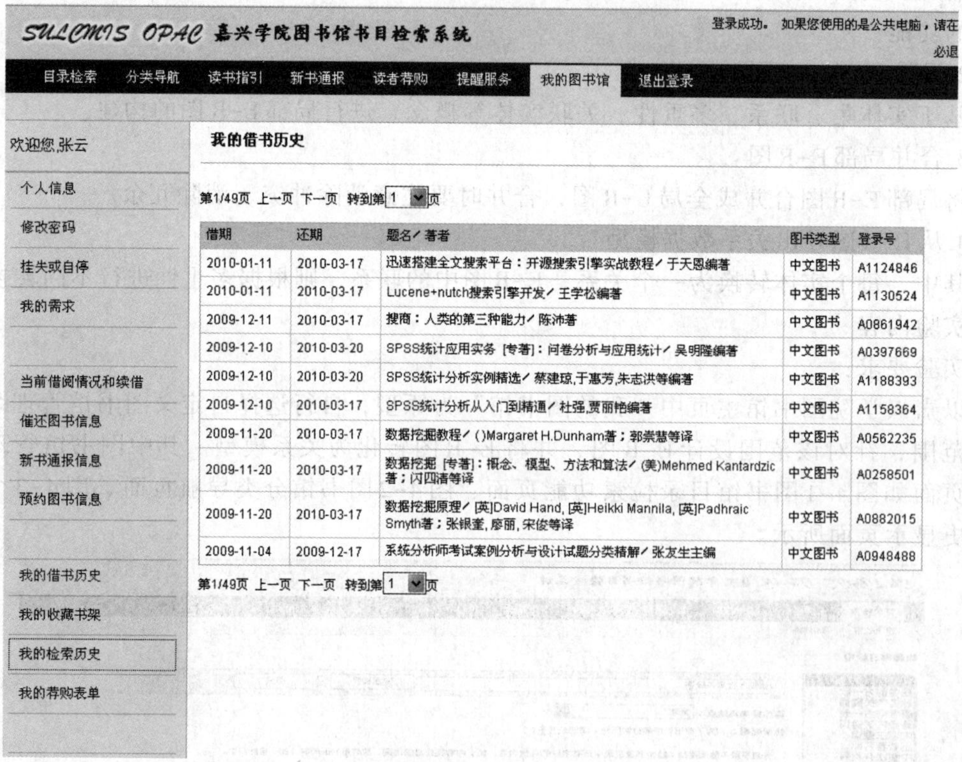


图 4-3 个人借书历史显示页面

# 实验四　过程建模

## 一、实验名称和性质

| 所属课程 | 信息系统分析与设计（英） |
|---|---|
| 实验名称 | 过程建模 |
| 实验学时 | 4 |
| 实验性质 | □验证　□综合　☑设计 |
| 必做/选做 | ☑必做　□选做 |

## 二、实验目的

1.掌握需求分析的内涵；

2.掌握业务流程图的绘制方法；

3.掌握数据流程图的绘制方法；

4.能利用 Visio 进行结构化开发方法的建模应用。

## 三、实验的软硬件环境要求

1.硬件环境要求：

PC。

2.使用的软件名称、版本号以及模块：

本实验需要配备的软件包括：Visio 2003 或以上版本。

## 四、知识准备

前期要求掌握的知识：

了解建模技术在软件开发中的作用，知道逻辑模型与物理模型的不同作用，掌握业务流程图、数据流程图的构成、作用等基本知识，熟悉业务流程图、数据流程图的绘制方法。

## 五、实验内容

实验要求：

1.制作一个修改磁带上主文件的系统。文件管理员把修改信息穿孔在卡片上，系统读入穿孔卡片上的信息并按照记录号把修改信息顺序排列好。然后系统逐个读入主文件上的记录，根据记录上的校验码校核每个读入的记录，丢掉出错的记录，按照修改信息修改余下的记录，产生的新文件存储在磁盘上。最后系统输入一份修改报告供文件管理员参阅。

绘制出上述主文件修改系统的业务流程图及分层数据流程图[①]。

2.某电器公司下属一个成套厂（产品组装）和若干零件厂等单位，成套厂下设技术科、生产科、供应科等基层单位。现要建立一个计算机辅助企业管理系统，其中：

生产科的任务是：根据销售公司转来的内部合同（产品型号、规格、数量、交货日期）制订车间月生产计划；根据车间实际生产日报表、周报表调整月生产计划；以月生产

---

① 该部分习题来自张海藩编著的《软件工程导论学习辅导》一书。

计划为依据，制订产品设计（结构、工艺）及产品组装月计划；将产品的组装计划传达到技术科，将组装月计划分解为周计划，下达给车间。

技术科的任务是：根据生产科转来的组装计划进行产品结构设计，产生产品装配图给生产科，产生外购需求计划给供应科，并产生产品自制件物料清单；根据组装计划进行产品工艺设计（冲压、喷漆、焊接等），根据产品自制件物料清单产生工艺流程图给零件厂。

供应科的任务是：根据技术科的外购需求计划和仓库的缺货通知单及月盘存表制订采购计划给采购员；对采购的材料进行库存管理（登录、查询、修改、删除）。

画出该企业管理系统的分层DFD图[①]。

## 实验五　基于UML的面向对象分析与建模

### 一、实验名称和性质

| 所属课程 | 信息系统分析与设计（英） |
| --- | --- |
| 实验名称 | 基于UML的面向对象分析与建模 |
| 实验学时 | 4 |
| 实验性质 | □验证　□综合　☑设计 |
| 必做/选做 | ☑必做　□选做 |

### 二、实验目的

1. 掌握面向对象的系统分析方法；
2. 了解UML统一建模语言在面向对象软件开发中的作用；
3. 掌握利用Rational Rose进行UML建模的方法；
4. 掌握用例图的绘制技术和方法；
5. 掌握时序图和协作图的绘制技术和方法；
6. 掌握类图的绘制技术和方法；
7. 能对指定系统进行基于UML的综合建模。

### 三、实验的软硬件环境要求

1. 硬件环境要求：

PC。

2. 使用的软件名称、版本号以及模块：

本实验需要配备的软件包括：Rational Rose 2003或以上版本。

### 四、知识准备

前期要求掌握的知识：

理解对象模型技术的基本概念和结构，熟练掌握统一建模语言的构成、原理及各种模型图的构成要素及绘制方法。

---

① 该部分习题来自刘海岩等编著的《软件工程应试指导》一书。

### 五、实验内容

实验要求：

1.请为银行储蓄业务管理信息系统中的补办、存款、转账编写用例描述文档，并用时序图进行建模。

2.某牙科诊所管理系统的业务如下，请为其绘制用例图及类图：

王大夫在小镇上开了一家牙科诊所。他有一个牙科助手、一个牙科保健员和一个接待员。王大夫需要一个软件系统来管理预约。

当病人打电话预约时，接待员将查阅预约登记表，如果病人申请的就诊时间与已定下的预约时间冲突，则接待员建议一个就诊时间以安排病人尽早得到诊治。如果病人同意建议的就诊时间，接待员将输入约定时间和病人的名字。系统将核实病人的名字并提供记录的病人数据，数据包括病人的病历号等。在每次治疗后，助手或保健员将标记相应的预约诊治已经完成，必要的话会安排病人再来。

系统能够按病人姓名或按日期进行查询，能够显示记录的病人数据和预约信息。接待员可以取消预约，可以打印出前两天预约尚未就诊的病人清单。系统可以从病人记录中获知病人的电话号码。接待员还可以打印出关于所有病人的每天和每周的工作安排。

3.分析图书管理系统中的书和借书证的状态，画出它们的状态图。

4.分析图书管理系统中管理员的活动状态，画出管理员的活动图。

## 实验六　系统设计

### 一、实验名称和性质

| 所属课程 | 信息系统分析与设计（英） |
|---|---|
| 实验名称 | 系统设计 |
| 实验学时 | 2 |
| 实验性质 | □验证　□综合　☑设计 |
| 必做/选做 | ☑必做　□选做 |

### 二、实验目的

1.掌握系统设计的内涵；

2.掌握功能模块结构图的绘制方法；

3.能利用Visio进行结构化设计的建模。

### 三、实验的软硬件环境要求

1.硬件环境要求：

PC。

2.使用的软件名称、版本号以及模块：

本实验需要配备的软件包括：Visio 2003或以上版本。

### 四、知识准备

前期要求掌握的知识：

理解对象模型技术的基本概念和结构，熟练掌握统一建模语言的构成、原理及各种模型图的构成要素及绘制方法。

## 五、实验内容

实验要求：

1.制作一个修改磁带上主文件的系统。文件管理员把修改信息穿孔在卡片上，系统读入穿孔卡片上的信息并按照记录号把修改信息顺序排列好。然后系统逐个读入主文件上的记录，根据记录上的校验码校核每个读入的记录，丢掉出错的记录，按照修改信息修改余下的记录，产生的新文件存储在磁盘上。最后系统输入一份修改报告供文件管理员参阅。

绘制出上述主文件修改系统的功能模块结构图。

2.某电器公司下属一个成套厂（产品组装）和若干零件厂等单位，成套厂下设技术科、生产科、供应科等基层单位。现要建立一个计算机辅助企业管理系统，其中：

生产科的任务是：根据销售公司转来的内部合同（包括产品型号、规格、数量、交货日期）制订车间月生产计划；根据车间实际生产日报表、周报表调整月生产计划；以月生产计划为依据，制订产品设计（结构、工艺）及产品组装月计划；将产品的组装计划传达到技术科，将组装月计划分解为周计划，下达给车间。

技术科的任务是：根据生产科转来的组装计划进行产品结构设计，产生产品装配图给生产科，产生外购需求计划给供应科，并产生产品自制件物料清单；根据组装计划进行产品工艺设计（冲压、喷漆、焊接等），根据产品自制件物料清单产生工艺流程图给零件厂。

供应科的任务是：根据技术科的外购需求计划和仓库的缺货通知单及月盘存表制订采购计划给采购员；对采购的材料进行库存管理（登录、查询、修改、删除）。

画出该企业管理系统的功能模块结构图。

## 实验七　基于 UML 的面向对象设计与建模

## 一、实验名称和性质

| 所属课程 | 信息系统分析与设计（英） |
|---|---|
| 实验名称 | 基于 UML 的面向对象设计与建模 |
| 实验学时 | 4 |
| 实验性质 | □验证　　□综合　　☑设计 |
| 必做/选做 | ☑必做　　□选做 |

## 二、实验目的

1.掌握面向对象的系统设计方法；

2.了解 UML 统一建模语言在面向对象软件开发中的作用；

3.掌握利用 Rational Rose 进行 UML 建模的方法；

4.掌握部署图的绘制技术和方法；

5.掌握构件图的绘制技术和方法；

6.能对指定系统进行基于UML的综合建模。

### 三、实验的软硬件环境要求

1.硬件环境要求：

PC。

2.使用的软件名称、版本号以及模块：

本实验需要配备的软件包括：Rational Rose 2003或以上版本。

### 四、知识准备

前期要求掌握的知识：

理解对象模型技术的基本概念和结构，熟练掌握统一建模语言的构成、原理及各种模型图的构成要素及绘制方法。

### 五、实验内容

实验要求：

1.现有一个"网络教学系统"，该系统的功能需求主要包括以下几个方面：

①学生可以登录网站浏览信息、查找信息和下载文件；

②教师可以登录网站输入课程简介、上传课件文件、发布消息、修改和更新消息；

③系统管理员可以对页面进行维护以及批准用户的注册申请。

请为该系统进行部署图、构件图建模。

2.以嘉兴学院图书馆主页中"我的图书馆"为原型，自行选择自定义图书馆管理系统的开发范围，针对该范围设计其部署图、构件图。其中图书馆管理系统部分页面参见实验三中图。

## 实验八　用户界面设计

### 一、实验名称和性质

| | |
|---|---|
| 所属课程 | 信息系统分析与设计（英） |
| 实验名称 | 用户界面设计 |
| 实验学时 | 2 |
| 实验性质 | □验证　□综合　☑设计 |
| 必做/选做 | ☑必做　□选做 |

### 二、实验目的

1.掌握用户界面的设计规则；

2.掌握实际软件中输入/输出界面原型的设计方法；

3.能运用Visio进行原型模型的建立。

### 三、实验的软硬件环境要求

1.硬件环境要求：

PC。

2.使用的软件名称、版本号以及模块：

本实验需要配备的软件包括：Visio 2003 或以上版本。

**四、知识准备**

前期要求掌握的知识：

了解用户界面设计的基本原则，知道数据收集、数据输入和数据输出间的区别，知道一些不同的数据收集技术，了解如何将人的因素融入计算机输入设计中，能运用软件工具进行界面的简单原型设计。

**五、实验内容**

以嘉兴学院图书馆主页中"我的图书馆"为原型，自行选择自定义图书馆管理系统的开发范围，针对该范围设计页面流程图、主要界面模型图。其中图书馆管理系统部分页面参见实验三中图。

# 第二节　信息系统分析与设计综合实验

## "信息系统分析与设计综合实验"课程实验/实训教学大纲

**一、课程基本信息**

| 课程中文名称 | | 信息系统分析与设计综合实验 | | | |
|---|---|---|---|---|---|
| 课程英文名称 | | Comprehensive Experiment of Analysis and Design of Information System | | | |
| 学　分 | 理论 | | 实践 | | 1 |
| 学　时 | 理论 | | 实验/实训 | 16 | 多种形式教学 |
| 课程代码 | 41458 | | 实验中心名称 | | 经济管理实验中心 |
| 适用专业 | | 信息管理与信息系统 | | | |
| 开课单位 | 商学院 | | 开课教研室 | | 信息管理系 |
| 先修课程 | | C#编程基础、C#数据结构、信息系统分析与设计（英） | | | |
| 课程要求 | 必修 | | 课程类别 | | 专业核心课 |
| 开课学期 | 第五学期 | | 考核方式 | | 考查 |

**二、课程描述和目标**

（一）本课程在实现专业人才培养目标中的地位、作用，以及基本内容

"信息系统分析与设计"课程是信息管理与信息系统专业学生必修的主干课程之一，通过该课程的理论学习，学生对信息系统的开发方法、开发过程、建模技术等有了一定的了解，而"信息系统分析与设计综合实验"则是学生对所学知识融会贯通，并进行综合训练的过程。

"信息系统分析与设计综合实验"的主要目的在于通过综合实验的实践及其前后的准备与总结工作，复习、领会、巩固和运用课堂上所学的原理、方法和建模技术；使学生通过参加小组团队的开发实践，了解项目管理、团队合作、文档编写、口头与书面表达的重要性；使每个学生了解系统开发过程中软件工具、环境对于项目开发的重要性，并且深入

掌握系统开发中的建模技术。

（二）本课程拟达到的课程目标：

课程目标1：进一步巩固和熟练掌握信息系统的设计流程、规范及基本的设计工具

掌握信息系统的战略规划、可行性分析、系统分析、初步设计、详细设计、系统实施与维护及对象建模等内容。

课程学习后做到：能确定调查对象、调查范围，制作各阶段开发文档，并能熟练制作各类系统开发模型。

课程目标2：提高学生综合应用实践能力

通过项目的连贯设计要求，使学生将前期所学的高级程序设计语言、数据结构、数据库原理、移动商务系统开发技术结合起来，并融入一个具体项目中进行实践操作和模型设计。

课程目标3：具备分析和解决企业管理工作问题的基本能力

注重学生观察现象、定义问题、独立思考的能力，培养学生利用所学技术通过信息系统解决方案的构建应对企业管理要求的能力。

## 三、课程目标对毕业要求的支撑关系

| 毕业要求指标点 | 课程目标 | 权重 | 目标达成形式 |
|---|---|---|---|
| 10.信息系统分析能力 | 课程目标1 | H | 上课、文档制作 |
| 10.信息系统分析能力 | 课程目标2 | H | 上课、项目汇报和答辩、文档制作 |
| 10.信息系统分析能力 | 课程目标3 | H | 上课、项目汇报和答辩、文档制作 |
| 11.信息系统开发设计能力 | 课程目标1 | H | 上课、文档制作 |
| 11.信息系统开发设计能力 | 课程目标2 | H | 上课、项目汇报和答辩、文档制作 |
| 11.信息系统开发设计能力 | 课程目标3 | H | 上课、项目汇报和答辩、文档制作 |
| 12.信息系统实施与运行维护能力 | 课程目标1 | H | 上课、文档制作 |
| 12.信息系统实施与运行维护能力 | 课程目标2 | H | 上课、项目汇报和答辩、文档制作 |
| 12.信息系统实施与运行维护能力 | 课程目标3 | H | 上课、项目汇报和答辩、文档制作 |
| 13.综合应用与创新创业能力 | 课程目标1 | M | 上课、文档制作 |
| 13.综合应用与创新创业能力 | 课程目标2 | M | 上课、项目汇报和答辩、文档制作 |
| 13.综合应用与创新创业能力 | 课程目标3 | M | 上课、项目汇报和答辩、文档制作 |

## 四、实验/实训项目与内容提要

| 序号 | 教学内容 | 学时 | 实验性质 | 实验要求 | 对应课程目标 |
|---|---|---|---|---|---|
| 1 | 问题定义与开发计划制订 | 4 | 综合 | 必做 | 课程目标1、课程目标2、课程目标3 |
| 2 | 需求分析 | 4 | 综合 | 必做 | 课程目标1、课程目标2、课程目标3 |
| 3 | 总体设计 | 4 | 综合 | 必做 | 课程目标1、课程目标2、课程目标3 |
| 4 | 详细设计 | 4 | 综合 | 必做 | 课程目标1、课程目标2、课程目标3 |

## 五、实验/实训教学方式与基本要求

（一）实验/实训教学方式

实验过程中主要以传统结构化开发方法作为指导。结构化开发方法将信息系统的生命周期分为软件定义、软件开发、软件维护三个时期，其中软件定义时期主要从事问题定义、可行性研究、需求分析工作，软件开发时期主要从事总体设计、详细设计、编码及测试工作，软件维护时期主要是修改软件以使其持久地满足用户的需要。

课程主要采用分组方式开展，每小组构成人数2人，个别组可设3人。小组成员可按候选题目或自选题目选定待开发系统，按要求编写开发文档，并编写部分代码，验证、实现小组拟订的分析、设计方案。各组需要经由当堂演示、提问、集中讨论、点评等环节进行方案的评定、交流，并据此进行方案的完善和修改。

在教学过程中，注意以下引导（思政内容）：

①指导学生进行代码编写、系统开发时，必须要有一套完善的伦理道德规范对其信息行为进行规范和引导。

②以红船精神引领，着重培养学生的创新精神、协作能力。

③坚持教育中的"国家意识、人文情怀、科学精神、专业素养"，促进学生德智体美劳全面发展，为国家兴旺、社会发展做出更多贡献。

（二）基本要求

对开发工具、语言不做限制，但要完成基本文档，并用代码部分实现自己的开发方案。成型的系统中应有一定量的数据，支持系统的运行。综合实验上交文档内容如下：

（1）开发计划：

①原系统叙述；

②目标系统叙述；

③可行性分析及开发计划。

（2）需求分析：使用结构化分析方法。

①需求定义说明书；

②数据流程图；

③数据字典。

（3）概要设计（系统设计）：

①系统功能模块结构图；

②数据库概要设计（E-R图）；

③代码设计；

④输入/输出界面设计。

（4）详细设计：

①用程序流程图、N-S（盒图）或PAD图对各功能模块进行详细设计。

②各模块详细设计说明书。

（5）编码：

根据程序设计语言的特性与选择依据，选定某种语言，编写相应代码。

（6）测试与调试：

①根据测试理论进行测试方法选择与设计；

②测试经过；

③测试结果。

（7）软件维护评价：

根据软件维护理论，试设计软件维护活动如何实施。

（8）软件评价及体会。

## 六、实验/实训报告与考核

### （一）实验报告

2人一组，提交一份实验报告，实验报告内容见基本要求。

### （二）实验考核

出勤情况占10%，总的报告占90%，每个报告按格式是否规范、内容是否完整、方案合理性、方案的实用价值打分，具体评分比例见下表。如发现抄袭、两组基本雷同现象，则成绩为0。

| 考核依据 | 建议分值 | 考核/评价细则 | 对应课程目标 |
|---|---|---|---|
| 格式是否规范 | 10 | 文档排版是否一致；是否具有表、图名称和编号；是否具有参考文献标注 | 课程目标1 |
| 内容是否完整 | 30 | 文档是否涵盖基本要求所提交的主要内容部分，包括开发计划、需求分析、概要设计、详细设计、编码、测试与调试、软件维护评价、软件评价及体会 | 课程目标1、课程目标2 |
| 方案合理性 | 40 | 从需求分析定义合理性、对数据流程图的合理性、数据字典格式的正确性、功能模块图的合理性、数据库结构合理性、用户界面设计是否美观等进行评价 | 课程目标1、课程目标2、课程目标3 |
| 方案的实用价值 | 20 | 在方案合理的基础上，对软件设计模块功能是否合理、实用，数据结构是否较完善（如工资管理系统中除职工基本数据表与单位汇总数据表外，还应考虑代码（如部门）、历史数据等），程序设计功能是否具有实用价值等进行评价 | 课程目标1、课程目标2、课程目标3 |

## 七、主要仪器设备和材料

Visio、Rational Rose等。

## 八、教材及主要参考资料

### （一）教材

BENTLEY L D，WHITTEN J L.Systems analysis & design for the global enterprise（影印版）［M］. 7版.北京：高等教育出版社，2008.

### （二）主要参考资料

1.WHITTEN J L，BENTLEY L D，DITTMAN K C.System analysis and design methods（影印版）［M］. 5版.北京：高等教育出版社，2001.

2.邝孔武，王晓敏.信息系统分析与设计［M］. 4版. 北京：清华大学出版社，2013.

3.张基温.信息系统开发实例：第一辑［M］. 北京：清华大学出版社，2001.

4.张基温.信息系统开发实例：第二辑［M］. 北京：清华大学出版社，2001.

## 实验一　问题定义与开发计划制订

### 一、实验名称和性质

| 所属课程 | 信息系统分析与设计综合实验 |
| --- | --- |
| 实验名称 | 问题定义与开发计划制订 |
| 实验学时 | 4 |
| 实验性质 | □验证　☑综合　□设计 |
| 必做/选做 | ☑必做　□选做 |

### 二、实验目的

1.建立团队，了解团队成长规律；

2.熟悉决策过程模型，能结合实践，进行问题的定义；

3.掌握信息系统开发过程模型，并能将模型用于开发步骤规划中。

### 三、实验的软硬件环境要求

1.硬件环境要求：

PC。

2.使用的软件名称、版本号以及模块：

本实验需要配备的软件包括：Visio 2003 或以上版本。

### 四、知识准备

前期要求掌握的知识：

团队成长的阶段模型、信息系统开发的过程模型。

### 五、实验内容

1.阅读相关素材，并进行讨论；

2.按具体要求完成综合性实验的题目，将设计结果记录在综合实验报告上。

### 六、验证性实验

1.实验要求

某学生团队拟开发一个"影院购票系统"，经初步调查，形成以下文档，请进行讨论，指出优缺点。

2.参考文档（节选自学生课程设计作品）

一、问题定义与开发计划制订

（1）小组构成，组长、成员名单及任务分配

组长：李××；成员：蔡××

任务分配：

| 成员 | 任务 |
| --- | --- |
| 李×× | 需求分析、数据流程图、代码设计、功能模块结构图 |
| 蔡×× | 项目背景、数据字典、E-R图 |

（2）项目背景

电影院观影是目前众多娱乐项目中较为突出的一项，目前大部分的影院购票系统都相对完善，但是随着时代的进步，购票系统不可能停滞不前，所以我们打算在现有的影院购票系统的基础上再做出一些改进。

我们选择了两个影院购票系统作为参考。现有的影院购票系统主要有推荐热门电影、用户账号详情查询、用户账号充值、查看购物车、影片详情查询、下单以及信息反馈、添加影片等功能。这些功能的对象分别为用户和管理员。在界面设计上为：①在影片列表中选择某个时间段的一场电影；②选择电影票对应的座位；③创建电影票；④计算价格并打印影票信息；⑤该座位被置为红色表示已经售出。

根据我们的调查发现，目前大部分被调查者认为影院购票系统功能相对完善。用户对于电影院的喜爱大部分来源于影院的巨幕、音效、光效以及观影的环境等。但是调查结果也反映一些用户因为个人或者其他一些原因导致在影片上映期间无法到电影院观看，但在影片下架后又不想在家里或者别的环境下进行观影，尤其是3D等一些可以给观影者带来不一样体验的电影。因为在家里以及其他环境中观影时极易受到外界的干扰。从调查结果来看，观影者也会因为一些突发情况导致无法及时到影院观影，有些会错过影片开头，有些会错过片尾彩蛋，更有甚者不能完整地观看一部电影。

（3）项目目标

根据调查结果的总结，我们认为在原有的系统功能基础上可以增加一项"点播"功能来解决这一现状。"点播"就是观影者可以自行选择观影时段、观影包厢、播放影片，即在享受观影乐趣的同时不会受到其他包括时间或者地点的束缚。我们将充分利用现有的设备，完善现有的影院购票系统，以满足用户群的需求，使系统与用户的满意度更加趋向一致。该系统的开发与建立会极大程度地提高影院的人气。

## 七、设计性实验

实验要求：

制作文档，文档中须包括以下部分：

1.所选题目；

2.小组构成，组长、成员名单及任务分配；

3.项目背景（原系统及目标系统概述）；

4.开发计划。

## 实验二　需求分析

### 一、实验名称和性质

| 所属课程 | 信息系统分析与设计综合实验 |
|---|---|
| 实验名称 | 需求分析 |
| 实验学时 | 4 |
| 实验性质 | □验证　☑综合　□设计 |
| 必做/选做 | ☑必做　□选做 |

## 二、实验目的

1.了解需求获取的方式；

2.掌握需求分析说明书的写法；

3.掌握数据流程图的绘制技术、数据字典的制作技术。

## 三、实验的软硬件环境要求

1.硬件环境要求：

PC。

2.使用的软件名称、版本号以及模块：

本实验需要配备的软件包括：Visio 2003或以上版本。

## 四、知识准备

前期要求掌握的知识：

需求获取方法、需求分析的过程模型、数据流程图的绘制方法、数据字典的构成和特点。

## 五、实验内容

1.阅读相关素材，并进行讨论；

2.按具体要求完成综合性实验的题目，将设计结果记录在综合实验报告上。

## 六、验证性实验

1.实验要求

某学生团队拟开发一个"影院购票系统"，经详细调查，形成以下需求分析文档，请进行讨论，指出优缺点。

2.参考文档（节选自学生课程设计作品）

二、需求分析

需求调查是信息系统分析与设计的基础。要开发并实施一个完整的信息系统，必须首先了解用户的需求，并形成系统需求说明书。在此基础上才能进行系统分析、系统设计和程序编码等工作。本小组将按角色需求进行需求分析。

1.需求定义

（1）管理员：

用户信息管理：管理员需对用户提交的注册信息进行审核，通过后会员注册成功，会员信息被录入系统。只有注册成功后，用户才能使用系统的相关功能。

影院信息管理：管理员将影院的基本信息录入系统中，包括影院的地址、简介、播放厅规模等。可以对已有的影院信息进行基本的增加信息、删除信息、修改信息等操作。

影片信息管理：管理员对影片进行管理，对于影片的信息进行增加、修改、删除等工作。对新影片按照上映影院、上映时间、上映场次等进行分类，同时对老电影进行分类，以供用户点播使用。

订票信息管理：管理员对购票类型进行分类（包括普通票、情侣票、学生票、赠票、包场等），并对购买各类票的用户资格做出明确界定。

点播信息管理：用户提交点播影院、影片信息、播出时段等点播信息后，管理员需对提交的点播信息进行审核，审核通过后，将电子凭证信息反馈给用户。

（2）用户：

注册与登录：用户根据提示填写注册信息（主要包括用户名、密码等）。注册后用户拥有登录系统的资格。用户也可以对基本信息进行增加、删除、修改等操作。

购票：用户选择城市、影院后可选择要看的电影以及场次，还可以对购票类型进行选择（如普通票、情侣票、学生票、赠票、包场等）。购买后，用户可获得电子凭证，用户凭借电子凭证可以到相应影院取票。购票的支付方式可自行选择（如支付宝支付、微信支付、银行卡支付等）。

退票：用户已购买的票在电影开场前均可进行退票操作。用户在订单页面申请退票，管理员审核后，即退票成功，购票的钱按照原购买路径返回。

影片点播：用户在支持点播的影院，填写相关点播申请信息，并付款，申请提交后，由管理员审核，审核通过后将点播凭证反馈给用户。

影片评价：用户观影后，可在相应的影片下的评论区中填写影评，系统用户可自主在评论下点赞，获赞高的用户可获得相应积分。

积分抵现：用户可通过分享影片、网上订票、影评等行为获得积分，相应的积分在本系统中涉及支付的场景中（如购票、点播）均可抵现。

周边购买：用户浏览电影周边信息，凭借购买的电影票可进行周边预定，用户可凭电影票据去影院进行周边购买。

2.数据流程图

系统数据流程图如图4-4顶层图、图4-5一层图所示。

图4-4 顶层图

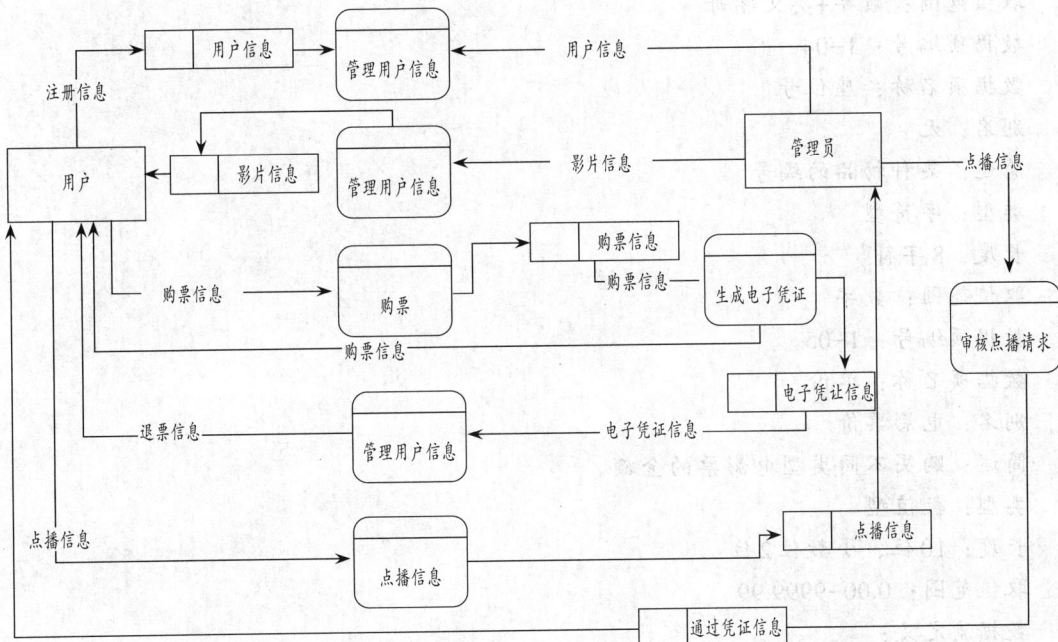

图4-5 一层图

3.数据字典

数据项定义：

数据项编号：1-01

数据项名称：影片号

别名：无

简述：某种物品的编号

类型：字符型

长度：8字节

取值范围：数字+英文字母

数据项编号：1-02

数据项名称：影院号

别名：无

简述：某种物品的编号

类型：字符型

长度：8字节

取值范围：数字+英文字母

数据项编号：1-03

数据项名称：放映厅号

别名：无

简述：某种物品的编号

类型：字符型

长度：8字节

取值范围：数字+英文字母

数据项编号：1-04

数据项名称：座位号

别名：无

简述：某种物品的编号

类型：字符型

长度：8字符

取值范围：数字

数据项编号：1-05

数据项名称：单价

别名：电影票价

简述：购买不同类型电影票的金额

类型：数值型

长度：10位，小数位2位

取值范围：0.00-9999.99

数据流定义：

数据流名称：电影票

编号：F1

简述：观影者购买电影票并获得座位、影厅等信息

数据流来源：管理员

数据流去向：用户使用

数据流组成：时间+影院+放映厅+影片+座位号

数据流名称：电子凭证

编号：F2

简述：观影者购买电影票并获得座位、影厅等信息

数据流来源：管理员

数据流去向：用户使用

数据流组成：时间+影院+放映厅+影片+座位号

数据存储的定义：

数据存储的名称：影片信息

数据存储编号：D1

简述：记录影片的相关信息

数据存储组成：影片编号+影片信息

关键字：影片编号

数据存储的名称：放映厅信息

数据存储编号：D2

简述：记录放映厅的相关信息

数据储存组成：放映厅编号+放映厅信息

关键字：放映厅编号

处理逻辑的定义：

处理名：用户信息查看

编号：P1

输入：用户编号

输出：用户信息

描述：查看用户的相关信息，方便管理

处理名：影片信息查看

编号：P2

输入：影片编号

输出：影片信息+影片影评

描述：查看影片相关信息，方便管理

外部实体定义：

外部实体名称：用户

编号：S1

描述：使用系统的人

外部实体名称：管理员

编号：S2

描述：管理系统的人

数据结构定义：

数据结构名：影片

编号：J1

简述：影片的统称

数据结构名：放映厅

编号：J2

简述：放映厅的统称

## 七、设计性实验

实验要求：

使用结构化分析方法制作文档，文档中须包括以下部分：

1.需求定义说明书；

2.数据流程图；

3.数据字典。

# 实验三　总体设计

## 一、实验名称和性质

| 所属课程 | 信息系统分析与设计综合实验 |
| --- | --- |
| 实验名称 | 总体设计 |
| 实验学时 | 4 |
| 实验性质 | ☐验证　☑综合　☐设计 |
| 必做/选做 | ☑必做　☐选做 |

## 二、实验目的

1.熟悉系统设计过程模型；

2.掌握功能模块结构图的绘制方法；

3.掌握 E-R 图的绘制；

4.掌握代码设计技术。

## 三、实验的软硬件环境要求

1.硬件环境要求：

PC。

2.使用的软件名称、版本号以及模块：

本实验需要配备的软件包括：Visio 2003 或以上版本。

## 四、知识准备

前期要求掌握的知识：

系统设计过程模型、功能模块结构图的构成与绘制方法、E-R图的构成与绘制方法、代码设计的原理和原则。

## 五、实验内容

1.阅读相关素材，并进行讨论；

2.按具体要求完成综合性实验的题目，将设计结果记录在综合实验报告上。

## 六、验证性实验

### 1.实验要求

某学生团队拟开发一个"影院购票系统"，经设计规划，形成以下文档，请进行讨论，指出优缺点。

### 2.参考文档（节选自学生课程设计作品）

三、概要设计

1.系统功能模块结构图

我们将影院购票系统的功能模块分为前台和后台两大类。功能模块结构如图4-6所示。前台分出了六大功能模块：用户信息、电影点播、影片浏览、在线购票、影片评价、周边购买。

用户信息模块的主要功能是方便用户查找与自己相关的信息，包括：用户账号、用户密码、购票历史订单信息、购物车信息以及一些私人信息。

电影点播模块是我们这次系统设计的主要模块，是新增的一个模块，目的是方便用户可以根据自己的喜好、自己的时间来影院观看影片。电影点播模块的主要功能为在线付款、凭证打印。用户在购票平台上填写相关的点播信息，包括：影片信息、到场时间、影厅信息以及基础的用户信息，然后进行在线付款。因为该模块的主要功能具有特殊性，主要由用户自己安排，影院只提供相关的服务，为了保证影院的盈利，在该功能上我们不给予退款功能，为的是防止违约事件的发生而影响盈利。在线点播后去影院前台或自助终端机上打印相关的凭证，然后凭相关凭证进入影厅享受等价服务。

影片浏览模块旨在帮助用户浏览影片相关信息，包括最新电影的资讯：预告、演员名单、影片简介等；也可以查找一些已下架的电影甚至是一些老电影，方便用户查找相关信息并使用点播功能。

在线购票模块是该系统最基础也是最核心的功能模块，用户选择影片、场次、时间以及座位号进行在线购票。用户可以增加购票数量、选择退票。到影院后在前台或自助终端机上进行凭证打印，然后根据凭证入场观影。我们同时也增加了一些套餐票，即在原有票种的基础上，购买电影票的同时可以购买具有极大优惠的饮料或者零食。这样可以使这些休闲食品的销售量得到提高。

影片评价模块是一个对影片进行反馈的模块，不只是方便别的用户对影片进行正确的评价，给予更多的影片信息，也方便管理员管理影片，使其可以根据反馈将影片分成热门、普通等不同类别，有助于影院盈利。

周边购买模块提供了一项衍生功能，主要提供用户购买影片的相关产品的功能。影院获得销售权利后，可将相关的周边信息发布在平台上，便于用户搜索查找有关的周边信息，用户可以打电话到影院询问周边的具体信息，现场进行周边购买。

我们将后台分为用户信息管理、影片信息管理、点播信息管理、订票信息管理以及影院信息管理五大功能模块。用户信息管理、影片信息管理、影院信息管理以及订票信息管理都是最基础的后台功能。用户信息管理是用来增加用户信息、修改用户信息、删除用户信息的；影片信息管理是用来增加影片信息、修改影片信息、删除影片信息的；影院信息管理是用来增加影院信息、修改影院信息、删除影院信息的；订票信息管理是用来增加票种、删除票种、修改不同票种的数量、修改票价的。

点播功能是新增的功能模块，所以后台也新增了点播信息管理，主要用来审核用户的点播信息，确保用户的点播要求符合条件，比如：是否具有所点播的影片资源、时间段是否空闲、包厢是否空闲等。用户在线预订了点播信息后，到影院根据电子凭证或者去前台或自助终端机上打印纸质凭证就可以进入影厅观影了。

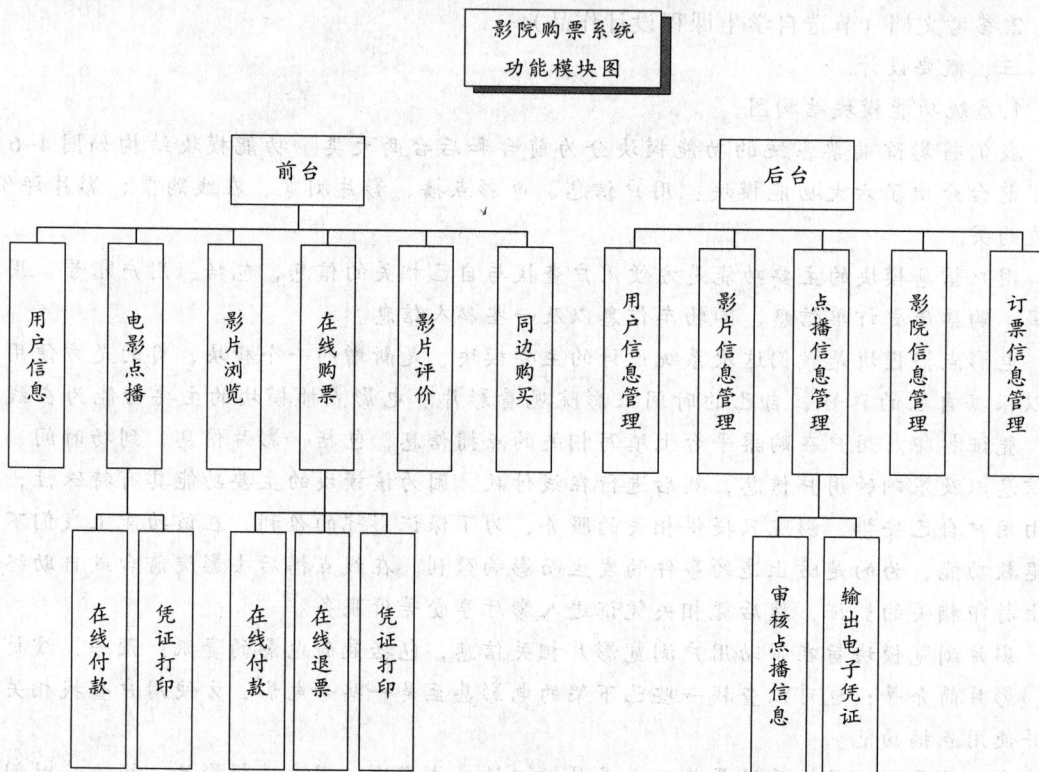

图4-6　功能模块结构图

**2.数据库概要设计**

（1）总体概念结构E-R图

总体E-R图如图4-7所示。

（2）逻辑结构设计

将总体概念结构ER图转化成关系模型如下：

用户（用户名、姓名、密码）

影院（影院编号、影院名、城市、影院地址、联系方式）

影片（影片编号、影片类别、影片名称、影片评分）

放映厅（放映厅编号、影院编号、座位数、是否3D）

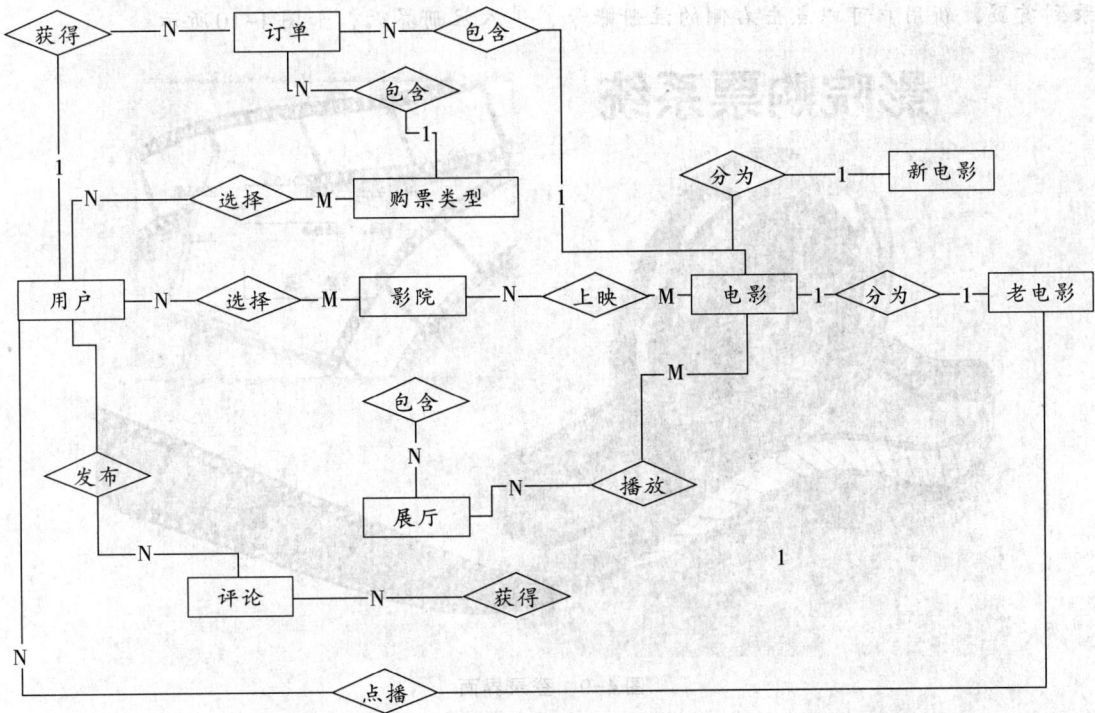

**图4-7 E-R图**

订单（订单编号、购票类型、票价、影院编号、放映厅编号、影片编号、座位号、播出时间、是否3D、订单时间）

评论（评论编号、用户名、影片编号、评论时间、点赞数）

放映（影院编号、放映厅编号、播出时间、影片名称、是否3D、观影人数）

点播（影片编号、影院编号、放映厅编号、支付金额、播出时间、用户名、观影人数）

退订（订单编号、购片类型、票价、播出时间、影片编号、退订时间）

3.代码设计

为了保持影片管理方式一致，影片订单编码以数字表示。本小组将订单分为1大类（两位数字的影院号），每大类又分为若干小类（两位数字的影片编号），在小类中根据用户以相应序列号（四位数字）再进行区分。设计方案如图4-8所示。

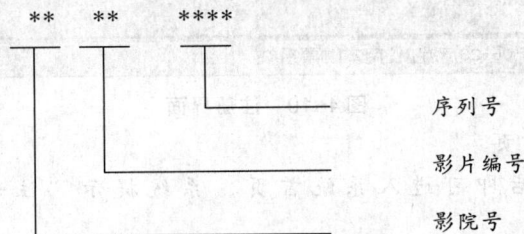

**图4-8 代码设计方案图**

4.输入/输出界面设计

输入界面1：用户登录界面

用户登录界面如图4-9所示。在这个界面上，已注册用户可以输入用户名和密码，登录到首页，新用户可以点击右侧的注册账号，进入注册界面，如图4-10所示。

图4-9　登录界面

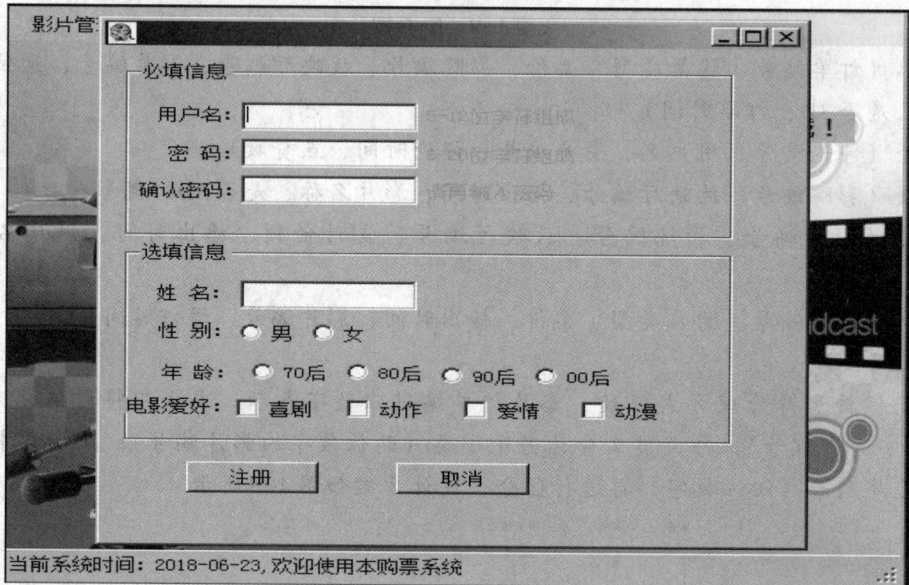

图4-10　注册界面

输出界面1：系统首页

新用户注册成功后即可进入系统首页，系统提示"注册成功！"，如图4-11所示。

**图4-11　注册后输出界面**

输入界面2：订座界面

在如图4-12所示界面中选择影片等基本信息后，再选择购票类型即可确认购买。

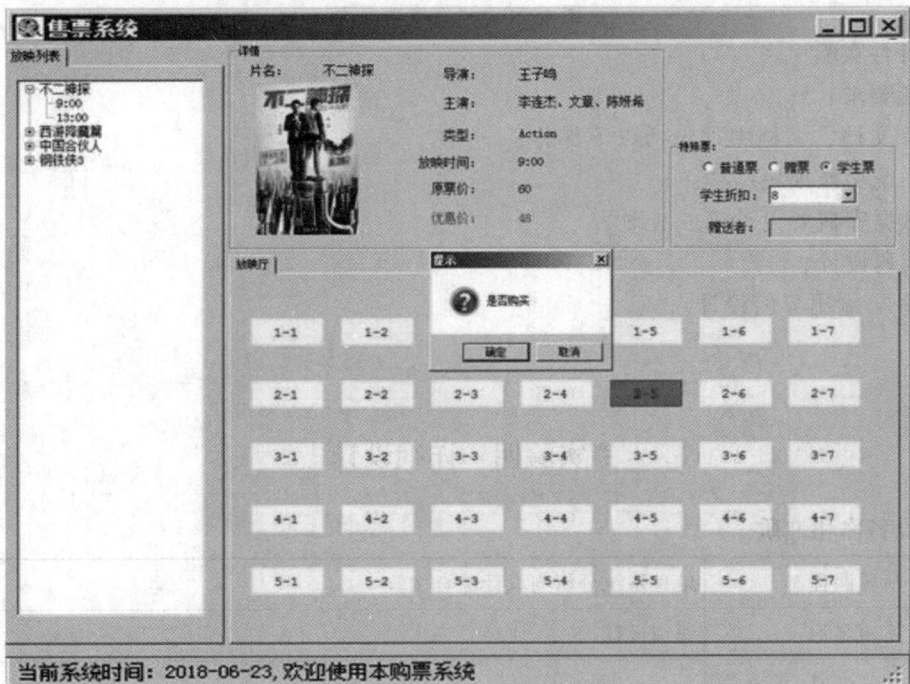

**图4-12　订座界面**

输出界面3：预订成功界面

确定是否购买后，表示购票成功，弹出"预订成功！"提示框。界面如图4-13所示。

点击确定，即操作成功，完成订票。

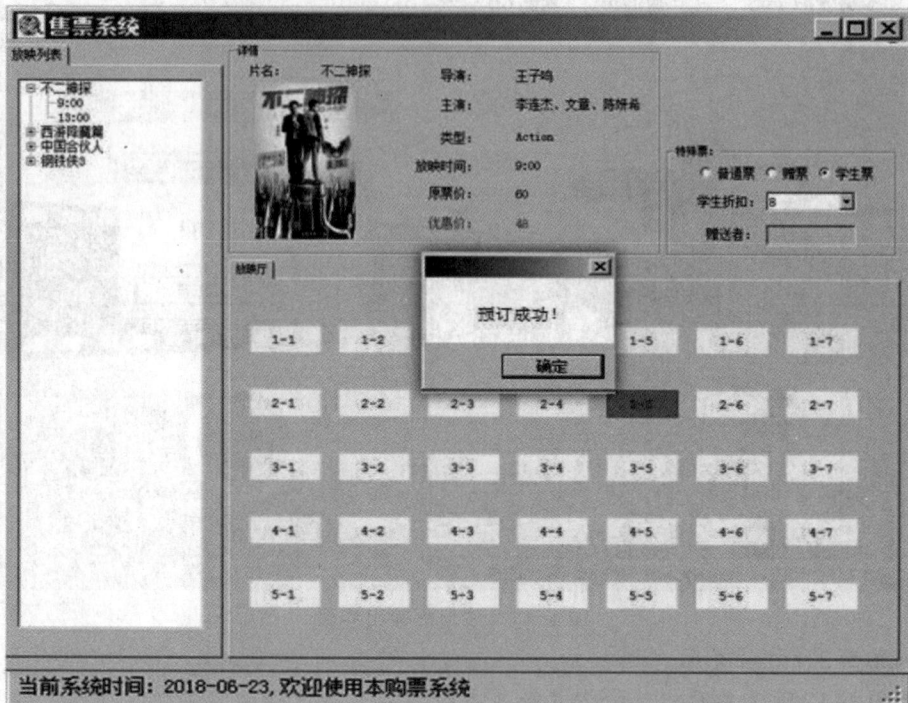

图4-13 预订成功界面

## 七、设计性实验

实验要求：

制作文档，文档中须包括以下部分：

1.系统功能模块结构图；

2.数据库概要设计（E-R图）；

3.代码设计；

4.输入/输出界面设计。

# 实验四 详细设计

## 一、实验名称和性质

| 所属课程 | 信息系统分析与设计综合实验 |
|---|---|
| 实验名称 | 详细设计 |
| 实验学时 | 4 |
| 实验性质 | □验证 ☑综合 □设计 |
| 必做/选做 | ☑必做 □选做 |

## 二、实验目的

1.熟悉详细设计的不同工具；

2.能够用详细设计的工具进行算法的描述；

3.能将设计的算法进行实现。

## 三、实验的软硬件环境要求

1.硬件环境要求：

PC。

2.使用的软件名称、版本号以及模块：

本实验需要配备的软件包括：Visio 2003或以上版本。

## 四、知识准备

前期要求掌握的知识：

详细设计的工具及特点、面向算法设计的程序实现。

## 五、实验内容

1.阅读相关素材，并进行讨论；

2.按具体要求完成综合性实验的题目，将设计结果记录在综合实验报告上。

## 六、验证性实验

1.实验要求

某学生团队拟开发一个"影院购票系统"，经详细设计规划，形成以下文档，请进行讨论，指出优缺点。

2.参考文档（节选自学生课程设计作品）

四、详细设计

对在线购票中的选座模块进行详细设计，选座的流程如图4-14所示。

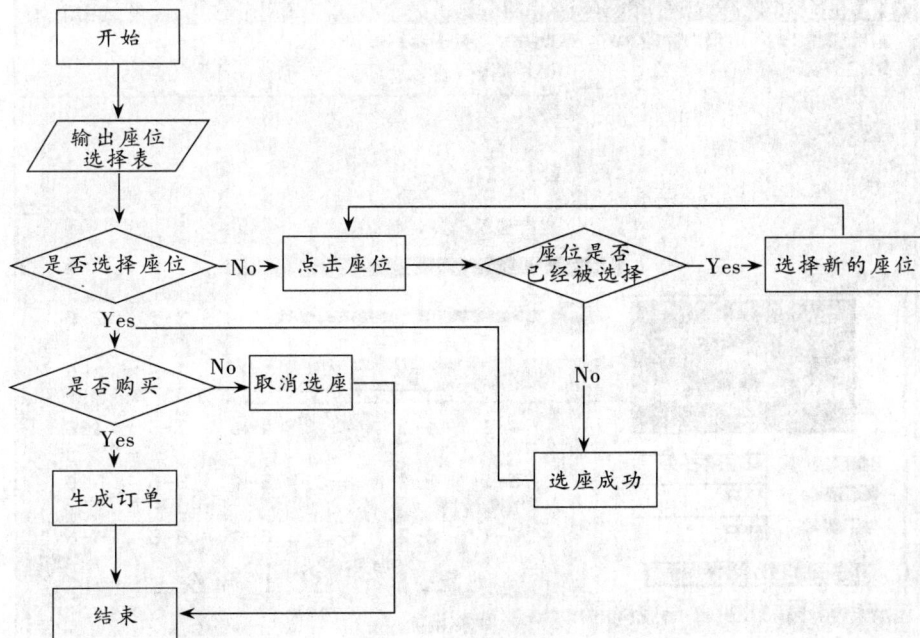

**图4-14　选座流程图**

五、编码

本次选择影院购票系统的选座购票模块进行编码，以下是界面呈现以及相关代码的截图。

1.界面截图

主要界面截图如图4-15、图4-16、图4-17和图4-18所示。

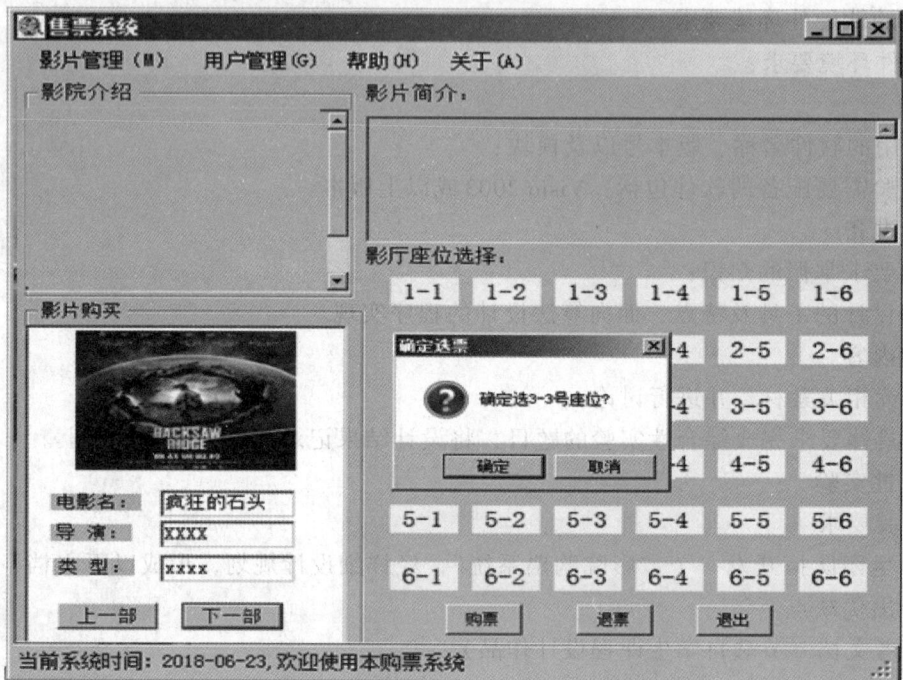

图4-15　选座

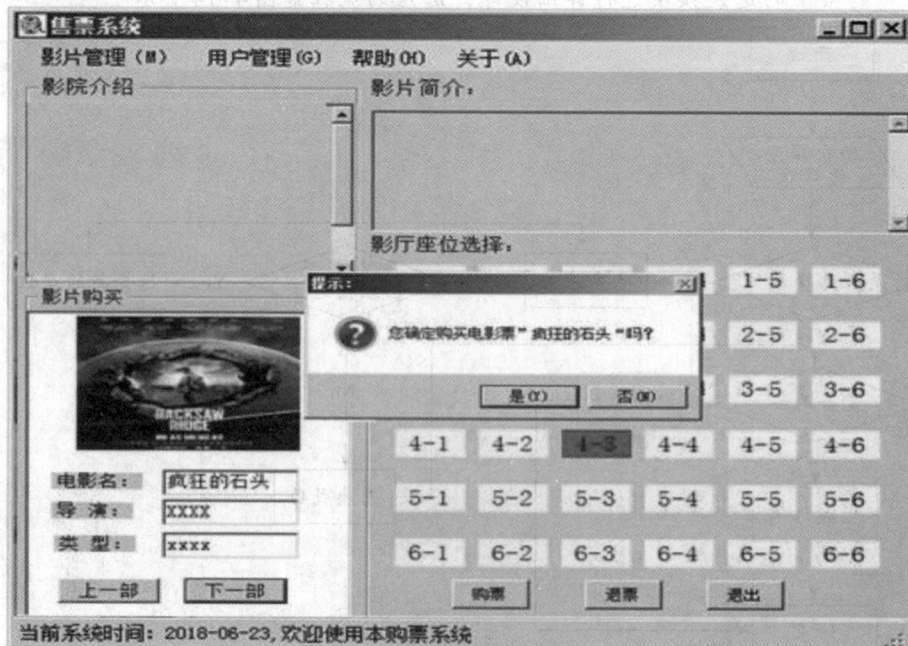

图4-16　电影信息确认

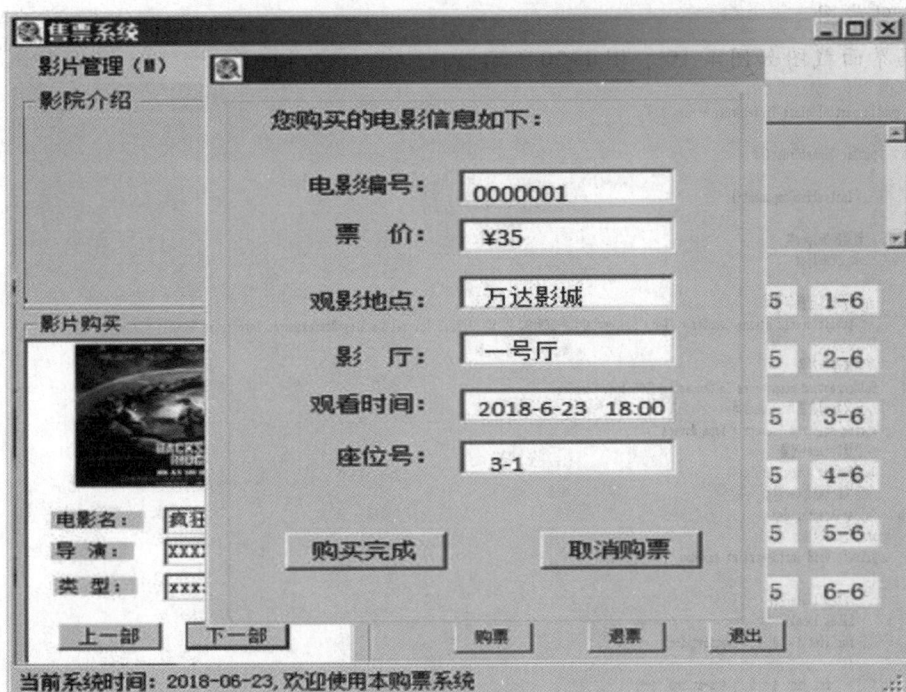

图4-17  确定购买信息

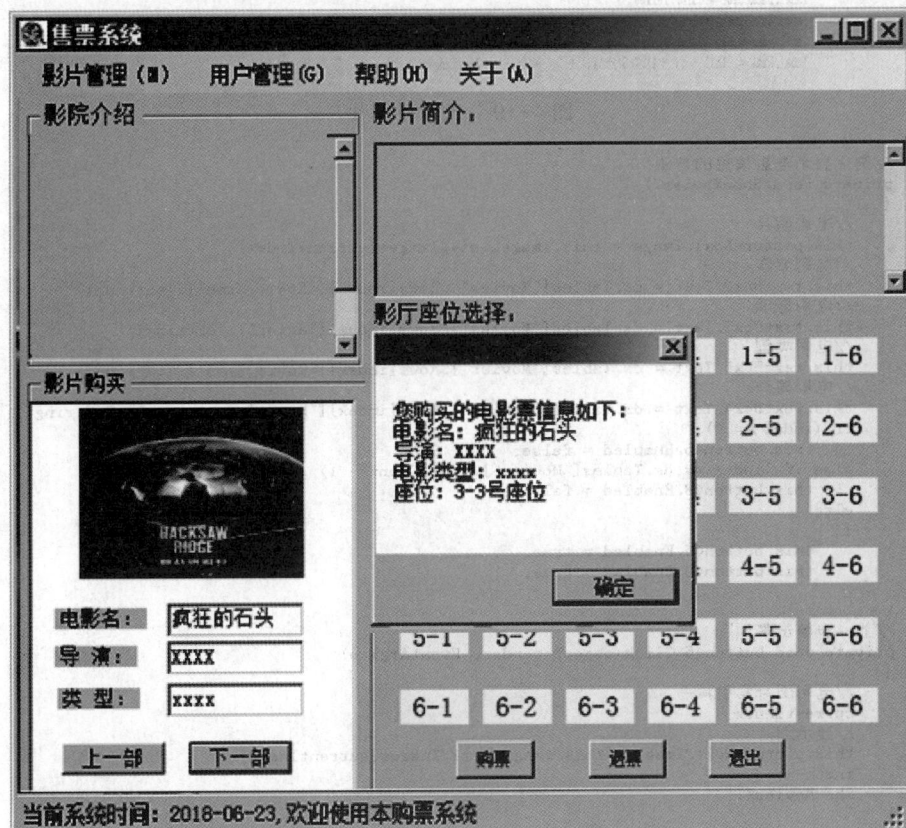

图4-18  选票生成订单

## 2.代码截图

代码界面截图如图4-19、图4-20所示。

```
public partial class TicketOrder : Form
{
    public TicketOrder()
    {
        InitializeComponent();
    }
    //封装DBHelper类
    class DBHelper
    {
        //设置连接字符串
        public static string ConnStr = "Data Source=LAPTOP-E6N18QLG\\SQLEXPRESS;Initial Catalog=MovieManager;Integrated Security=True";
    }
    //创建连接对象
    SqlConnection conn = new SqlConnection(DBHelper.ConnStr);
    //定义查询数据库的SQL语句
    string sqlStr = "select * from Movies ";
    //创建Dataset对象
    DataSet ds = new DataSet();
    //定义DataAdpter对象
    SqlDataAdapter dap;
    int index = 0;
    private void InitSeats(int seatRow, int seatLine)
    {
        //定义lable控件
        Label label;
        for (int i = 0; i < seatRow; i++)
        {
            for (int j = 0; j < seatLine; j++)
            {
                label = new Label();
                label.BackColor = Color.Yellow;
                label.AutoSize = false;
                label.Font = new System.Drawing.Font("宋体", 14.25F, System.Drawing.FontStyle.Regular, System.Drawing.GraphicsUnit.Point, ((byte)(134)));
                label.Name = "lbl" + (j + 1).ToString() + "_" + (i + 1).ToString();
```

图4-19　代码截图1

```
//定义显示电影信息的方法
private void ShowMovies()
{
    //电影照片
    this.pictureBox1.Image = this.imageList1.Images[currentIndex];
    //电影名字
    this.textBox2.Text = ds.Tables["Movies"].Rows[index]["Movie_Name"].ToString();
    //电影导演
    this.textBox3.Text = ds.Tables["Movies"].Rows[index]["Actor"].ToString();
    //电影类型
    this.textBox5.Text = ds.Tables["Movies"].Rows[index]["Movie_Type"].ToString();
    //电影简介
    this.textBox4.Text = ds.Tables["Movies"].Rows[index]["MovieInformation"].ToString();
    if (index == 0)
        this.button45.Enabled = false;
    else if (index == ds.Tables["Movies"].Rows.Count - 1)
        this.button48.Enabled = false;
    else
    {
        this.button45.Enabled = true;
        this.button48.Enabled = true;
    }
}
//上一步单击事件
private void button45_Click(object sender, EventArgs e)
{
    //电影图片索引减一
    currentIndex--;
    //显示图片
    this.pictureBox1.Image = this.imageList1.Images[currentIndex];
    index--;
    ShowMovies();
}
```

图4-20　代码截图2

## 六、设计性实验

实验要求：

制作文档，文档中须包括以下部分：

### 1.详细设计

要求对于系统中数据管理、查询、报表几部分进行实现算法的详细设计。其中需要包含每个同学负责的一个模块的详细设计说明书（注明制作人、制作时间）。

### 2.编码

要求选用特定程序设计语言对所选的数据管理、查询、报表几个模块进行代码实现，并复制主要的实现界面，描述实现中的关键技术和技术难点（注明制作人、制作时间）。

### 3.测试与调试

（1）根据测试理论、测试方法对各自模块进行测试。

（2）测试经过。

（3）测试结果。

# 第三节　信息系统项目管理能力训练

## "信息系统项目管理"课程实验教学大纲

### 一、课程基本信息

| 课程中文名称 | 信息系统项目管理 | | | |
|---|---|---|---|---|
| 课程英文名称 | Information System Project Management | | | |
| 学　分 | 理论 | 1.5 | 实践 | 0 |
| 学　时 | 理论 | 24 | 实验/实训 | 8 | 多种形式教学 | |
| 课程代码 | 1101532029 | | 实验中心名称 | 经济管理实验中心 |
| 适用专业 | 信息管理与信息系统 | | | |
| 开课单位 | 商学院 | | 开课教研室 | 信息教研室 |
| 先修课程 | 管理学 | | | |
| 课程要求 | 选修 | | 课程类别 | 专业课 |
| 开课学期 | 5 | | 考核方式 | 考查 |

### 二、课程描述和目标

"信息系统项目管理"是一门理论与实践紧密结合的课程。信息管理与信息系统专业学生通过课程实验应能深刻理解和掌握课堂教学内容的重点、难点和基本概念，掌握常用的项目管理软件、版本控制软件等的功能和用法，理解信息系统项目管理的内容、过程及规范化的质量控制过程，通过实验，不仅要提高学生的信息系统项目管理能力，还要提高学生的实践能力，及利用所学知识分析实际问题、解决实际问题的能力。

课程目标1：能够理论联系实际，真正把项目管理的方法运用于实验过程中。

　　课程目标2：学会管理团队、与人沟通，在一个信息系统项目开发案例中将十大知识体系贯彻运用于项目开发中。

## 三、课程目标对毕业要求的支撑关系

| 毕业要求指标点 | 课程目标 | 权重 | 目标达成形式 |
|---|---|---|---|
| 1.分析和解决企业管理问题能力 | 课程目标1 | M | 作业 |
| 2.信息资源规划能力 | 课程目标2 | H | 实验 |
| 3.信息系统分析能力 | 课程目标2 | L | 实验 |
| 4.信息系统实施与运行维护能力 | 课程目标2 | M | 实验 |

　　说明：（1）权重。根据课程对各项毕业要求的支撑强度分别用"H（高）、M（中）、L（弱）"表示，支撑强度的含义是：该课程覆盖毕业要求指标点的多寡，H至少覆盖80%，M至少覆盖50%，L至少覆盖30%。

　　（2）目标达成形式。省级及以上专业类项目、专业认证项目必填。目标达成形式包括闭卷笔试、作业、实验、各类综合考评等。

　　（3）关于通识课程中"课程目标对应的毕业要求"，可以按照各自培养方案中的毕业要求进行描述，也可以按照《嘉兴学院关于2018年版人才培养方案制订的指导性意见》中"学校人才培养的目标体系"进行对应描述，即培养目标1人生观和价值观；培养目标2公民素质；培养目标3人文素养；培养目标4学习和思维能力；培养目标5体质和心理；培养目标6语言能力。

## 四、实验/实训项目与内容提要

| 序号 | 项目名称 | 目的要求、内容提要 | 每组人数 | 实验学时 | 实验类型 | 实验要求 | 实验分室 | 对应课程目标 |
|---|---|---|---|---|---|---|---|---|
| 1 | 信息系统项目范围管理 | 学会根据项目分析出WBS，并绘制网络图 | 1 | 2 | 综合 | 必做 | 二级实验室 | 课程目标1、课程目标2 |
| 2 | 信息系统项目进度管理 | 根据网络图，利用Project绘制甘特图 | 1 | 2 | 综合 | 必做 | 二级实验室 | 课程目标1、课程目标2 |
| 3 | 信息系统项目成本管理 | 利用甘特图，做出成本计划 | 1 | 4 | 综合 | 必做 | 二级实验室 | 课程目标1、课程目标2 |

　　实验教学按以下格式填写：实验类型分为演示性、验证性、综合性、设计研究、其他；实验要求分为必修、选修；实验分室分为二级实验室或教室。

## 五、实验/实训教学方式与基本要求

　　1.学生先查看BB上所留的实验供选题目、过程要求材料；

　　2.学生以单人为单位或以四人为一组完成实验；

　　3.学生以组为单位写出实验报告。

## 六、实验/实训报告与考核

　　根据课程目标设计实验考核方式（包括学生对实验理论知识的掌握程度、实验过程的细节把握、实验数据的处理分析、实验结果的有效性等），考核的方法、内容、比例等均应有明确规定。

| 考核<br>依据 | 建议<br>分值 | 考核/评价细则 | 对应课程目标 |
|---|---|---|---|
| 小组汇报 | 20 | 设置多个监控点，轮流让各个小组及组内不同成员进行汇报，每组至少轮到2次，若表现优秀可获得8～10分，表现一般6～7分，若没准备好，得分将小于6分 | 课程目标2 |
| 实验报告 | 50 | 能够按照要求实现一份项目管理文档，真正将课堂知识点运用起来 | 课程目标1 |
| 组内打分 | 10 | 组长可以对组内成员的贡献程度打分，但每组的总分都为人数×10，不能超过 | 课程目标2 |
| 组间互评 | 20 | 组间按照平时表现和对实验报告的阅读，给出打分 | 课程目标2 |

注：以上为举例，按课程实际情况设计填写；结合形成性评价、过程性评价的要求，合理设置灵活多样的考核方式。

# 实验一　信息系统项目范围管理

## 一、实验名称和性质

| | |
|---|---|
| 所属课程 | 信息系统项目管理 |
| 实验名称 | 信息系统项目范围管理 |
| 实验学时 | 2 |
| 实验性质 | □验证　☑综合　□设计 |
| 必做/选做 | ☑必做　□选做 |

## 二、实验目的

1. 理解项目的范围和需求之间的不同；
2. 学会运用WBS表示项目的范围。

## 三、实验的软硬件环境要求

1. 硬件环境要求：

网络环境：要求与互联网连接的PC。

2. 使用的软件要求：

需要安装Windows XP以上版本操作系统，并配置Visio绘图软件。

## 四、知识准备

前期要求掌握的知识：

1. 何为需求；
2. 何为范围；
3. 如何将合同中所描述的需求转化为项目范围。

实验相关理论或原理：

1. 需求分为两类——功能需求与非功能需求，其中功能需求是项目的重点；
2. 利用价值工程可以将需求转化为范围。

实验流程：

1.搜索一份信息系统项目合同，对其进行分析；

2.根据其中描述的需求，罗列出项目范围；

3.画出 WBS 图。

## 五、实验材料和原始数据

网络中的各种信息系统项目合同。

## 六、实验要求和注意事项

信息系统项目范围不同于功能的罗列，它包含一个项目进行所需的所有工作。

## 七、实验步骤和内容

1.搜索一份信息系统项目合同，对其进行分析；

2.根据其中描述的需求，罗列出项目范围；

3.画出 WBS 图；

4.形成项目文档。

## 八、实验结果和总结

不同的合同会有完全不同的 WBS 图。

## 九、实验成绩评价标准

本实验总分为100分，主要由以下各项组成：

1.WBS 图（50分）；

2.分析过程和小组答辩（50分）。

# 实验二　信息系统项目进度管理

## 一、实验名称和性质

| 所属课程 | 信息系统项目管理 |
| --- | --- |
| 实验名称 | 信息系统项目进度管理 |
| 实验学时 | 2 |
| 实验性质 | □验证　☑综合　□设计 |
| 必做/选做 | ☑必做　□选做 |

## 二、实验目的

1.能够将项目范围转化为项目的网络图；

2.在网络图的基础上，利用关键路径法求出项目所需要的工期；

3.掌握 Project 的使用方法。

## 三、实验的软硬件环境要求

1.硬件环境要求：

要求与互联网连接的 PC。

2.使用的软件要求：

需要安装 Windows XP 以上版本操作系统，并配置 Visio、Project 软件。

## 四、知识准备

前期要求掌握的知识：

1.将 WBS 图转化为网络图的步骤；

2.关键路径法。

实验相关理论或原理：

关键路径法。

实验流程：

1.给出活动间的逻辑关系以及活动的工期估算表；

2.根据该表格，绘制网络图；

3.用关键路径法求取项目的工期；

4.利用 Project 进行验证。

## 五、实验材料和原始数据

上节实验课所绘制的 WBS 图。

## 六、实验要求和注意事项

将 WBS 图转化为网络图的步骤。

## 七、实验步骤和内容

1.给出活动间的逻辑关系以及活动的工期估算表；

2.根据该表格，绘制网络图；

3.用关键路径法求取项目的工期；

4.利用 Project 进行验证；

5.形成项目文档。

## 八、实验结果和总结

1.项目的工期；

2.项目文档。

## 九、实验成绩评价标准

本实验总分为100分，主要由以下各项组成：

1.网络图（20分）；

2.工期计算（50分）；

3.项目文档和汇报（30分）。

# 实验三　信息系统项目成本管理

## 一、实验名称和性质

| | |
|---|---|
| 所属课程 | 信息系统项目管理 |
| 实验名称 | 信息系统项目成本管理 |
| 实验学时 | 4 |
| 实验性质 | □验证　☑综合　□设计 |
| 必做/选做 | ☑必做　□选做 |

## 二、实验目的

1.通过加入资源，利用Project对项目的成本进行计算；

2.利用Project所带的挣值分析功能完成项目的成本管理。

## 三、实验的软硬件环境要求

1.硬件环境要求：

要求与互联网连接的PC。

2.使用的软件要求：

需要安装Windows XP以上版本操作系统，并配置Visio、Project软件。

## 四、知识准备

前期要求掌握的知识：

1.资源对于成本的影响；

2.成本的计算方法；

3.人力资源分配矩阵；

4.挣值分析法。

实验相关理论或原理：

1.Project的使用方法；

2.资源管理如何在Project中实现；

3.挣值分析法如何在Project中完成。

实验流程：

1.在上次实验的Project文档基础上添加固定成本和人力资源成本；

2.计算项目的成本估算；

3.添加监测点，进行挣值分析。

## 五、实验材料和原始数据

上次实验的Project文档以及仿真的人力资源数据。

## 六、实验要求和注意事项

某些项目由于人力过少，可能会造成人力资源分配过度的情况，需要调整。

## 七、实验步骤和内容

1.在上次实验的Project文档基础上添加固定成本和人力资源成本；

2.计算项目的成本估算；

3.添加监测点，进行挣值分析；

4.形成项目报告。

## 八、实验结果和总结

1.项目的成本估算；

2.实验报告。

## 九、实验成绩评价标准

本实验总分为100分，主要由以下各项组成：

1.资源管理（20分）；

2.成本估算（50分）；

3.项目文档和汇报（30分）。

# 第五章

## 企业资源计划能力训练

## 第一节 企业资源计划能力训练

本课程是信息管理与信息系统专业模块课中的一门主干课程。通过本课程的学习，学生应该对这种崭新的、功能强大的信息系统的工作原理、开发机制及其在经济管理领域中的作用、意义等有了深入的理解和掌握，具备使用ERP系统，维护ERP正常运行、ERP实施、组织ERP系统二次开发，甚至参与ERP系统开发的能力。

企业资源计划ERP系统是在MRPⅡ的基础上把企业的内部和外部资源有机整合在一起的集成度极高的信息系统。通过对实验性ERP系统的使用，学生应弄清ERP运作的基本原理，加深对ERP系统的理解和掌握，并利用这些知识进行部分模块的开发。同时，学生应对企业的实际业务流程的运作有更感性的认识，有助于学生更好地适应企业的实际工作，促进学生就业。

### 实验一 用友U8系统启用

| | |
|---|---|
| 所属课程 | 企业资源计划（ERP） |
| 实验名称 | 用友U8系统启用 |
| 实验学时 | 1 |
| 实验性质 | ☑验证 □综合 □设计 |
| 必做/选做 | ☑必做 □选做 |

实验一 用友U8系统启用

## 实验二　共有资料输入

| 所属课程 | 企业资源计划（ERP） |
|---|---|
| 实验名称 | 共有资料输入 |
| 实验学时 | 3 |
| 实验性质 | ☑验证　□综合　□设计 |
| 必做/选做 | ☑必做　□选做 |

**实验二　共有资料输入**

## 实验三　物料清单

| 所属课程 | 企业资源计划（ERP） |
|---|---|
| 实验名称 | 物料清单 |
| 实验学时 | 2 |
| 实验性质 | □验证　□综合　☑设计 |
| 必做/选做 | ☑必做　□选做 |

**实验三　物料清单**

## 实验四　客户订货

| 所属课程 | 企业资源计划（ERP） |
|---|---|
| 实验名称 | 客户订货 |
| 实验学时 | 2 |
| 实验性质 | □验证　□综合　☑设计 |
| 必做/选做 | ☑必做　□选做 |

**实验四　客户订货**

## 实验五　主生产计划

| 所属课程 | 企业资源计划（ERP） |
|---|---|
| 实验名称 | 主生产计划 |
| 实验学时 | 2 |
| 实验性质 | ☐验证　☐综合　☑设计 |
| 必做/选做 | ☑必做　☐选做 |

**实验五　主生产计划**

## 实验六　物料需求计划

| 所属课程 | 企业资源计划（ERP） |
|---|---|
| 实验名称 | 物料需求计划 |
| 实验学时 | 2 |
| 实验性质 | ☐验证　☐综合　☑设计 |
| 必做/选做 | ☑必做　☐选做 |

**实验六　物料需求计划**

## 实验七　采购业务

| 所属课程 | 企业资源计划（ERP） |
|---|---|
| 实验名称 | 采购业务 |
| 实验学时 | 2 |
| 实验性质 | ☐验证　☐综合　☑设计 |
| 必做/选做 | ☑必做　☐选做 |

实验七　采购业务

## 实验八　委外业务

| 所属课程 | 企业资源计划（ERP） |
|---|---|
| 实验名称 | 委外业务 |
| 实验学时 | 2 |
| 实验性质 | ☐验证　☐综合　☑设计 |
| 必做/选做 | ☑必做　☐选做 |

实验八　委外业务

## 实验九　生产业务

| 所属课程 | 企业资源计划（ERP） |
|---|---|
| 实验名称 | 生产业务 |
| 实验学时 | 2 |
| 实验性质 | ☐验证　☐综合　☑设计 |
| 必做/选做 | ☑必做　☐选做 |

实验九　生产业务

# 实验十　销售发货

| 所属课程 | 企业资源计划（ERP） |
|---|---|
| 实验名称 | 销售发货 |
| 实验学时 | 2 |
| 实验性质 | ☐验证　☐综合　☑设计 |
| 必做/选做 | ☑必做　☐选做 |

实验十　销售发货

# 实验十一　应收应付业务

| 所属课程 | 企业资源计划（ERP） |
|---|---|
| 实验名称 | 应收应付业务 |
| 实验学时 | 2 |
| 实验性质 | ☐验证　☐综合　☑设计 |
| 必做/选做 | ☑必做　☐选做 |

实验十一　应收应付业务

## 实验十二    期末结算

| 所属课程 | 企业资源计划（ERP） |
|---|---|
| 实验名称 | 期末结算 |
| 实验学时 | 2 |
| 实验性质 | ☑验证　□综合　□设计 |
| 必做/选做 | ☑必做　□选做 |

实验十二　期末结算

## 第二节    ERP综合实践

| 所属课程 | ERP综合实践 |
|---|---|
| 实训名称 | ERP综合实践 |
| 实训学时 | 48学时 |
| 实训性质 | □验证　☑综合　□设计 |
| 必做/选做 | ☑必做　□选做 |

ERP综合实践

# 第六章
## 电子商务系统开发设计能力训练
### 第一节　电子商务系统设计知识与能力训练

#### "电子商务系统设计"课程实验/实训教学大纲

### 一、课程基本信息

| 课程中文名称 | 电子商务系统设计 | | | | |
|---|---|---|---|---|---|
| 课程英文名称 | Electronic Commerce System Design | | | | |
| 学　分 | 理论 | 48 | 实践 | | 24 |
| 学　时 | 理论 | 24 | 实验/实训 | 24 | 多种形式教学 |
| 课程代码 | | | 实验中心名称 | | 经济管理实验中心 |
| 适用专业 | 信息管理与信息系统 | | | | |
| 开课单位 | 商学院 | | 开课教研室 | | 信息管理系 |
| 先修课程 | C#编程基础、C#数据结构、C#数据库开发、电子商务 | | | | |
| 课程要求 | 必修 | | 课程类别 | | 专业核心课 |
| 开课学期 | 第四学期 | | 考核方式 | | 考试 |

### 二、课程描述和目标

本课程是信息管理与信息系统专业的专业核心课。通过本课程的学习，掌握网站配置、开发环境、jQuery、Bootstrap、与 ASP.NET 结合的 C#基础、ASP.NET 页面调试、ASP.NET 常用服务器控件、验证控件、状态管理、LINQ 数据访问、数据绑定、ASP.NET 三层架构、主题、母版、用户控件、网站导航、ASP.NET Ajax、Web 服务、WCF 服务、文件处理等内容。

课程目标 1：学习电子商务系统设计前端基础知识，包括 HTML、CSS、JavaScript，学习 ASP.NET 开发电子商务系统的方法。

课程目标 2：培养电子商务系统开发的基本能力，包括页面设计、代码编写、代码调试、电子商务系统发布。

课程目标 3：能设计与开发满足不同行业需求的电子商务系统。

## 三、课程目标对毕业要求的支撑关系

| 毕业要求指标点 | 课程目标 | 权重 | 目标达成形式 |
|---|---|---|---|
| 9.电子商务管理能力 | 课程目标1 | H | 实验、笔试、理论授课 |
| 9.电子商务管理能力 | 课程目标2 | L | 实验、笔试、理论授课 |
| 9.电子商务管理能力 | 课程目标3 | H | 实验、笔试、理论授课 |
| 11.信息系统开发设计能力 | 课程目标1 | H | 实验、笔试、理论授课 |
| 11.信息系统开发设计能力 | 课程目标2 | H | 实验、笔试、理论授课 |
| 11.信息系统开发设计能力 | 课程目标3 | H | 实验、笔试、理论授课 |

## 四、实验/实训项目与内容提要

| 序号 | 实验项目 | 实验内容与要求 | 学时 | 类型 | 对应课程目标 |
|---|---|---|---|---|---|
| 1 | ASP.NET 网站的建立及运行 | 熟悉 ASP.NET 的开发环境 Visual Studio Community 2017（VSC 2017）。掌握利用解决方案管理网站和创建网站的过程。掌握利用 VSC 2017 复制网站的过程。掌握 IIS 7.5 中网站、Web 应用程序、虚拟目录创建和默认文档设置的过程。掌握利用 VSC 2017 发布 Web 应用的过程 | 2 | 验证 | 课程目标1 |
| 2 | ASP.NET 网站开发基础 | 熟悉常用的 XHTML5 元素。掌握利用 table、div 和 CSS 实现页面布局的方法。掌握 CSS 控制页面样式的方法。了解 JavaScript 常识。熟悉 jQuery 的使用方法。理解 XML 文件结构，掌握 XML 文件建立的方法。熟悉 Bootstrap 的使用方法 | 2 | 设计 | 课程目标1、课程目标2 |
| 3 | C# 和 ASP.NET 的结合 | 了解 C# 语言规范。掌握 C# 基础语法、流程控制和异常处理等。掌握创建 C# 类并应用于 ASP.NET 页面中的方法。掌握 ASP.NET 页面的调试方法 | 2 | 设计 | 课程目标1、课程目标2、课程目标3 |
| 4 | ASP.NET 标准控件 | 理解 ASP.NET 页面事件处理流程。掌握 ASP.NET 标准控件的应用 | 2 | 设计 | 课程目标1、课程目标2、课程目标3 |
| 5 | ASP.NET 窗体验证 | 理解客户端和服务器端验证。掌握 ASP.NET 各验证控件的使用。掌握分组验证的方法 | 2 | 设计 | 课程目标1、课程目标2 |
| 6 | HTTP 请求、响应及状态管理 | 掌握 HttpRequest 对象的应用。掌握 HttpResponse 对象的应用。掌握跨页面提交的应用。掌握 Cookie、Session、Application 的应用 | 2 | 设计 | 课程目标1、课程目标2、课程目标3 |
| 7 | 数据访问 | 掌握在 VSC 2017 中建立、连接和管理数据库的方法。了解数据源控件的使用。熟练掌握 LINQ 表达式的使用。熟练掌握利用 LINQ to SQL 和 LINQ to XML 进行数据访问管理的方法 | 2 | 设计 | 课程目标1、课程目标2、课程目标3 |

续表

| 序号 | 实验项目 | 实验内容与要求 | 学时 | 类型 | 对应课程目标 |
|------|----------|----------------|------|------|--------------|
| 8 | 数据绑定 | 掌握 ListControl 类控件与数据源的绑定方法。熟练掌握 GridView 控件的应用。掌握 DetailsView 控件的应用 | 2 | 设计 | 课程目标1、课程目标2、课程目标3 |
| 9 | ASP.NET 三层架构 | 理解 ASP.NET 三层架构。掌握 ASP.NET 三层架构的建立和使用方法。掌握基于 ASP.NET 三层架构的用户管理方法。掌握基于 ASP.NET 三层架构的购物车开发方法 | 2 | 综合 | 课程目标1、课程目标2、课程目标3 |
| 10 | 主题、母版和用户控件和网站导航 | 掌握建立和使用用户控件的方法。掌握母版页和内容页的建立方法。掌握主题的建立和使用方法。理解网站地图文件的结构并能合理地建立网站地图。掌握网站导航控件 SiteMapPath、TreeView 和 Menu 的用法。掌握母版页中网站导航控件的用法 | 2 | 设计 | 课程目标1、课程目标2 |
| 11 | ASP.NET Ajax | 掌握使用 ASP.NET Ajax 技术的方法。熟练掌握 ScriptManager、UpdatePanel、Timer 和 UpdateProgress 控件的用法 | 2 | 设计 | 课程目标1、课程目标2 |
| 12 | 文件管理 | 掌握建立和使用 ASP.NET Web 服务、WCF 服务的方法。掌握 Web 服务器上驱动器和文件夹的操作。掌握 Web 服务器上文件的操作。掌握 Web 服务器上读写文件的方法。掌握文件的上传操作 | 2 | 设计 | 课程目标1、课程目标2 |
| 合计 | | | 24 | | |

## 五、实验/实训教学方式与基本要求

课程教学提倡以学生的主动学习和主动实践为核心，精心组织教学安排，注重培养学生的创新精神和团队意识，学生在完成课程的过程中，会积极地去思考、探索。

## 六、实验/实训报告与考核

要求学生根据上机内容写出实验报告，报告要求包括以下几个方面的内容：

1.实验名称

2.实验目的

3.实验内容

4.程序代码（验证性实验可以不用写代码，以实验拓展中给定的任务为主）

5.程序运行结果（截图）

考核标准：

平时成绩由课堂考勤（线上线下混合教学签到）、课堂测试（线上线下混合教学）、上机实验报告（随机抽取3次）组成，迟到、旷课酌情扣5~10分，课堂回答问题表现好的同学酌情加5~10分。

实验报告评分标准：

（1）85~100分：按时提交报告，上机表现好，报告内容完整，验证性实验截图和过程清晰，拓展性实验完成情况良好，演示正确。

（2）70~85分：按时提交报告，上机表现较好，报告内容基本完整，验证性实验截图和过程基本清晰，拓展性实验基本完成。

（3）60~70分：提交报告，上机表现较好，报告内容基本完整，验证性实验截图和过程清晰完整，拓展性实验完成情况一般。

（4）60分：有来上课，但是未提交报告，一律60分。

## 七、主要仪器设备和材料

1.硬件环境要求：

联网的PC。

2.软件要求：

Windows7以上操作系统环境下的以下软件：

（1）ASP.NET 4.5以上。

（2）Visual Studio 2017版本以上。

（3）IIS7.5。

## 八、教材及主要参考资料

（一）推荐教材

1.沈士根，叶晓彤. Web程序设计——ASP.NET实用网站开发——微课版［M］. 3版. 北京：清华大学出版社，2018.

2.沈士根，叶晓彤. Web程序设计——ASP.NET上机实验指导——微课版［M］. 3版. 北京：清华大学出版社，2018.

（二）参考资料

1.W3school. HTML 5教程. http：//www.w3school.com.cn/html5/index.asp.

2.W3school. CSS3教程. http：//www.w3school.com.cn/css3/index.asp.

3.W3school. JavaScript教程. http：//www.w3school.com.cn/js/index.asp.

4.W3school. jQuery教程. http：//www.w3school.com.cn/js/index.asp.

5.Bootstrap教程. http：//www.runoob.com/bootstrap/bootstrap-tutorial.html.

本课程较为系统地介绍了电子商务系统设计的基本理论和方法，为专业核心课。本课程主要基于ASP.NET技术应用VSC 2017以上集成开发平台来开发电子商务系统，强调开发人员的工作效率，着力提升系统运行性能和可扩展性。本课程以完成并拓展一个基于ASP.NET实现网上购物的MyPetShop应用程序为目标，解决学生对程序设计"无从入手"的问题、解决"上课听得懂，下课不会做"的问题。

总共分为12个实验：

实验1至实验8：为得到实现网上购物的MyPetShop应用程序作准备。

实验9：得到基于ASP.NET三层架构的MyPetShop应用程序，并具备查看宠物商品、购物车、订单结算、用户管理等功能。

实验10：得到基于统一风格（母版）和网站导航功能的MyPetShop。

实验11：增加页面局部刷新、自动显示下一个商品等功能。增加调用互联网上广泛使用的Web服务功能，能在首页显示天气预报信息。

实验12：增加Web服务器文件管理功能。

最终，完成课程实验后即能得到一个网上购物网站MyPetShop，学生会很欣喜，从而增加学习的兴趣和动力，大大提高动手实践能力。

## 实验一　ASP.NET网站的建立及运行

实训名称：ASP.NET网站的建立及运行
面向专业或课程：电子商务系统设计
实训学时分配：2
实训性质：验证
必做

实验一　ASP.NET网站的建立及运行

## 实验二　ASP.NET网站开发基础

实训名称：ASP.NET网站开发基础
面向专业或课程：电子商务系统设计
实训学时分配：2
实训性质：设计
必做

实验二　ASP.NET网站开发基础

## 实验三　C#和ASP.NET的结合

实训名称：C#和ASP.NET的结合
面向专业或课程：电子商务系统设计
实训学时分配：2
实训性质：设计
必做

实验三　C#和ASP.NET的结合

## 实验四　ASP.NET标准控件

实训名称：ASP.NET标准控件
面向专业或课程：电子商务系统设计
实训学时分配：2
实训性质：设计
必做

实验四　ASP.NET标准控件

## 实验五　ASP.NET 窗体验证

实训名称：ASP.NET 窗体验证

面向专业或课程：电子商务系统设计

实训学时分配：2

实训性质：设计

必做

实验五　ASP.NET 窗体验证

## 实验六　HTTP 请求、响应及状态管理

实训名称：HTTP 请求、响应及状态管理

面向专业或课程：电子商务系统设计

实训学时分配：2

实训性质：设计

必做

实验六　HTTP 请求、响应及状态管理

## 实验七　数据访问

实训名称：数据访问

面向专业或课程：电子商务系统设计

实训学时分配：2

实训性质：设计

必做

实验七　数据访问

## 实验八　数据绑定

实训名称：数据绑定

面向专业或课程：电子商务系统设计

实训学时分配：2

实训性质：设计

必做

实验八　数据绑定

# 实验九　ASP.NET 三层架构

实训名称：ASP.NET 三层架构

面向专业或课程：电子商务系统设计

实训学时分配：2

实训性质：综合

必做

实验九　ASP.NET 三层架构

# 实验十　主题、母版、用户控件和网站导航

实训名称：主题、母版、用户控件和网站导航

面向专业或课程：电子商务系统设计

实训学时分配：2

实训性质：设计

必做

实验十　主题、母版、用户控件和网站导航

# 实验十一　ASP.NET Ajax

实训名称：ASP.NET Ajax

面向专业或课程：电子商务系统设计

实训学时分配：2

实训性质：设计

必做

实验十一　ASP.NET Ajax

# 实验十二　文件管理

实训名称：文件管理

面向专业或课程：电子商务系统设计

实训学时分配：2

实训性质：设计

必做

实验十二　文件管理

# 第二节　电子商务系统设计综合实验

## "电子商务系统设计综合实验"课程实训教学大纲

### 一、课程基本信息

| 课程中文名称 | 电子商务系统设计综合实验 | | | | |
|---|---|---|---|---|---|
| 课程英文名称 | Comprehensive Experiment of Electronic Commerce System Design | | | | |
| 学　分 | 理论 | 2.5 | 实践 | | 1 |
| 学　时 | 理论 | 48 | 实验/实训 | 16 | 多种形式教学 | 0 |
| 课程代码 | | | 实验中心名称 | | 经济管理实验中心 |
| 适用专业 | 信息管理与信息系统 | | | | |
| 开课单位 | 商学院 | | 开课教研室 | | 信息管理系 |
| 先修课程 | C#编程基础、C#数据库系统开发、电子商务系统设计 | | | | |
| 课程要求 | 必修 | | 课程类别 | | 必修 |
| 开课学期 | 第四学期 | | 考核方式 | | 考查 |

### 二、课程描述和目标

"电子商务系统设计综合实验"是继"电子商务系统设计"之后的综合实验设计课程，是一门把理论结合到实践，以实践教学为主的实验课程。其主要目的是使学生在前期"电子商务系统设计"这门课所学的理论知识进一步得到巩固与提升，完成综合实验项目的设计。通过本实验的学习，掌握对项目报告的简要书写、数据库系统的综合设计和对综合系统程序设计和程序调试的能力。

本课程拟达到的课程目标：

课程目标1：学会项目报告及文本的书写。

培养学生书写与设计清晰、可读性强的项目报告书，并装订完整的一套项目资料。

课程目标2：具备电子商务系统开发与设计的能力。

通过电子商务系统需求分析与功能设计、数据库的设计，及应用程序代码编写和程序调试掌握对电子商务系统的开发与设计，提高学生分析设计和动手解决实际问题的能力。

课程目标3：提高团队合作与动手创新的能力。

注重培养学生团队合作、分工协同作业的能力，及各自发现问题、分析问题和解决问题的能力。

## 三、课程目标对毕业要求的支撑关系

| 毕业要求指标点 | 课程目标 | 权重 | 目标达成形式 |
|---|---|---|---|
| 9.电子商务管理能力 | 课程目标1 | M | 实验、讨论、项目报告 |
| 9.电子商务管理能力 | 课程目标2 | M | 实验、讨论、项目报告 |
| 9.电子商务管理能力 | 课程目标3 | M | 实验、讨论、项目报告 |
| 11.信息系统开发设计能力 | 课程目标1 | H | 实验、讨论、项目报告 |
| 11.信息系统开发设计能力 | 课程目标2 | H | 实验、讨论、项目报告 |
| 11.信息系统开发设计能力 | 课程目标3 | H | 实验、讨论、项目报告 |
| 12.信息系统实施与运行维护能力 | 课程目标1 | H | 实验、讨论、项目报告 |
| 12.信息系统实施与运行维护能力 | 课程目标2 | H | 实验、讨论、项目报告 |
| 12.信息系统实施与运行维护能力 | 课程目标3 | H | 实验、讨论、项目报告 |
| 13.综合应用与创新创业能力 | 课程目标1 | M | 实验、讨论、项目报告 |
| 13.综合应用与创新创业能力 | 课程目标2 | M | 实验、讨论、项目报告 |
| 13.综合应用与创新创业能力 | 课程目标3 | M | 实验、讨论、项目报告 |

## 四、实验/实训项目与内容提要

| 序号 | 教学内容要点 | 教学要求 | 实践学时 | 教学方法 | 对应课程目标 |
|---|---|---|---|---|---|
| 1 | 实验选题、分组、项目背景与需求分析，实验设计的要求 | 明确选题、对项目背景与需求分析，了解报告书的书写格式，结合要求进行选题与项目设计的前期分析 | 4 | 讲授与练习 | 课程目标1、课程目标3 |
| 2 | 综合实验设计与开发实训 | 使用 ASP.NET4.5 和 SQL Server 进行开发，完成一个小型电子商务系统的设计开发 | 8 | 混合式 | 课程目标2、课程目标3 |
| 3 | 完成项目报告书的撰写与评议 | 结合所设计的电子商务系统，按要求撰写相应项目报告书，进行汇报评议 | 4 | 小组讨论、练习 | 课程目标1、课程目标3 |
| | 合计 | | 16 | | |

## 五、实验/实训教学方式与基本要求

本课程以学生组队为项目团队的形式，通过学生自行选题，参考纸质资料和网上资料，结合理论进行探索性的动手实验设计，培养学生项目开发与设计的能力。教学环节主要包括：教师课堂指导、学生小组讨论、团队合作选题、查资料动手设计项目、撰写项目报告等。

## 六、实验/实训报告与考核

| 考核依据 | 建议分值 | 评价细则 | 对应课程目标 |
|---|---|---|---|
| 出勤与课堂表现 | 百分制占20分 | 出勤成绩采用扣分制，每旷课一次扣平时成绩5分。课堂表现具体包括：讨论发言、提问回答、团队小组合作情况、组内分工的任务情况、听课专注度等 | 课程目标1、课程目标3 |
| 实验过程认真程度 | 百分制占30分 | 具体包括：讨论发言、提问回答、实验纪律遵守、学生动手能力、代码编写情况 | 课程目标2、课程目标3 |
| 课程报告考核 | 百分制占50分 | 具体包括：课程报告内容是否达到布置的要求、报告的完整性、内容的准确性、文本的可读性等。"课程报告"具体评分标准如下。课程报告成绩分优秀、良好、中等、及格、不及格五个等级：<br>（1）优秀（A，90分以上）：课程设计报告格式规范、目的明确、内容全面、条理清晰、结论正确、实验结果和可视性强、符合实际需求、实验代码数据完整。<br>（2）良好（B，80~89分）：课程设计报告格式规范、目的明确、内容全面、条理基本清晰、结论正确、实验结果和可视性好、基本符合实际需求、实验代码数据完整。（3）中等（C，70~79分）：课程设计报告格式规范、目的基本明确、内容完整、条理性一般、结论正确、实验结果和可视性一般、基本符合实际需求、有实验代码数据。（4）及格（D，60~69分）：课程设计报告格式基本规范、目的基本明确、内容基本涉及、结论正确、实验结果和可视性基本有、实验代码数据基本有。（5）不及格（E，60分以下）：课程设计报告格式不规范、目的不明确、内容不完整、结论不正确、没有实验结果，或不符合专业特征、报告有抄袭现象或上交很不及时 | 课程目标1、课程目标2、课程目标3 |

| | |
|---|---|
| 所属课程 | 电子商务系统设计综合实验 |
| 实训名称 | 电子商务系统设计综合实验 |
| 实训学时 | 16学时 |
| 实训性质 | □验证　☑综合　☑设计 |
| 必做/选做 | ☑必做　□选做 |

电子商务系统设计综合实验

# 第三节 移动商务系统开发基础知识与能力训练

## "移动商务系统开发基础"课程实验/实训教学大纲

### 一、课程基本信息

| 课程中文名称 | | 移动商务系统开发基础 | | |
|---|---|---|---|---|
| 课程英文名称 | | Development Foundation of Mobile Commerce System | | |
| 学 分 | 理论 | 1.5 | 实践 | 1 |
| 学 时 | 理论 | 24 | 实验/实训 | 24 | 多种形式教学 | |
| 课程代码 | | 41523 | 实验中心名称 | 经济管理实验中心 |
| 适用专业 | | 信息管理与信息系统 | | |
| 开课单位 | 商学院 | | 开课教研室 | 信息管理系 |
| 先修课程 | | C#编程基础、C#数据结构 | | |
| 课程要求 | 选修 | | 课程类别 | 专业选修课 |
| 开课学期 | 第五学期 | | 考核方式 | 考查 |

### 二、课程描述和目标

（一）本课程在实现专业人才培养目标中的地位、作用，以及基本内容

信息管理与信息系统专业的技术线之一：C#编程基础→C#数据结构，数据库原理→信息系统分析与设计（英），移动商务系统开发基础→移动商务系统。"移动商务系统开发基础"是信息管理与信息系统专业的专业选修课，是"技术线"中的重要课程，是学生学习移动商务系统开发技术的基础。

安卓（Android）是一种基于Linux的自由及开放源代码的操作系统。它主要用于移动设备，如智能手机和平板电脑，由Google公司和开放手机联盟领导及开发。Android操作系统最初主要支持手机，现逐渐扩展到平板电脑及其他领域中，如电视、数码相机、游戏机、智能手表等，具有广阔的应用前景。

此课程是移动商务系统课程的前置课程，后续课程的学习需要该课程打下的坚实基础。

本课程系统地阐述了Java开发环境、语法规则、面向对象中基于类的编程技术，以及移动商务系统的开发环境、开发流程，重点讨论了Java编程有关技术、基于Android平台的移动商务系统的基础开发技术。通过本课程的学习，学生应了解Android应用程序的总体架构，熟练掌握Android开发平台的用户界面、组件使用等技术；并能利用Android开发环境进行应用程序的编写，初步具备利用Android平台进行小的移动项目的开发的能力。

（二）本课程拟达到的课程目标

本课程拟达到以下课程目标：

课程目标1：具有编程思维。

了解高级程序设计的基本知识，掌握程序设计的基本方法，养成严格遵守和执行程序

设计标准的良好习惯，培养认真负责的工作态度和一丝不苟的工作作风。

课程目标2：具备应用高级语言进行编码、调试的能力。

掌握Java语言的数据类型、掌握Java程序设计中的选择结构和循环结构、掌握面向对象的类的定义和使用、掌握Android Studio环境配置、控件的基本属性和方法、Activity的生命周期和常用方法、Intent的使用方法。

课程学习后能做到：编写的程序完整且清晰，能阅读和编写比较复杂的程序。

课程目标3：具备分析和解决企业管理工作问题的基本能力。

注重学生观察现象、定义问题、独立思考的能力，培养学生利用所学技术通过解决方案的制作应对企业管理要求的能力。

## 三、课程目标对毕业要求的支撑关系

| 毕业要求指标点 | 课程目标 | 权重 | 目标达成形式 |
|---|---|---|---|
| 11.信息系统实施维护能力 | 课程目标1 | H | 实验、笔试 |
| 11.信息系统实施维护能力 | 课程目标2 | H | 实验、笔试 |
| 11.信息系统实施维护能力 | 课程目标3 | H | 实验、笔试、大作业 |
| 12.信息系统实施与运行维护能力 | 课程目标1 | H | 实验、笔试 |
| 12.信息系统实施与运行维护能力 | 课程目标2 | H | 实验、笔试 |
| 12.信息系统实施与运行维护能力 | 课程目标3 | H | 实验、笔试、大作业 |

## 四、实验/实训项目与内容提要

| 序号 | 项目名称 | 目的要求、内容提要 | 每组人数 | 实验学时 | 实验类型 | 实验要求 | 实验分室 | 对应课程目标 |
|---|---|---|---|---|---|---|---|---|
| 1 | Java环境搭建 | JDK安装、配置；Java的运行和调试流程 | 1个班 | 2 | 设计 | 必做 | 管理综合实验室 | 课程目标1、课程目标2 |
| 2 | Java面向对象编程 | Java应用程序的编写和调试 | 1个班 | 4 | 设计 | 必做 | 管理综合实验室 | 课程目标1、课程目标2 |
| 3 | Android开发环境搭建 | Android开发环境搭建 | 1个班 | 2 | 设计 | 必做 | 管理综合实验室 | 课程目标1、课程目标2 |
| 4 | Android用户界面设计 | 能利用常用组件建立用户界面 | 1个班 | 8 | 设计 | 必做 | 管理综合实验室 | 课程目标2、课程目标3 |
| 5 | Android事件处理机制 | 能利用基于监听、响应的机制进行程序编写 | 1个班 | 4 | 设计 | 必做 | 管理综合实验室 | 课程目标2、课程目标3 |
| 6 | Activity的创建和调用 | 创建和调用Activity | 1个班 | 2 | 设计 | 必做 | 管理综合实验室 | 课程目标2 |
| 7 | Intent的创建和调用 | 创建和调用Intent | 1个班 | 2 | 设计 | 必做 | 管理综合实验室 | 课程目标2 |
| 合计 |  |  |  | 24 |  |  |  |  |

**五、实验/实训教学方式与基本要求**

**（一）实验/实训教学方式**

教学方式主要是通过在 Android Studio 环境中用 Java 语言进行程序设计的学习。每次实验包括验证性实验和设计性实验。课前由学生预习实验内容，上机时学生需按要求完成相应题目的调试和运行，并能回答教师提出的开发问题，教师按程序完成情况、答题情况进行成绩评定，实验过程中采取单独提问、个别辅导、互助解答等相结合的方式提高上机实训效果。

**（二）基本要求**

学生需根据实验大纲及指导书中列出的实验步骤，认真完成规定的实验内容，在实验过程中遇到语法错误、逻辑错误等问题能通过上网搜索技术方案的方法进行解决。为进一步巩固实验效果，学生需理解代码，并能顺利回答教师提出的相关问题。

**六、实验/实训报告与考核**

**（一）实验报告**

每个实验项目都必须根据实验情况写出实验报告，内容包括：（1）实验目的；（2）实验内容与步骤；（3）实验结果；（4）问题讨论与实验心得。

**（二）实验考核**

每个实验项目采用 A+、A、A-、B+、B、B-、C+、C、C-、D10 个等级进行评价登记。实验项目根据实验纪律、实验报告完整性、实验方案合理性进行评分，按 A 总数的多少，从最高成绩依次递减计算实验成绩；实验成绩占本门课程总成绩的15%。

| 考核依据 | 建议分值 | 考核/评价细则 | 对应课程目标 |
|---|---|---|---|
| 实验纪律 | 20 | 实验态度端正，上课期间能够专心于实验过程，遵守学校及经管中心相关规章制度 | |
| 实验报告完整性 | 50 | 能够按照实验指导书的要求完成所有实验内容，且每个实验项目内容、操作步骤、结论较完整 | 课程目标2 |
| 实验方案合理性 | 30 | 解决方案合理科学，报告能够及时上交；对于个别程序逻辑性强、具有独到见解和可操作性、问题分析全面深刻的学生可提高分值档次 | 课程目标2、课程目标3 |

**七、主要仪器设备和材料**

Android Studio。

**八、教材及主要参考资料**

**（一）教材**

李纲. Android 疯狂讲义［M］. 3 版. 北京：电子工业出版社，2015.

**（二）主要参考资料**

1.印旻，王行言. Java 语言与面向对象程序设计［M］. 北京：清华大学出版社，2007.

2.张孝祥. Java 就业培训教程［M］. 北京：清华大学出版社，2003.

3.郭宏志. Android 应用开发详解［M］. 北京：电子工业出版社，2010.

4.余志龙. Google Android SDK开发范例大全［M］. 北京：人民邮电出版社，2009.

5.李宁. Android开发完全讲义［M］. 2版. 北京：中国水利水电出版社，2012.

6.李宁. Android应用开发实战［M］. 北京：机械工业出版社，2012.

7.罗升阳. Android系统源代码情景分析［M］. 北京：电子工业出版社，2012.

# 实验一　Java环境搭建

## 一、实验名称和性质

| | |
|---|---|
| 所属课程 | 移动商务系统开发基础 |
| 实验名称 | Java环境搭建 |
| 实验学时 | 2 |
| 实验性质 | □验证　□综合　☑设计 |
| 必做/选做 | ☑必做　□选做 |

## 二、实验目的

1.学习构建Java语言开发和运行环境；

2.学习使用EditPlus编写Java源程序；

3.学习使用Javadoc命令编译源程序；

4.学习使用Java命令运行程序；

5.初步了解使用Java语言进行程序设计的基本步骤；

6.为进行后续实验做好准备。

## 三、实验的软硬件环境要求

1.硬件环境要求：

PC。

2.使用的软件名称、版本号以及模块：

本实验需要配备的软件包括：EditPlus、JDK、开放互联网。

## 四、知识准备

前期要求掌握的知识：

了解Java的产生和发展状况，熟悉Java开发环境的搭建、bin目录下常用工具的使用，掌握Java应用程序的开发步骤。

## 五、实验内容

1.Javadoc文档化工具的使用。

Java 2 SDK 1.4.1中提供了一个文档自动生成工具，可以简化程序员编写文档的工作。可以使用Javadoc.exe命令启动Javadoc文档化工具，自动生成Java程序文档。

输入如图6-1给出的Java Application程序，利用Javadoc命令生成该Java应用程序的文档，并使用浏览器IE显示生成的文档页面内容。

```
/* Java编程技术chapter3, CommentTest.java
   版权所有: 新东方IT教育。
   作者: zlg
   日期: 2001/07/01
*/
/**
   这是一个Java语言入门程序, 定义类CommentTest。其中含有main()方法, 因此可以作为一
   个应用程序单独执行。其功能是在默认的输出设备上输出字符串"Hi,你好！"。
*/
public class CommentTest {
    //主方法, 作为Java应用程序的默认入口。
    public static void main(String args[ ]) {
        System.out.println("Hi,你好！"); //输出"Hi,你好！"
    }
}
```

**图6-1　程序代码输入图**

执行Javadoc CommentTest.java指令，生成文件：

CommentTest. html、 package-frame. html、 package-summary. html、 package-tree. html、 constant-values.html、overview-tree.html、index-all.html、deprecated-list.html、allclasses-frame.html、allclasses-noframe.html、index.html、help-doc.html。

2.输入如图6-2所示的Java Application程序，写出运行结果。

```
public class CharSample{
    public static void main(String args[ ]) {
        char ch1 = '\b';
        char ch2 = '\t';
        char ch3 = '\n';
        char ch4 = '\r';
        char ch5 = '\"';
        char ch6 = '\'';
        char ch7 = '\\';
        System.out.println("沈阳"+ch1+"师范大学");
        System.out.println("沈阳"+ch2+"师范大学");
        System.out.println("沈阳"+ch3+"师范大学");
        System.out.println("沈阳"+ch4+ch3+"师范大学");
        System.out.println(ch5+"沈阳"+"师范大学"+ch5);
        System.out.println(ch6+"沈阳"+"师范大学"+ch6);
        System.out.println(ch7+"沈阳"+"师范大学"+ch7);
    }
}
```

**图6-2　程序代码输入图**

3.按下面的要求完成Java Application程序，调试程序，并记录程序的运行结果。

①定义一个Java类Point，用来描述平面直角坐标系中点的坐标，该类应该能描述点的横、纵坐标信息及一些相关操作，包括获取点的横、纵坐标，修改点的坐标，显示点的当前位置等。

②定义一个测试类JavaTest，创建Point类的对象，查错，并对其进行有关的操作。

主要代码如图6-3所示。

```
class Point{
    double x,y;
    public void setXY(double a,double b){
        x=a;
        y=b;
    }
    public double getX(){
        return x;
    }
    public double getY(){
        return y;
    }
    public void disp(){
        System.out.println("点的当前坐标为: ("+x+", "+y+")");
    }
};
public class javaTest{
    public static void main(String[] args){
        Point p1=new Point();
        p1.disp();
        p1.setXY(3.2,5.6);
        p1.disp();
    }
}
```

**图6-3　程序代码输入图**

## 实验二　Java面向对象编程

### 一、实验名称和性质

| | |
|---|---|
| 所属课程 | 移动商务系统开发基础 |
| 实验名称 | Java面向对象编程 |
| 实验学时 | 4 |
| 实验性质 | ☐验证　☐综合　☑设计 |
| 必做/选做 | ☑必做　☐选做 |

### 二、实验目的

1.了解Java的数据类型；

2.掌握各种变量的声明方式；

3.理解运算符的优先级；

4.掌握Java基本数据类型、运算符与表达式、数组的使用方法；

5.理解Java程序语法结构，掌握顺序结构、选择结构和循环结构语法的程序设计方法；

6.通过以上内容，掌握Java语言的编程规则。

### 三、实验的软硬件环境要求

1.硬件环境要求：

PC。

2.使用的软件名称、版本号以及模块：

本实验需要配备的软件包括：EditPlus、JDK、开放互联网。

### 四、知识准备

前期要求掌握的知识：

了解Java应用程序的开发、调试流程，熟悉Java数据类型、语法结构、类、接口等编程技术。

### 五、实验内容

1.编写Java程序，输出九九乘法表的程序。

2.编写Java程序，完成以下程序功能：运行程序后从键盘输入数字1、2、3后，可显示抽奖得到的奖品；如果输入其他数字或字符显示"没有奖品给你！"。

3.编写一个Java Application程序，输出区间［200，300］上的所有素数，要求写出程序的运行结果。

4.编写一个Java程序片断，以定义一个表示学生的类Student。这个类的属性有"学号""班号""姓名""性别""年龄"，方法有"获得学号""获得班号""获得性别""获得姓名""获得年龄"。

5.为类Student增加一个方法public String to String（），该方法把Student类的对象的所有属性信息组合成一个字符串以便输出显示。编写一个Java Application程序，创建Student

类的对象，并验证新增加的功能。

6.假定根据学生的3门学位课程的分数决定其是否可以拿到学位，对于本科生，如果3门课程的平均分数超过60分即表示通过，而对于研究生，则需要平均超过80分才能够通过。根据上述要求，请完成以下Java类的设计：

（1）设计一个基类Student描述学生的共同特征。

（2）设计一个描述本科生的类Undergraduate，该类继承并扩展Student类。

（3）设计一个描述研究生的类Graduate，该类继承并扩展Student类。

（4）设计一个测试类StudentDemo，分别创建本科生和研究生这两个类的对象，并输出相关信息。

7.假定要为某公司编写雇员工资支付程序，该公司有各种类型的雇员（Employee），不同类型的雇员按不同的方式支付工资：

（1）经理（Manager）——每月获得一份固定的工资。

（2）销售人员（Salesman）——在基本工资的基础上每月还有销售提成。

（3）一般工人（Worker）——按他每月工作的天数计算工资。

根据上述要求试用类的继承和相关机制描述这些功能，并编写一个Java Application程序，演示这些类的用法。（提示：应设计一个雇员类（Employee）描述所有雇员的共同特性，这个类应该提供一个计算工资的抽象方法ComputeSalary（），使得可以通过这个类计算所有雇员的工资。经理、销售人员和一般工人对应的类都应该继承这个类，并重新定义计算工资的方法，进而实现程序目的）

## 实验三　Android开发环境搭建

### 一、实验名称和性质

| 所属课程 | 移动商务系统开发基础 |
| --- | --- |
| 实验名称 | Android开发环境搭建 |
| 实验学时 | 2 |
| 实验性质 | □验证　□综合　☑设计 |
| 必做/选做 | ☑必做　□选做 |

### 二、实验目的

1.熟悉Android开发平台的搭建及相关配置；

2.熟悉Android程序的基本框架。

### 三、实验的软硬件环境要求

1.硬件环境要求：

PC。

2.使用的软件名称、版本号以及模块：

本实验需要配备的软件包括：Eclipse、ADT Bundle、开放互联网。

## 四、知识准备

前期要求掌握的知识：

　　了解 Android 的产生和发展状况，熟悉 Android 的平台架构和特点，熟悉 Android 开发环境的搭建、Android 常用工具的使用，掌握 Android 应用程序的开发步骤。

## 五、实验内容

　　1.设置 AVD 中的显示语言为简体中文，记录主要操作步骤。

　　2.设置 AVD 中的时区为北京，记录主要操作步骤。

　　3.在 AVD 上下载并安装搜狗中文输入法，记录主要操作步骤。

　　4.在建立的项目中寻找如下几个文件 "main.xml" "MainActivity.java" "AndroidManifest.xml" "strings.xml" "R.java" "HelloWord.apk"，说明这些文件在项目中的位置及作用。

# 实验四　　Android 用户界面设计

## 一、实验名称和性质

| 所属课程 | 移动商务系统开发基础 |
|---|---|
| 实验名称 | Android 用户界面设计 |
| 实验学时 | 8 |
| 实验性质 | □验证　　□综合　　☑设计 |
| 必做/选做 | ☑必做　　□选做 |

## 二、实验目的

　　1.熟悉和掌握界面控件设计；

　　2.了解 Android 界面布局；

　　3.掌握控件的事件处理。

## 三、实验的软硬件环境要求

　　1.硬件环境要求：

　　PC。

　　2.使用的软件名称、版本号以及模块：

　　本实验需要配备的软件包括：Eclipse、ADT Bundle、开放互联网。

## 四、知识准备

前期要求掌握的知识：

　　1.Android 中有许多常用控件（简单分类）

　　文本框：TextView、EditText

　　按钮：Button、RadioButton、RadioGroup、CheckBox、ImageButton

　　列表：List、ExpandableListView、Spinner、AutoCompleteTextView、GridView、ImageView

　　进度条：ProgressBar、ProgressDialog、SeekBar、RatingBar

　　选择器：DatePicker、TimePicker

　　菜单：Menu、ContentMenu

对话框：Dialog、ProgressDialog

常用的控件有文本框、按钮和列表等。

2.Android中有很多布局管理器

FrameLayout：最简单的一个布局对象。它里面只显示一个显示对象。Android屏幕元素中所有的显示对象都将会固定在屏幕的左上角，不能指定位置。但允许有多个显示对象，但后一个将会直接在前一个之上进行覆盖显示，把前一个部分或全部挡住（除非后一个是透明的）。

LinearLayout：以单一方向对其中的显示对象进行排列显示，如以垂直排列显示，则布局管理器中将只有一列；如以水平排列显示，则布局管理器中将只有一行。同时，它还可以对个别的显示对象设置显示比例。

TableLayout：以拥有任意行列的表格对显示对象进行布局，每个显示对象都被分配到各自的单元格之中，但单元格的边框线不可见。

AbsoluteLayout：允许以坐标的方式，指定显示对象的具体位置，左上角的坐标为（0，0），向下及向右，坐标值变大。这种布局管理器由于显示对象的位置定死了，所以在不同的设备上，有可能会出现最终的显示效果不一致的现象。

RelativeLayout：允许通过指定显示对象相对于其他显示对象或父级对象的相对位置来布局。如一个按钮可以放于另一个按钮的右边，或者可以放在布局管理器的中央。

布局中可以放置控件，而每个布局又可以嵌套其他布局，这种思想和之前学习Java的布局是一样的。

## 五、实验内容

1.设计一个程序，其功能要求是：输入任意正整数N，计算1+2+⋯+N的总和并进行显示。

2.设置1~9九格式键盘密码盘，每行3个数字，输入的密码可在编辑框中显示，增加确定和清除按钮，点击清除按钮能删除编辑框中最后一个字符，点击确定按钮，如果正确则提示"密码正确，欢迎使用提款功能！"，否则显示"密码错误，请重新输入！"，提示信息要求使用Toast完成。

3.设计一个个人信息输入界面，其中要求输入个人姓名，血型（O型、A型、B型、AB型），学历（高中、学士、硕士、博士），输入完毕后，输入信息显示在当前界面的文本框中，其中血型要求使用RadioButton制作，学历要求使用Spinner制作。

## 实验五　Android事件处理机制

### 一、实验名称和性质

| 所属课程 | 移动商务系统开发基础 |
| --- | --- |
| 实验名称 | Android事件处理机制 |
| 实验学时 | 4 |
| 实验性质 | ☐验证　☐综合　☑设计 |
| 必做/选做 | ☑必做　☐选做 |

## 二、实验目的

1.熟悉和掌握Android事件处理机制和原理；

2.了解和掌握不同控件的事件处理编程技术。

## 三、实验的软硬件环境要求

1.硬件环境要求：

PC。

2.使用的软件名称、版本号以及模块：

本实验需要配备的软件包括：Eclipse、ADT Bundle、开放互联网。

## 四、知识准备

前期要求掌握的知识：

Android中主要有如下事件方法：

onClick（View v）——一个普通的点击按钮事件。

boolean onKeyMultiple（int keyCode，int repeatCount，KeyEvent event）——用于在多个事件连续时发生，用于按键重复。

boolean onKeyDown（int keyCode，KeyEvent event）——用于在按键进行按下时发生。

boolean onKeyUp（int keyCode，KeyEvent event）——用于在按键进行释放时发生。

onTouchEvent（MotionEvent event）——触摸屏事件，当在触摸屏上有动作时发生。

boolean onKeyLongPress（int keyCode，KeyEvent event）——当长时间按时发生。

## 五、实验内容

1.使用ListView显示水果名称，当选择列表选项时，会在上方的标题栏显示选择的项目名称和价格，复选欲选购的选项后点击放入购物车按钮，会在上方的TextView上显示购买的列表和总金额。

2.设计一个小游戏，单击下图中任意一只鞋子，将打开鞋子，显示里面是否放置了鸡蛋，并且将没有被单击的鞋子设置为半透明显示，被单击的鞋子正常显示，同时根据单击的鞋子里是否有鸡蛋显示对应的结果。如单击中间的鞋子，如果鸡蛋在这只鞋子里，将显示"恭喜您，猜对了，祝你幸福！"；否则将显示"很抱歉，猜错了，要不要再试一次？"的提示文字。主要界面如图6-4至图6-6所示。

图6-4　结果界面1　　　　图6-5　结果界面2　　　　图6-6　结果界面3

其中部分代码如下，请补充布局文件代码、按钮"再玩一次"和图片点击后响应的

代码。

```
package com.mingrisoft;
import android.app.Activity;
import android.os.Bundle;
import android.view.View;
import android.view.View.OnClickListener;
import android.widget.Button;
import android.widget.ImageView;
import android.widget.TextView;
public class MainActivity extends Activity {
    int [] imageIds = new int [] { R.drawable.shoe_ok, R.drawable.shoe_sorry,
        R.drawable.shoe_sorry }; // 定义一个保存全部图片ID的数组
    private ImageView image1;          //ImageView组件1
    private ImageView image2;          //ImageView组件2
    private ImageView image3;          //ImageView组件3
    private TextView result;           //显示结果
    @Override
    public void onCreate (Bundle savedInstanceState) {
        super.onCreate (savedInstanceState);
        setContentView (R.layout.main);
        image1 = (ImageView) findViewById (R.id.imageView1);
        image2 = (ImageView) findViewById (R.id.imageView2);
        image3 = (ImageView) findViewById (R.id.imageView3);
        result = (TextView) findViewById (R.id.textView1);
        reset (); // 将鞋子的顺序打乱
        // 为第一只鞋子添加单击事件监听
        image1.setOnClickListener (new OnClickListener () {
            @Override
            public void onClick (View v) {
                isRight (v, 0); // 判断结果
            }
        });
        // 为第二只鞋子添加单击事件监听
        image2.setOnClickListener (new OnClickListener () {
            @Override
            public void onClick (View v) {
                isRight (v, 1); // 判断结果
            }
        });
```

```
        // 为第三只鞋子添加单击事件监听
        image3.setOnClickListener（new OnClickListener（）{
            @Override
            public void onClick（View v）{
                isRight（v，2）；// 判断结果
            }
        });
        Button button =（Button）findViewById（R.id.button1）；// 获取"再玩一次"
按钮
        // 为"再玩一次"按钮添加事件监听器
        button.setOnClickListener（new OnClickListener（）{
            @Override
            public void onClick（View v）{
            //请补充相应代码
            }
        });
}
/**
 * 判断猜出的结果
 *
 * @param v
 * @param index
 */
private void isRight（View v，int index）{
        // 使用随机数组中图片资源ID设置每个ImageView
        // 为每个ImageView设置半透明效果
        // 获取被单击的图像视图
        // 设置图像视图的透明度
        // 判断是否猜对
        }
/**
 * 重新开始
 */
private void reset（）{
        for（int i = 0；i < 3；i++）{
            int temp = imageIds［i］；              //将数组元素i保存到临时变
量中
            int index =（int）（Math.random（）* 2）；       //生成一个随机数
            imageIds［i］= imageIds［index］；             //将随机数指定的数组元
```

素的内容赋值给数组元素 i

                imageIds［index］ = temp；            //将临时变量的值赋值给随机
数组指定的那个数组元素
            }
        }
}

# 实验六 Activity的创建和调用

## 一、实验名称和性质

| | | |
|---|---|---|
| 所属课程 | 移动商务系统开发基础 | |
| 实验名称 | Activity 的创建和调用 | |
| 实验学时 | 2 | |
| 实验性质 | □验证　□综合　☑设计 | |
| 必做/选做 | ☑必做　□选做 | |

## 二、实验目的

1. 了解 Activity 组件的生命周期；
2. 了解 Activity 组件的运行状态；
3. 了解 Activity 组件的状态维护；
4. 掌握 Activity 组件的窗口。

## 三、实验的软硬件环境要求

1. 硬件环境要求：

PC。

2. 使用的软件名称、版本号以及模块：

本实验需要配备的软件包括：Eclipse、ADT Bundle、开放互联网。

## 四、知识准备

前期要求掌握的知识：

掌握 Activity 的工作原理、生命周期、调用方式。

## 五、实验内容

主控 Activity 的布局很简单，只包含 2 个命令按钮，一个用于启动对话框风格的
Activity，另一个用于退出该应用。用 Log.d 监测主控 Activity 的生命周期。其中对话框风格
Activity 的 .Java 文件内容如下：

```
public class SecondActivity extends Activity
{
    @Override
    public void onCreate（Bundle savedInstanceState）
    {
```

```
        super.onCreate（savedInstanceState）;
        TextView tv = new TextView（this）;
        tv.setText（"对话框风格的 Activity"）;
        setContentView（tv）;
    }
}
```

# 实验七　Intent 的创建和调用

## 一、实验名称和性质

| 所属课程 | 移动商务系统开发基础 |
|---|---|
| 实验名称 | Intent 的创建和调用 |
| 实验学时 | 2 |
| 实验性质 | □验证　□综合　☑设计 |
| 必做/选做 | ☑必做　□选做 |

## 二、实验目的

1. 了解 Intent 的组成；

2. 了解 Intent Filter 的功能；

3. 了解 Intent 解析机制；

4. 掌握 Intent 的调用方法；

5. 掌握 Intent 传递数据的方法。

## 三、实验的软硬件环境要求

1. 硬件环境要求：

PC。

2. 使用的软件名称、版本号以及模块：

本实验需要配备的软件包括：Eclipse、ADT Bundle、开放互联网。

## 四、知识准备

前期要求掌握的知识：

当 Android 应用需要启动某个组件时，总需要借助 Intent 来实现，包括启动 Activity、Service、BroadcastReceiver 组件，但这种 Intent 并未与任何程序组件耦合，这种方式可很好地提高系统的可扩展性和可维护性。学习 Intent 要重点掌握 Intent 的 Component、Action、Category、Data、Type 各属性的功能和用法。

## 五、实验内容

项目界面：添加用户名、密码，如图 6-7 所示，在另一页面显示用户名，如图 6-8 所示。

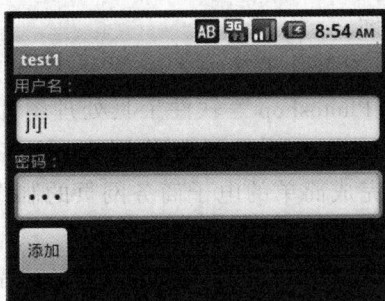

图6-7 添加用户信息界面

图6-8 显示用户信息运行结果界面

# 第四节 电子商务网站前台开发技术知识与能力训练

## "电子商务网站前台开发技术"课程实验/实训教学大纲

### 一、课程基本信息

| 课程中文名称 | 电子商务网站前台开发技术 | | | |
|---|---|---|---|---|
| 课程英文名称 | Development technology of EC Website | | | |
| 学 分 | 理论 | 48 | 实践 | 24 |
| 学 时 | 理论 | 24 | 实验/实训 | 24 | 多种形式教学 |
| 课程代码 | | 实验中心名称 | | 经济管理实验中心 |
| 适用专业 | 信息管理与信息系统 | | | |
| 开课单位 | 商学院 | 开课教研室 | | 信息管理系 |
| 先修课程 | 电子商务、计算机文化基础 | | | |
| 课程要求 | 选修 | 课程类别 | | 专业课 |
| 开课学期 | 第四学期 | 考核方式 | | 考查 |

### 二、课程描述和目标

本课程是信息管理与信息系统专业电子商务方向的一门专业选修课。通过本课程的学习，可使学生对电子商务网站前台开发的流行技术HTML有全面系统的了解和认识。

该课程是一门实践性很强的课程，课程实验主要着眼于原理和应用的结合。通过实验，学生能够将书本知识应用于实际，初步掌握基于HTML+CSS3的电子商务网页设计，并通过实际开发一些电子商务网站来培养自身的解决问题和动手的能力。

本课程拟达到以下课程目标：

课程目标1：网页设计与开发制作的能力。

能运用Dreamweaver CS3、Photoshop等软件工具处理图片，动手制作网站的首页、网站的子页及制作网页图片素材，及利用Flash制作网页Banner、在页面中插入Banner等相关的页面设计与制作，最终能完成简单的电子商务网页的制作。

课程目标2：网站规划与页面布局的开发能力。

根据用户的需求，可以设计网站的主题、确定网站的风格、规划网站内容；具有页面布局、添加首页的部分元素、使用网页特效等网站的开发与布局能力，最终能策划电子商务类的网站。

课程目标3：电子商务网页管理与维护的能力。

根据网页的布局和控件的特性，会上传、修改网站对应地方的图片和相关部位的素材，了解域名的申请，学会创建站点，会基本的网站测试与发布操作，针对电子商务网站的特点能进行有效的管理，维护网页与推广网站的基本能力。

## 三、课程目标对毕业要求的支撑关系

| 毕业要求指标点 | 课程目标 | 权重 | 目标达成形式 |
|---|---|---|---|
| 9.电子商务管理能力 | 课程目标1 | H | 实训、理论授课、作业 |
| 9.电子商务管理能力 | 课程目标2 | H | 实训、理论授课、作业 |
| 9.电子商务管理能力 | 课程目标3 | H | 实训、理论授课、作业 |
| 11.信息系统开发设计能力 | 课程目标1 | L | 实训、理论授课、作业 |
| 11.信息系统开发设计能力 | 课程目标2 | L | 实训、理论授课、作业 |
| 11.信息系统开发设计能力 | 课程目标3 | L | 实训、理论授课、作业 |
| 12.信息系统实施与运行维护能力 | 课程目标1 | L | 实训、理论授课、作业 |
| 12.信息系统实施与运行维护能力 | 课程目标2 | L | 实训、理论授课、作业 |
| 12.信息系统实施与运行维护能力 | 课程目标3 | L | 实训、理论授课、作业 |

## 三、实验/实训项目与内容提要

| 序号 | 项目名称 | 目的要求内容提要 | 每组人数 | 实验学时 | 实验类型 | 实验要求 | 实验分室 | 对应课程目标 |
|---|---|---|---|---|---|---|---|---|
| 1 | 认识与策划个人网站 | 确定网站主题；确定网站风格；规划网站内容 | 1 | 2 | 设计 | 必做 | 经管中心 | 课程目标1、课程目标2、课程目标3 |
| 2 | 创建站点并制作网页 | 建设站点；制作子页；制作首页；制作网页图片素材 | 1 | 2 | 设计 | 必做 | 经管中心 | 课程目标1、课程目标2 |
| 3 | 创建网站相册与超链接 | 创建网站相册；创建首页中的文字链接；创建电子邮件链接 | 1 | 2 | 设计 | 必做 | 经管中心 | 课程目标1、课程目标2 |

| 序号 | 项目名称 | 目的要求内容提要 | 每组人数 | 实验学时 | 实验类型 | 实验要求 | 实验分室 | 对应课程目标 |
|---|---|---|---|---|---|---|---|---|
| 4 | 认识与策划电子商务类网站 | 策划电子商务类网站；创建站点；绘制布局表格和单元格；使用表格进行布局的细化；创建首页中的文字链接 | 1 | 2 | 设计 | 必做 | 经管中心 | 课程目标1、课程目标2 |
| 5 | 制作网站 Logo 与页面图片 | 制作网站 Logo；制作顶部导航图片；制作菜单导航图片；制作顶部广告图片；制作左边小图标；制作书籍图片 | 1 | 2 | 设计 | 必做 | 经管中心 | 课程目标1、课程目标2 |
| 6 | 制作网站首页与 CSS 样式表 | 制作网站首页与 CSS 样式表 | 1 | 2 | 设计 | 必做 | 经管中心 | 课程目标1、课程目标2 |
| 7 | 了解企业网站与切割页面效果图 | 策划企业网站；创建站点；页面布局；添加首页的部分元素 | 1 | 2 | 设计 | 必做 | 经管中心 | 课程目标1、课程目标3 |
| 8 | 制作网页 Banner | 利用 Flash 制作网页 Banner；在页面中插入 Banner | 1 | 2 | 设计 | 必做 | 经管中心 | 课程目标1、课程目标2、课程目标3 |
| 9 | 制作留言板 | 调整留言板页面；利用表单制作留言板；利用表单制作首页部分内容 | 1 | 2 | 设计 | 必做 | 经管中心 | 课程目标1、课程目标2、课程目标3 |
| 10 | 使用内嵌框架 | 制作新闻文本页面；制作新闻页面 | 1 | 2 | 设计 | 必做 | 经管中心 | 课程目标1、课程目标2、课程目标3 |
| 11 | 使用网页特效 | 将新闻制作成滚动字幕；以跟随滚动条滚动的对联广告形式显示联系方式；在状态栏显示滚动欢迎词 | 1 | 2 | 设计 | 必做 | 经管中心 | 课程目标1、课程目标2、课程目标3 |
| 12 | 网站的测试与发布 | 申请域名；上传网站；维护网站；添加网页搜索关键字和说明信息；推广网站 | 1 | 2 | 验证 | 必做 | 经管中心 | 课程目标1、课程目标3 |
| 合计 | | | | 24 | | | | |

#### 四、实验/实训教学方式与基本要求

实训的方式：本实训围绕着个人网站的设计与制作、电子商务网站设计与制作、企业类网站的设计与制作，这三个大项目，逐步的推进，进行实验演练，并对每个项目分子项目进行，逐步完成各教学知识点。教师可以根据授课进度，穿插在理论课中安排实验项目，也可以安排理论结束后，进行集中上机实验，教师也可以根据实际教学情况对实验做相应的调整或用类似的实验代替。

实验的基本要求：

1.实验前要认真阅读实验目的与要求，在充分"消化"教师上课内容的基础上，要有目的地完成实验。

2.对每个实验项目中的设计性题目，要根据所用的软件工具，规范进行操作，要借助于参考书，熟练掌握操作技能。

3.对于在实验中自己弄不清的问题，要及时与教师或同学沟通。

4.实验后要认真书写实验报告，总结每次实验项目的体会与收获。

#### 五、实验/实训报告与考核

要求学生根据上机内容写出实验报告，报告要求包括以下几个方面的内容：

1.实验目的；

2.实验内容；

3.实验要求；

4.实验结果。

| 考核依据 | 建议分值 | 评价细则 | 对应课程目标 |
|---|---|---|---|
| 出勤与课堂表现 | 百分制占20分 | 出勤成绩采用扣分制，每旷课一次扣平时成绩5分。课堂表现具体包括讨论发言、提问回答、听课专注度等 | 课程目标1、课程目标3 |
| 实验过程认真程度 | 百分制占30分 | 具体包括讨论发言、提问回答、实验纪律遵守、学生动手能力、代码编写情况 | 课程目标2、课程目标3 |
| 课程报告考核 | 百分制占50分 | 课程报告视内容是否达到布置的求、报告的完整性、内容的准确性、文本的可读性等方面来评价。"课程报告"具体评分标准如下。课程报告成绩分优秀、良好、中等、及格、不及格五个等级：（1）优秀（A，90分以上）：课程报告格式规范、目的明确、内容全面、条理清晰、结论正确、实验结果和可视性强、符合实际需求、实验代码数据完整。（2）良好（B，80~89分）：课程报告格式规范、目的明确、内容全面、条理基本清晰、结论正确、实验结果和可视性好、基本符合实际需求、实验代码数据完整。（3）中等（C，70~79分）：课程报告格式规范、目的基本明确、内容完整、条理性一般、结论正确、实验结果和可视一般、基本符合实际需求、有实验代码数据。（4）及格（D，60~69分）：课程报告格式基本规范、目的基本明确、内容基本涉及、结论正确、实验结果和可视性基本有、实验代码数据基本有。（5）不及格（E，60分以下）：课程报告格式不规范、目的不明确、内容不完整、结论不正确、没有实验结果，或不符合专业特征、报告有抄袭现象或上交很不及时 | 课程目标1、课程目标2、课程目标3 |

## 六、主要仪器设备和材料

1.硬件：能上网的奔腾双核、内存1G以上PC每人1台。

2.软件：Dreamweaver CS3软件、Photoshop软件；IIS 6.0以上版本。

## 七、教材及主要参考资料

1.邓凯，唐勇，秦云霞，等．电子商务网站建设与网页设计（微课版）［M］．北京：人民邮电出版社教材，2019.

2.于丽娟，王欣．网页设计与制作［M］．北京：高等教育出版社，2018.

3.龙马工作室．精通HTML5+CSS3：100%网页设计与布局密码［M］．北京：人民邮电出版社，2014.

4.刘玉萍，刘增杰．精通HTML5网页设计［M］．北京：清华大学出版社，2013.

5.周清平．Web前端项目开发实践［M］．长沙：中南大学出版社，2015.

# 实验一　认识与策划个人网站

## 一、实验名称和性质

| 所属课程 | 电子商务网站前台开发技术 |
|---|---|
| 实验名称 | 认识与策划个人网站 |
| 实验学时 | 2 |
| 实验性质 | □验证　□综合　☑设计 |
| 必做/选做 | ☑必做　□选做 |

## 二、实验目的

1.掌握个人网站的特点；

2.掌握制作个人网站的注意事项。

## 三、实验内容

1.确定网站主题；

2.确定网站风格；

3.规划网站内容。

## 四、实验的软硬件环境要求

1.硬件：能上网的奔腾双核、内存1G以上PC每人1台。

2.软件：Dreamweaver软件；IIS 6.0以上版本。

## 五、知识准备

具有"电子商务概论""计算机文化基础""图像处理"等课程的基本知识，并具备以上课程对应的计算机技术操作能力。

## 六、实验过程

实验一　实验过程

## 七、思考

个人网站都有哪些特点？

# 实验二　创建站点并制作网页

## 一、实验名称和性质

| 所属课程 | 电子商务网站前台开发技术 |
|---|---|
| 实验名称 | 创建站点并制作网页 |
| 实验学时 | 2 |
| 实验性质 | □验证　□综合　☑设计 |
| 必做/选做 | ☑必做　□选做 |

## 二、实验目的

1.掌握个人网站建设的基本流程和基本方法；

2.掌握表格布局的知识；

3.掌握图片素材的制作方法和处理方法。

## 三、实验内容

1.建设站点；

2.制作子页；

3.制作首页；

4.制作网页图片素材。

## 四、实验的软硬件环境要求

1.硬件：能上网的奔腾双核、内存1G以上PC每人1台。

2.软件：Dreamweaver CS3软件；IIS 6.0以上版本。

## 五、知识准备

具有"电子商务概论""计算机文化基础""图像处理与网页制作"等课程的基本知识，并具备以上课程对应的计算机技术操作能力。

## 六、实验过程

实验二　实验过程

## 七、思考

本网站还可以怎样布局？

# 实验三　创建网站相册与超链接

## 一、实验名称和性质

| 所属课程 | 电子商务网站前台开发技术 |
| --- | --- |
| 实验名称 | 创建网站相册与超链接 |
| 实验学时 | 2 |
| 实验性质 | □验证　□综合　☑设计 |
| 必做/选做 | ☑必做　□选做 |

## 二、实验目的

1.掌握网站相册的创建方法；

2.掌握超链接的类型和各类型的创建方法。

## 三、实验内容

1.创建网站相册；

2.创建首页中的文字链接；

3.创建电子邮件链接。

## 四、实验的软硬件环境要求

1.硬件：能上网的奔腾双核、内存1G以上PC每人1台。

2.软件：Dreamweaver CS3软件；IIS 6.0以上版本。

## 五、知识准备

具有"电子商务概论""计算机文化基础""图像处理与网页制作"等课程的基本知识，并具备以上课程对应的计算机技术操作能力。

## 六、实验过程

实验三　实验过程

## 七、思考

有的同学创建的网站相册中的图片不显示，为什么？

# 实验四　认识与策划电子商务类网站

## 一、实验名称和性质

| 所属课程 | 电子商务网站前台开发技术 |
|---|---|
| 实验名称 | 认识与策划电子商务类网站 |
| 实验学时 | 2 |
| 实验性质 | □验证　□综合　☑设计 |
| 必做/选做 | ☑必做　□选做 |

## 二、实验目的

1.掌握电子商务网站的特点；

2.能策划电子商务网站；

3.掌握布局表格和单元格的使用和注意事项；

4.掌握使用表格进行布局的细化方法。

## 三、实验内容

1.策划电子商务类网站；

2.创建站点；

3.绘制布局表格和单元格；

4.使用表格进行布局的细化；

5.创建首页中的文字链接。

## 四、实验的软硬件环境要求

1.硬件：能上网的奔腾双核、内存1G以上PC每人1台。

2.软件：Dreamweaver CS3软件、Photoshop软件；IIS 6.0以上版本。

## 五、知识准备

具有"电子商务概论""计算机文化基础""图像处理与网页制作"等课程的基本知识，并具备以上课程对应的计算机技术操作能力。

## 六、实验过程

实验四　实验过程

## 七、思考

1.电子商务网站有哪几种风格？

2.怎样设定布局单元格的宽度？

# 实验五　制作网站 Logo 与页面图片

## 一、实验名称和性质

| 所属课程 | 电子商务网站前台开发技术 |
| --- | --- |
| 实验名称 | 制作网站 Logo 与页面图片 |
| 实验学时 | 2 |
| 实验性质 | ☐验证　☐综合　☑设计 |
| 必做/选做 | ☑必做　☐选做 |

## 二、实验目的

1.掌握利用 Photoshop 处理图像的一般流程；

2.掌握利用 Photoshop 处理图像的方法。

## 三、实验内容

1.制作网站 Logo；

2.制作顶部导航图片；

3.制作菜单导航图片；

4.制作顶部广告图片；

5.制作左边小图标；

6.制作书籍图片。

## 四、实验的软硬件环境要求

1.硬件：能上网的奔腾双核、内存 1G 以上 PC 每人 1 台。

2.软件：Dreamweaver CS3 软件；Photoshop 软件；IIS 6.0 以上版本。

## 五、知识准备

具有"电子商务概论""计算机文化基础""图像处理与网页制作"等课程的基本知识，并具备以上课程对应的计算机技术操作能力。

## 六、实验过程

实验五　实验过程

## 七、思考

常见的 Logo 有哪些尺寸和样式？

## 实验六　制作网站首页与CSS样式表

### 一、实验名称和性质

| | |
|---|---|
| 所属课程 | 电子商务网站前台开发技术 |
| 实验名称 | 制作网站首页与CSS样式表 |
| 实验学时 | 2 |
| 实验性质 | □验证　□综合　☑设计 |
| 必做/选做 | ☑必做　□选做 |

### 二、实验目的

1. 掌握在网页中插入图片的方法；
2. 掌握插入"图像占位符"的方法；
3. 掌握插入"鼠标经过图像"的方法；
4. 掌握插入导航条的方法；
5. 掌握添加CSS样式表的方法。

### 三、实验内容

1. 制作首页；
2. 添加CSS样式表。

### 四、实验的软硬件环境要求

1. 硬件：能上网的奔腾双核、内存1G以上PC每人1台。
2. 软件：Dreamweaver CS3软件；Photoshop软件；IIS 6.0以上版本。

### 五、知识准备

具有"电子商务概论""计算机文化基础""图像处理与网页制作"等课程的基本知识，并具备以上课程对应的计算机技术操作能力。

### 六、实验过程

实验六　实验过程

## 实验七　了解企业网站与切割页面效果图

### 一、实验名称和性质

| 所属课程 | 电子商务网站前台开发技术 |
| --- | --- |
| 实验名称 | 了解企业网站与切割页面效果图 |
| 实验学时 | 2 |
| 实验性质 | ☐验证　☐综合　☑设计 |
| 必做/选做 | ☑必做　☐选做 |

### 二、实验目的

1.了解企业网站的基本特点；

2.掌握企业网站制作规范；

3.能策划企业网站；

4.掌握 Fireworks CS3 网页切片功能；

5.掌握在 Dreamweaver 中插入 Fireworks HTML 的方法；

6.能解决用 Fireworks 切片生成的垃圾代码的方法。

### 三、实验内容

1.策划企业网站；

2.创建站点；

3.页面布局；

4.添加首页的部分元素。

### 四、实验的软硬件环境要求

1.硬件：能上网的奔腾双核、内存1G以上PC每人1台。

2.软件：Dreamweaver CS3 软件；Photoshop 软件；IIS 6.0 以上版本。

### 五、知识准备

具有"电子商务概论""计算机文化基础""图像处理与网页制作"等课程的基本知识，并具备以上课程对应的计算机技术操作能力。

### 六、实验过程

实验七　实验过程

### 七、思考

还有哪些软件能切割图片？

## 实验八　制作网页 Banner

### 一、实验名称和性质

| | |
|---|---|
| 所属课程 | 电子商务网站前台开发技术 |
| 实验名称 | 制作网页 Banner |
| 实验学时 | 2 |
| 实验性质 | ☐验证　☐综合　☑设计 |
| 必做/选做 | ☑必做　☐选做 |

### 二、实验目的

1. 掌握网页 Banner 设计原则；

2. 掌握动态 Banner 制作基本知识；

3. 掌握 Flash CS3 的基本操作。

### 三、实验内容

1. 利用 Flash 制作网页 Banner；

2. 在页面中插入 Banner。

### 四、实验的软硬件环境要求

1. 硬件：能上网的奔腾双核、内存 1G 以上 PC 每人 1 台。

2. 软件：Dreamweaver CS3 软件；Photoshop 软件；IIS 6.0 以上版本。

### 五、知识准备

具有"电子商务概论""计算机文化基础""图像处理与网页制作"等课程的基本知识，并具备以上课程对应的计算机技术操作能力。

### 六、实验过程

实验八　实验过程

### 七、思考

网页 Banner 还有哪些风格？

## 实验九　制作留言板

### 一、实验名称和性质

| | |
|---|---|
| 所属课程 | 电子商务网站前台开发技术 |
| 实验名称 | 制作留言板 |
| 实验学时 | 2 |
| 实验性质 | □验证　　□综合　　☑设计 |
| 必做/选做 | ☑必做　　□选做 |

### 二、实验目的

1.掌握表单的概念；

2.掌握创建表单的方法；

3.掌握插入表单对象的方法。

### 三、实验内容

1.调整留言板页面；

2.利用表单制作留言板；

3.利用表单制作首页部分内容。

### 四、实验的软硬件环境要求

1.硬件：能上网的奔腾双核、内存1G以上PC每人1台。

2.软件：Dreamweaver CS3软件；Photoshop软件；IIS 6.0以上版本。

### 五、知识准备

具有"电子商务概论""计算机文化基础""图像处理与网页制作"等课程的基本知识，并具备以上课程对应的计算机技术操作能力。

### 六、实验过程

实验九　实验过程

### 七、思考

怎样利用表单实现交互？

## 实验十　使用内嵌框架

### 一、实验名称和性质

| | |
|---|---|
| 所属课程 | 电子商务网站前台开发技术 |
| 实验名称 | 使用内嵌框架 |
| 实验学时 | 2 |
| 实验性质 | □验证　□综合　☑设计 |
| 必做/选做 | ☑必做　□选做 |

### 二、实验目的

1. 掌握 Iframe 的基本语法；
2. 掌握 Iframe 的属性设置；
3. 掌握插入 Iframe 的方法；
4. 掌握 Iframe 链接；
5. 掌握 Iframe 的透明设置。

### 三、实验内容

1. 制作新闻文本页面；
2. 制作新闻页面。

### 四、实验的软硬件环境要求

1. 硬件：能上网的奔腾双核、内存 1G 以上 PC 每人 1 台。
2. 软件：Dreamweaver CS3 软件；Photoshop 软件；IIS 6.0 以上版本。

### 五、知识准备

具有"电子商务概论""计算机文化基础""图像处理与网页制作"等课程的基本知识，并具备以上课程对应的计算机技术操作能力。

### 六、实验过程

实验十　实验过程

### 七、思考

插入内嵌框架还有其他方法吗？

## 实验十一　使用网页特效

### 一、实验名称和性质

| | |
|---|---|
| 所属课程 | 电子商务网站前台开发技术 |
| 实验名称 | 使用网页特效 |
| 实验学时 | 2 |
| 实验性质 | □验证　□综合　☑设计 |
| 必做/选做 | ☑必做　□选做 |

### 二、实验目的

1.掌握 marquee 的基本语法；

2.掌握 marquee 的参数设置；

3.掌握添加跟随滚动条滚动的对联广告的方法；

4.掌握状态栏特效的制作方法。

### 三、实验内容

1.将新闻制作成滚动字幕；

2.以跟随滚动条滚动的对联广告形式显示联系方式；

3.在状态栏显示滚动欢迎词。

### 四、实验的软硬件环境要求

1.硬件：能上网的奔腾双核、内存1G以上PC每人1台。

2.软件：Dreamweaver CS3 软件；Photoshop 软件；IIS 6.0以上版本。

### 五、知识准备

具有"电子商务概论""计算机文化基础""图像处理与网页制作"等课程的基本知识，并具备以上课程对应的计算机技术操作能力。

### 六、实验过程

实验十一　实验过程

### 七、思考

网页特效还有哪些？请列举，并实现。

## 实验十二 网站的测试与发布

### 一、实验名称和性质

| | |
|---|---|
| 所属课程 | 电子商务网站前台开发技术 |
| 实验名称 | 网站的测试与发布 |
| 实验学时 | 2 |
| 实验性质 | ☑验证 □综合 □设计 |
| 必做/选做 | ☑必做 □选做 |

### 二、实验目的

1.掌握申请域名的方法；

2.掌握上传网站的方法；

3.掌握添加网页搜索关键字和说明信息的方法。

### 三、实验内容

1.申请域名；

2.上传网站；

3.维护网站；

4.添加网页搜索关键字和说明信息；

5.推广网站。

### 四、实验的软硬件环境要求

1.硬件：能上网的奔腾双核、内存1G以上PC每人1台。

2.软件：Dreamweaver CS3软件；Photoshop软件；IIS 6.0以上版本。

### 五、知识准备

具有"电子商务概论""计算机文化基础""图像处理与网页制作"等课程的基本知识，并具备以上课程对应的计算机技术操作能力。

### 六、实验过程

实验十二 实验过程

### 七、思考

网站无法上传怎么办？

# 第五节　移动商务系统开发设计能力训练

## "移动商务系统开发设计"课程实验/实训教学大纲

### 一、课程基本信息

| 课程中文名称 | 移动商务系统开发设计 | | | |
|---|---|---|---|---|
| 课程英文名称 | Mobile Commerce System | | | |
| 学　分 | 理论 | 2 | 实践 | 0.5 |
| 学　时 | 理论 | 32 | 实验/实训 | 12 | 多种形式教学 |
| 课程代码 | 41522 | | 实验中心名称 | 经济管理实验中心 |
| 适用专业 | 信息管理与信息系统 | | | |
| 开课单位 | 商学院 | | 开课教研室 | 信息管理系 |
| 先修课程 | C#编程基础、C#数据结构、移动商务系统开发基础 | | | |
| 课程要求 | 选修 | | 课程类别 | 专业选修课 |
| 开课学期 | 第六学期 | | 考核方式 | 考查 |

### 二、课程描述和目标

（一）本课程在实现专业人才培养目标中的地位、作用，以及基本内容

　　信息管理与信息系统专业的技术线之一：C#编程基础→C#数据结构，数据库原理→信息系统分析与设计（英），移动商务系统开发基础→移动商务系统。"移动商务系统"是信息管理与信息系统专业的专业选修课，是"技术线"中的重要课程，是移动商务系统开发基础的深入课程。

　　安卓（Android）是一种基于Linux的自由及开放源代码的操作系统。它主要用于移动设备，如智能手机和平板电脑，由Google公司和开放手机联盟领导及开发。基于Android的移动商务系统开发，不仅能支持手机，还会涉及平板电脑、电视、数码相机、游戏机、智能手表等，具有广阔的应用前景。

　　"移动商务系统开发设计"是信息管理与信息系统专业的一门专业选修课，它系统地阐述了基于Android平台的移动商务系统的开发技术，包括移动商务系统的开发原理、主要技术的实现机理、相关的类及主要的技术要点。通过本课程的学习，学生应了解Android应用程序的总体架构，熟练掌握Android开发平台的事件处理、资源使用、消息传递、数据存储、互联网应用、图形图像处理等技术；并能利用Android开发环境进行应用程序的编写，初步具备利用Android平台进行手机应用软件开发的能力。

（二）本课程拟达到的课程目标

　　本课程拟达到以下课程目标：

　　课程目标1：具备应用高级语言进行编码、调试的能力。

　　掌握Android Studio环境配置、控件的基本属性和方法，理解Android Studio开发平台的事件处理机制，能熟练掌握资源使用、消息传递、数据存储、互联网应用、图形图像处

理等技术。

　　课程学习后能做到：编写的程序完整且清晰，能阅读和编写比较复杂的程序。

　　课程目标2：具备电子商务网站建设、电子商务运行与管理能力。

　　能通过主要模块的开发技术、源代码分析，初步具备利用Java语言搭建移动商务访问App的能力，了解电子商务网站的整体架构，并掌握网站运行与维护管理能力。

　　课程目标3：具备分析和解决企业管理工作问题的基本能力。

　　注重学生观察现象、定义问题、独立思考的能力，培养学生利用所学技术通过解决方案的制作应对企业管理要求的能力。

## 三、课程目标对毕业要求的支撑关系

| 毕业要求指标点 | 课程目标 | 权重 | 目标达成形式 |
| --- | --- | --- | --- |
| 9.电子商务管理能力 | 课程目标1 | H | 实验、笔试 |
| 9.电子商务管理能力 | 课程目标2 | H | 实验、大作业 |
| 9.电子商务管理能力 | 课程目标3 | H | 实验、笔试、大作业 |
| 11.信息系统实施维护能力 | 课程目标1 | M | 实验、笔试 |
| 11.信息系统实施维护能力 | 课程目标2 | M | 实验、大作业 |
| 11.信息系统实施维护能力 | 课程目标3 | M | 实验、笔试、大作业 |
| 12.信息系统实施与运行维护能力 | 课程目标1 | M | 实验、笔试 |
| 12.信息系统实施与运行维护能力 | 课程目标2 | M | 实验、大作业 |
| 12.信息系统实施与运行维护能力 | 课程目标3 | M | 实验、笔试、大作业 |

## 四、实验/实训项目与内容提要

| 序号 | 项目名称 | 目的要求、内容提要 | 每组人数 | 实验学时 | 实验类型 | 实验要求 | 实验分室 | 对应课程目标 |
| --- | --- | --- | --- | --- | --- | --- | --- | --- |
| 1 | Android事件处理 | 基于回调的事件处理机制及其应用；Handler的消息传递机制及其应用 | 1个班 | 2 | 设计 | 必做 | 管理综合实验室 | 课程目标2、课程目标3 |
| 2 | 图形与图像处理 | 静态图片的处理机制及应用、随用户动作绘图的机制及应用、逐帧动画、补间动画、属性动画的机制及实现 | 1个班 | 2 | 设计 | 必做 | 管理综合实验室 | 课程目标1、课程目标2 |
| 3 | Android数据存储与IO | Preference、File、SQLite的使用方法 | 1个班 | 4 | 设计 | 必做 | 管理综合实验室 | 课程目标2、课程目标3 |
| 4 | Service与BroadReceiver | Service的调用及使用方法、BroadReceiver的使用方法 | 1个班 | 2 | 设计 | 必做 | 管理综合实验室 | 课程目标2、课程目标3 |
| 5 | Android网络应用 | Socket、URL、HTTP的使用方法 | 1个班 | 2 | 设计 | 必做 | 管理综合实验室 | 课程目标2、课程目标3 |
| 合计 | | | | 12 | | | | |

### 五、实验/实训教学方式与基本要求

（一）实验/实训教学方式

教学方式主要是通过在 Android Studio 环境中用 Java 语言进行程序设计的学习。每次实验包括验证性实验和设计性实验。课前由学生预习实验内容，上机时学生需按要求完成相应题目的调试和运行，并能回答教师提出的开发问题，教师按程序完成情况、答题情况进行成绩评定，实验过程中采取单独提问、个别辅导、互助解答等相结合的方式提高上机实训效果。

（二）基本要求

学生需根据实验大纲及指导书中列出的实验步骤，认真完成规定的实验内容，在实验过程中遇到语法错误、逻辑错误等问题能通过上网搜索技术方案的方法进行解决。为进一步巩固实验效果，学生需理解代码，并能顺利回答教师提出的相关问题。

### 六、实验/实训报告与考核

（一）实验报告

每个实验项目都必须根据实验情况写出实验报告，内容包括：（1）实验目的；（2）实验内容与步骤；（3）实验结果；（4）问题讨论与实验心得。

（二）实验考核

每个实验项目采用 A+、A、A-、B+、B、B-、C+、C、C-、D 十个等级进行评价登记。实验项目根据实验纪律、实验报告完整性、实验方案合理性进行评分，按 A 总数的多少，从最高成绩同学依次递减计算实验成绩；实验成绩占本门课程总成绩的 15%。

| 考核依据 | 建议分值 | 考核/评价细则 | 对应课程目标 |
|---|---|---|---|
| 实验纪律 | 20 | 实验态度端正，上课期间能够专心于实验过程，遵守学校及经管中心相关规章制度 | |
| 实验报告完整性 | 50 | 能够按照实验指导书的要求完成所有实验内容，且每个实验项目内容、操作步骤、结论较完整 | 课程目标2 |
| 实验方案合理性 | 30 | 解决方案合理科学，报告能够及时上交；对于个别程序逻辑性强、具有独到见解和可操作性、问题分析全面深刻的学生可提高分值档次 | 课程目标2、课程目标3 |

### 七、主要仪器设备和材料

Android Studio。

### 八、教材及主要参考资料

（一）教材

李纲. Android 疯狂讲义 [M]. 3版. 北京：电子工业出版社，2015.

（二）主要参考资料

1. 张思民. Android Studio 应用程序设计（微课版）[M]. 2版. 北京：清华大学出版社，2017.

2. 吴亚峰，苏亚光，于复兴. Android 应用案例开发大全 [M]. 3版. 北京：人民邮电出版社，2015.

3. 李鸥，等. 实战 Android 应用开发 [M]. 北京：清华大学出版社，2012.

4. 邓文渊. Android 开发基础教程 [M]. 北京：人民邮电出版社，2014.

5. 王翠萍. Android 经典项目开发实战 [M]. 北京：清华大学出版社，2015.

# 实验一　Android 事件处理

## 一、实验名称和性质

| 所属课程 | 移动商务系统 |
|---|---|
| 实验名称 | Android 事件处理 |
| 实验学时 | 2 |
| 实验性质 | □验证　□综合　☑设计 |
| 必做/选做 | ☑必做　□选做 |

## 二、实验目的

1. 了解 Android 的事件处理机制；

2. 掌握 Handler 消息传递机制，学会如何利用；

3. 利用 AsyncTask 进行异步任务处理。

## 三、实验的软硬件环境要求

1. 硬件环境要求：

PC。

2. 使用的软件名称、版本号以及模块：

本实验需要配备的软件包括 Eclipse、ADT Bundle、开放互联网。

## 四、知识准备

前期要求掌握的知识：

了解事件监听、回调机制动态响应的区别及实现技术；了解 Handler 的处理机理；熟练掌握 Java 线程的作用及实现技术；了解 AsyncTask 类的用法。

## 五、实验内容

当开始按钮按下时，会启动一个线程，并绑定到 Handler 中，效果如图 6-9 所示。该线程发送带有参数的 Message 到 Handler 的消息队列中，消息队列的另一端获取该消息，并且用该消息的参数来更新进度条。

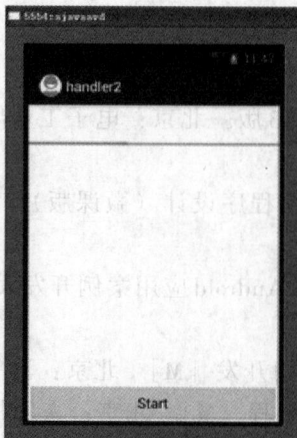

图 6-9　程序运行效果图

## 实验二　图形与图像处理

### 一、实验名称和性质

| 所属课程 | 移动商务系统 |
|---|---|
| 实验名称 | 图形与图像处理 |
| 实验学时 | 2 |
| 实验性质 | ☐验证　☐综合　☑设计 |
| 必做/选做 | ☑必做　☐选做 |

### 二、实验目的

1. 了解 Android 中静态图片处理涉及的相关类及主要的实现技术；

2. 了解 Android 中绘制图像涉及的相关类及主要的实现技术；

3. 掌握开发动画的机理、涉及的相关类及主要的实现技术。

### 三、实验的软硬件环境要求

1. 硬件环境要求：

PC。

2. 使用的软件名称、版本号以及模块：

本实验需要配备的软件包括：Eclipse、ADT Bundle、开放互联网。

### 四、知识准备

前期要求掌握的知识：

了解 Drawable、Bitmap、Canvas、Paint、Path 等类的使用方法；熟悉 Android 中动画处理机制、逐帧动画、补间动画、属性动画的实现技术。

### 五、实验内容

实验题 1：新建一个 Android 项目，使用逐帧动画技术实现一个忐忑的精灵动画。共使用 6 张图片，每个图片显示 60ms。

实验题 2：新建一个 Android 项目，实现旋转、平稳、缩放和透明度渐变的补间动画。图片可自行查找。

## 实验三　Android 数据存储与 IO

### 一、实验名称和性质

| 所属课程 | 移动商务系统 |
|---|---|
| 实验名称 | Android 数据存储与 IO |
| 实验学时 | 4 |
| 实验性质 | ☐验证　☐综合　☑设计 |
| 必做/选做 | ☑必做　☐选做 |

## 二、实验目的

1. 了解中文乱码处理方法；
2. 了解操作SD卡上文件的方法；
3. 掌握文件的读写操作；
4. 熟悉Android中利用SQLite3进行手工建表的各种操作；
5. 熟悉Android中对数据库进行操作的相关接口、类等。

SQLiteDatabase是在Android中数据库操作使用最频繁的一个类。通过它可以实现数据库的创建或打开、创建表、插入数据、删除数据、查询数据、修改数据等操作。

## 三、实验的软硬件环境要求

1. 硬件环境要求：

PC。

2. 使用的软件名称、版本号以及模块：

本实验需要配备的软件包括：Eclipse、ADT Bundle、开放互联网。

## 四、知识准备

前期要求掌握的知识：

了解SQLite3的用法；熟练掌握Java常用的基于流的文件读写技术；熟悉Android中SD卡文件访问方式和实现技术；熟悉SQLiteDatabase的用法。

## 五、实验内容

创建<mydb.db>数据库，并创建<mytable>数据表，内含_id、no、name字段，其中_id为自动编号，no为数值，name为字符串，创建后自动新增5条记录，并使用ListView由小至大排序显示全部数据。在edtID字段输入编号后点击查询按钮可以查询指定编号的数据，点击查询全部按钮显示全部数据，如图6-10所示。

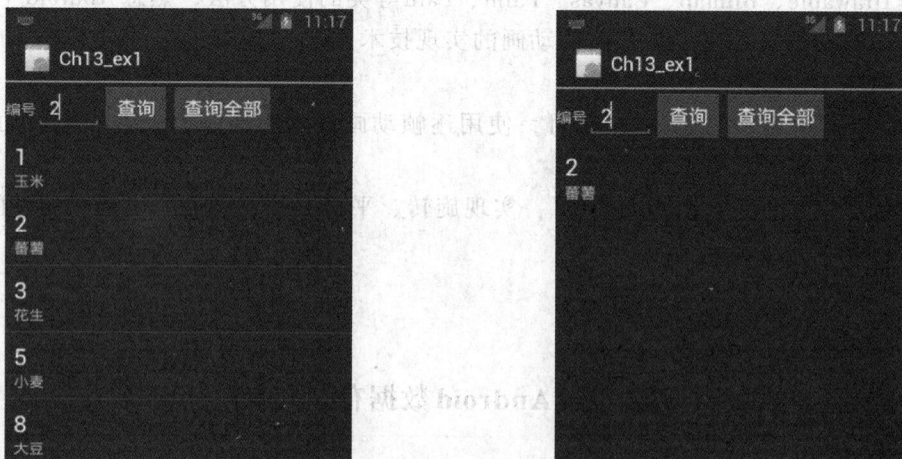

图6-10　MydbDemo运行结果图

## 实验四　Service 与 BroadReceiver

### 一、实验名称和性质

| | |
|---|---|
| 所属课程 | 移动商务系统 |
| 实验名称 | Service 与 BroadReceiver |
| 实验学时 | 2 |
| 实验性质 | □验证　　□综合　　☑设计 |
| 必做/选做 | ☑必做　　□选做 |

### 二、实验目的

1. 了解 Service 的常用方法；

2. 了解创建和使用 Service 的方法；

3. 掌握 Service 的生命周期；

4. 了解绑定模式下的 Service；

5. 掌握创建和使用 IntentService。

### 三、实验的软硬件环境要求

1. 硬件环境要求：

PC。

2. 使用的软件名称、版本号以及模块：

本实验需要配备的软件包括：Eclipse、ADT Bundle、开放互联网。

### 四、知识准备

前期要求掌握的知识：

了解 Service 的工作原理及编程关键。

### 五、实验内容

编写客户端界面，其中包含 3 个命令按钮，其中 2 个按钮用于绑定和解绑 Service，另 1 个按钮用来获取 Service 的状态信息，该信息为每隔 1 秒将字符串改为"现在数据 n"。要求运行时能在 logcat 中跟踪到各方法说明，其中每个方法的说明还要带有个人学号和姓名信息，信息输出要求采用 Log.i（）方法。

## 实验五　Android 网络应用

### 一、实验名称和性质

| | |
|---|---|
| 所属课程 | 移动商务系统 |
| 实验名称 | Android 网络应用 |
| 实验学时 | 2 |
| 实验性质 | □验证　　□综合　　☑设计 |
| 必做/选做 | ☑必做　　□选做 |

**二、实验目的**

1.熟悉 Android 平台上网络与通信的开发技术；

2.学习并实现 HTTP 通信、Socket 通信。

**三、实验的软硬件环境要求**

1.硬件环境要求：

PC。

2.使用的软件名称、版本号以及模块：

本实验需要配备的软件包括：Eclipse、ADT Bundle、开放互联网。

**四、知识准备**

前期要求掌握的知识：

了解网络通信技术基本原理；了解 HTTP 通信、Socket 通信时主要的实现技术。

**五、实验内容**

编写客户端界面，其中含有一个文本框，用来下载"http：//www.runoob.com/android/android-tutorial.html"网址上的信息资源，要求使用 URL 进行网络资源的访问。

# 第七章

## 电子商务运营与管理能力训练

## 第一节　电子商务基础知识与能力训练

### "电子商务"课程实验/实训教学大纲

一、课程基本信息

| 课程中文名称 | | 电子商务 | | |
|---|---|---|---|---|
| 课程英文名称 | | Electronic Commerce | | |
| 学　分 | 理论 | 1.5 | 实践 | 0.5 |
| 学　时 | 理论 | 24 | 实验/实训 | 16 | 多种形式教学 |
| 课程代码 | | 40243 | 实验中心名称 | 经济管理实验中心 |
| 适用专业 | | 信息管理与信息系统 | | |
| 开课单位 | 商学院 | | 开课教研室 | 信息管理系 |
| 先修课程 | | 计算机文化基础、管理学 | | |
| 课程要求 | 选修 | | 课程类别 | 选修课 |
| 开课学期 | 第二学期 | | 考核方式 | 考查 |

二、课程描述和目标

（一）本课程在实现专业人才培养目标中的地位、作用，以及基本内容

　　本课程是信息管理与信息系统专业本科生的专业基础课。电子商务是IT（信息技术）尤其是Internet（因特网）技术迅猛发展的产物，也是世界经济全球化的需要。电子商务作为21世纪主要的商务活动方式，将给各国和世界经济的增长方式带来巨大变革。电子商务将给我国的经济发展带来难得的巨大发展机会。电子商务的理论和实务，不仅涉及企业管理，也涉及贸易、金融、物流、法律和计算机科学技术、通信技术等一系列领域；不仅涉及作为电子商务主体的企业本身，也涉及信息产业、交通、银行、保险、海关、税务、司法以及政府等许多方面。本课程力图普及电子商务的基本知识，介绍电子商务的主要技术和实现方法，探讨电子商务给企业带来的一系列管理理念和经营手段的变革。通过本课程学习，学生将了解电子商务在社会经济中的地位和影响，掌握电子商务的基本概

念、特征和运行模式，以及它与传统商务的关系；初步掌握电子商务的基本技术和电子商务的实现方法；初步掌握电子商务在企业经营管理中的应用。

（二）本课程拟达到的课程目标

"电子商务"这门课程能够使学生直接感受电子商务知识的商业化应用过程，具体把握所学的专业知识，最终达到将所学的书本知识实用化、具体化，并且使他们在课程学习中进一步认识、理解所学的相关知识，开阔视野，扩大知识领域，提高适应商业活动的综合素质，继而达到融会贯通。

通过对电子商务知识的运用深入理解电子商务原理和过程，开阔学生视野、扩大知识领域、改善学习环境。通过实践提高适应信息管理的综合素质，加强学生创新创业能力的培养，学会在实践中发现问题、提炼问题，概括问题，培养发现商业机会的意识和信息管理能力。帮助学生获得和提高动手能力、独立营销策划能力、综合应用理论知识能力、适应社会需求的能力。

本课程拟达到以下课程目标：

课程目标1：了解电子商务在社会经济中的地位和影响，掌握电子商务的基本概念、特征和运行模式，以及它与传统商务的关系。

课程目标2：熟悉掌握电子商务的基本技术和电子商务系统的实现。

课程目标3：熟悉掌握电子商务各种商业模式及其应用。

课程目标4：掌握与电子商务相关的企业应用能力，具体包括电子支付、电子商务物流、电子商务安全、网络营销能力、电子商务法律等。

课程目标5：提高电子商务创新意识的培养，提高通过电子商务及互联网创新创业的意识和能力。

### 三、课程目标对毕业要求的支撑关系

| 毕业要求指标点 | 课程目标 | 权重 | 目标达成形式 |
| --- | --- | --- | --- |
| 1.信息技术应用能力 | 课程目标2 | H | 闭卷笔试、实验 |
| 2.信息管理能力 | 课程目标2 | M | 讨论、各类综合考评 |
| 3.电子商务管理能力 | 课程目标1、课程目标2、课程目标3、课程目标4 | L | 讨论、各类综合考评 |
| 4.信息系统分析、设计与实施能力 | 课程目标2、课程目标4 | M | 闭卷笔试、实验 |
| 5.信息处理能力 | 课程目标3、课程目标4 | H | 闭卷笔试、实验 |
| 6.创业、创新意识和能力 | 课程目标5 | H | 讨论、各类综合考评 |

## 四、实验/实训项目与内容提要

| 序号 | 项目名称 | 目的要求、内容提要 | 每组人数 | 实验学时 | 实验类型 | 实验要求 | 实验分室 | 对应课程目标 |
|---|---|---|---|---|---|---|---|---|
| 1 | Internet 及网页设计与制作 | 网络诊断及网页设计与制作 | 1 | 4 | 设计 | 必做 | 管理综合实验室 | 课程目标2 |
| 2 | B2C网上模拟 | 开设B2C网上商店 | 1 | 2 | 验证 | 必做 | 管理综合实验室 | 课程目标1、课程目标3、课程目标5 |
| 3 | C2C网上模拟 | 网上拍卖模拟 | 1 | 2 | 验证 | 必做 | 管理综合实验室 | 课程目标1、课程目标3、课程目标5 |
| 4 | B2B 网上模拟（电子合同洽谈） | B2B的电子合同洽谈 | 1 | 2 | 验证 | 必做 | 管理综合实验室 | 课程目标1、课程目标3、课程目标5 |
| 5 | B2B 网上模拟（电子订单处理） | B2B的电子订单处理 | 1 | 4 | 验证 | 必做 | 管理综合实验室 | 课程目标1、课程目标3、课程目标5 |
| 6 | 网络营销 | 网络营销操作 | 1 | 2 | 验证 | 必做 | 管理综合实验室 | 课程目标4、课程目标5 |
| 合计 | | | | 16 | | | | |

## 五、实验/实训教学方式与基本要求

### （一）实验/实训教学方式

教学方式主要是通过一些计算机软件系统完成预先规定的一些实验内容，其中包括一些设计性的，也包括一些综合性的实验。课前由学生预习实验内容，上机时先由教师讲解每次实验的要求、难点及目的，并对难点进行演示，学生按教师的要求逐个项目地进行操作和问题解决，教师应将个别辅导与集体辅导相结合。

### （二）基本要求

要求学生根据实验大纲及指导书中列出的实验步骤，利用实验室和指导教师提供的实验软件，认真完成规定的实验内容，真实地记录实验中遇到的各种问题和解决的方法与过程。为圆满完成实验任务，学生需要提前熟悉相关背景知识或者预做。

## 六、实验/实训报告与考核

### （一）实验报告

每个实验项目都必须根据实验情况写出实验报告，内容包括：（1）实验目的；（2）实验内容；（3）实验步骤；（4）实验结果；（5）问题讨论与实验心得。

### （二）实验考核

每个实验项目根据下表的指标进行综合评价，每个实验项目根据实验纪律、实验操作、实验报告进行评分，每个实验项目采用A+、A、A-、B+、B、B-、C+、C、C-、D10个等级进行评价登记。实验成绩由6个实验项目的等级折算成百分制，并计算其平均分作为整个实验成绩；实验成绩占本门课程总成绩的30%。

| 考核依据 | 建议分值 | 考核/评价细则 | 对应<br>课程目标 |
|---|---|---|---|
| 实验纪律 | 20 | 实验态度端正，实验期间能够积极参与、上课期间能够遵守学校及经管中心相关规章制度 | |
| 实验操作 | 50 | 实验能够按照每个实验项目内容、操作步骤进行，严格按照每个实验的要求完成实验操作任务 | 课程目标2、课程目标3、课程目标4 |
| 实验报告 | 30 | 字迹清晰，语言流畅，逻辑性强，内容丰富，重点突出，论证有力，具有独到见解和可操作性，问题分析全面深刻，解决方案合理科学，报告能够及时上交 | 课程目标1、课程目标5 |

## 七、主要仪器设备和材料

多媒体教学系统、互联网、电子商务实验室（ECPv3.1）。

## 八、教材及主要参考资料

（一）教材

蒋定福，吴煜祺. 电子商务综合实训［M］. 2版. 北京：首都经济贸易大学出版社，2018.

（二）主要参考资料

1.黄敏学，陈志浩，廖以臣，等. 电子商务［M］. 5版. 北京：高等教育出版社，2017.

2.覃征，等. 电子商务概论［M］. 6版. 北京：高等教育出版社，2019.

3.KALAKOTA. 电子商务管理指南［M］. 陈雪美，译. 北京：清华大学出版社，2000.

4.祁明，等. 电子商务实用教程［M］. 2版. 北京：高等教育出版社，2006.

5.宋玲，陈进，王小延. 电子商务战略［M］. 北京：中国金融出版社，2000.

# 第二节　网络营销能力训练

## "网络营销"课程实验/实训教学大纲

### 一、课程基本信息

| 课程中文名称 | 网络营销 | | | |
|---|---|---|---|---|
| 课程英文名称 | Network Marketing | | | |
| 学　分 | 理论 | 1 | 实践 | 0.5 |
| 学　时 | 理论 | 16 | 实验/实训 | 多种形式教学 12 |
| 课程代码 | 41333 | | 实验中心名称 | 经济管理实验中心 |
| 适用专业 | 信息管理与信息系统 | | | |
| 开课单位 | 商学院 | | 开课教研室 | 信息管理系 |
| 先修课程 | 信息管理导论、电子商务、市场营销学等 | | | |
| 课程要求 | 限选 | | 课程类别 | 电子商务模块课 |
| 开课学期 | 第五学期 | | 考核方式 | 考查 |

## 二、课程描述和目标

（一）本课程在实现专业人才培养目标中的地位、作用，以及基本内容

本课程是信息管理与信息系统专业的专业模块课，网络营销是一种建立在互联网基础上的全新营销方式，是信息时代营销学科新的发展方向。本课程旨在让学生了解、认知网络营销活动的基本理论内容和知识体系，重点讲授如何通过互联网开展新型的营销活动；能准确、系统地理解、掌握基于互联网的市场营销学的基本概念、基本原理、基本营销方法，并能根据目前网络市场发展规模和特征，针对不同的市场环境、不同产品和网络消费者进行一系列网络营销活动的分析和策划，提高网络营销能力，培养学生自我分析问题、解决问题，自我创新、创业的能力。

（二）本课程拟达到的课程目标

网络营销是一门实践性、综合性较强的专业课程，"网络营销"多种形式实训教学内容是"网络营销"整体教学中的重要部分，目的在于通过上机等多种形式的实践教学，帮助学生理解和掌握"网络营销"理论教学中的重点、难点；同时通过营销导向的企业网站诊断分析、搜索引擎的注册与排名的原理及操作、许可 E-mail 营销、营销软文的策划与设计、网络营销综合应用实践等一系列网络营销技能训练，培养学生运用网络营销原理、方法开展实际营销的能力，提高学生的应用实践能力。

本课程拟达到以下课程目标：

课程目标1：掌握网络营销基本理论和知识体系，了解网络营销的最新成果和发展趋势。

课程目标2：掌握各种网络营销方法，能够利用网络开展营销活动。

课程目标3：使学生掌握网络营销、策划方法与技巧，提高学生分析和解决企业管理问题的能力。

## 三、课程目标对毕业要求的支撑关系

| 毕业要求指标点 | 课程目标 | 权重 | 目标达成形式 |
|---|---|---|---|
| 6.分析和解决企业管理问题能力 | 课程目标1、课程目标2、课程目标3 | M | 理论教学、实践教学、各类考评 |
| 9.电子商务管理能力 | 课程目标2、课程目标3 | H | 理论教学、实践教学、各类考评 |

## 四、实验/实训项目与内容提要

| 序号 | 项目名称 | 目的要求、内容提要 | 每组人数 | 上机学时 | 实验类型 | 实验要求 | 实验分室 | 对应课程目标 |
|---|---|---|---|---|---|---|---|---|
| 1 | 企业网站专业性诊断分析 | 分析选定企业网站建设中的问题，并提出建议 | 1 | 2 | 综合 | 必做 | 经管中心实验室 | 课程目标2、课程目标3 |
| 2 | 搜索引擎友好性分析 | 对部分选定网站搜索引擎进行友好性分析，并提出建议 | 1 | 2 | 综合 | 必做 | 经管中心实验室 | 课程目标1、课程目标2、课程目标3 |
| 3 | 许可 E-mail 营销方法及管理 | 设计有自定主题的邮件列表说明及订阅功能的网页 | 1 | 2 | 综合 | 必做 | 经管中心实验室 | 课程目标2、课程目标3 |

续表

| 序号 | 项目名称 | 目的要求、内容提要 | 每组人数 | 上机学时 | 实验类型 | 实验要求 | 实验分室 | 对应课程目标 |
|---|---|---|---|---|---|---|---|---|
| 4 | 营销软文策划与设计 | 选择相应项目或主题，根据要求进行营销软文策划与设计，并围绕策划与设计完成一篇软文的撰写 | 1 | 2 | 综合 | 必做 | 经管中心实验室 | 课程目标2、课程目标3 |
| 5 | 网络营销综合应用实践 | 对所选企业的营销策略及战略进行分析和策划，进行网络营销综合应用实践 | 1 | 4 | 综合 | 必做 | 经管中心实验室 | 课程目标1、课程目标2、课程目标3 |

## 五、实验/实训教学方式与基本要求

本实验/实训要求基于互联网进行实践教学，由教师给出具体实验任务，讲解实验/实训基本内容、基本要求，学生根据实验/实训任务与要求，查阅相关资料、认真开展实验/实训设计、独立完成实验/实训操作，并撰写实验/实训报告。

每个实验/实训报告一般要求包括以下几方面的内容：实验/实训名称与实验/实训性质、实验/实训目的、实验/实训环境要求（硬件要求和软件要求）、实验/实训步骤和主要内容、实验/实训结果与体会等。具体的实验/实训报告可以根据实际情况，适当做出调整。

## 六、实验/实训报告与考核

"网络营销"课程的实验/实训形式主要是基于互联网开展各种营销方法的训练，根据实验任务的要求，学生个人独立完成，为了使网络营销课程实验/实训考核结果更客观和全面，根据网络营销课程的实际，教师可在线现场检查实践实验/实训情况，并结合实验/实训报告进行综合考核实验成绩。实验/实训成绩分为优秀、良好、中等、及格、不及格五个等级。

根据网络营销实验/实训实际，实验/实训报告要求在上交打印稿的同时上交电子版。

| | 评价内容 | 90分以上 | 80~89分 | 70~79分 | 60~69分 | 60分以下（不包括60分） |
|---|---|---|---|---|---|---|
| 1 | 实验项目选题 | 选题独特，选题针对性强，完全符合要求 | 选题独特，有一定针对性，比较符合实验要求 | 选题有一定针对性，基本符合实验要求 | 选题一般，基本符合实验要求 | 选题较差，不符合实验要求 |
| 2 | 实验内容及实验过程 | 实验内容丰富，实验过程完整，实验很好，符合要求 | 实验内容比较丰富，实验过程完整，实验较好，符合要求 | 实验内容、过程比较完整，符合要求 | 实验内容、过程基本完整，基本符合要求 | 实验过程不完整，实验内容不符合要求 |
| 3 | 实验报告结构及版面 | 整体结构规范，版面美观 | 整体结构比较规范，版面比较美观 | 整体结构基本完整，有排版，有一定设计 | 整体结构基本完整，有排版，但没有达到美观效果 | 整体结构不完整，没有排版，不美观 |
| 4 | 实验总结、体会与实验效果 | 总结全面、体会深刻，有自己独特见解，实验效果好 | 总结较全面，体会较深刻，有一定见解，实验效果较好 | 有总结，有体会，完成实验，实验效果一般 | 总结、体会一般、基本完成实验，实验效果小 | 总结、体会较差，未完成实验，实验效果无 |

## 七、主要仪器设备和材料

开放网络环境、电脑、投影仪等。

## 八、教材及主要参考资料

1.金镇. 信息管理与信息系统专业实验（实训）指导书［M］. 大连：东北财经大学出版社，2021.

2.冯英健. 网络营销基础与实践［M］. 5版. 北京：清华大学出版社，2016.

3.瞿彭志. 网络营销［M］. 4版. 北京：高等教育出版社，2014.

4.段建，王雁. 网络营销技术基础［M］. 北京：机械工业出版社，2006.

5.张书乐. 实战网络营销：网络推广经典案例战术解析［M］. 北京：电子工业出版社，2010.

# 实验一　企业网站专业性诊断分析

## 一、实验名称和性质

| 所属课程 | 网络营销 |
| --- | --- |
| 实验名称 | 企业网站专业性诊断分析 |
| 实验学时 | 2 |
| 实验性质 | □验证　☑综合　□设计 |
| 必做/选做 | ☑必做　□选做 |

## 二、实验目的

1.加深对网络营销导向的企业网站的认识；

2.从网络营销的角度，分析选定企业网站建设中的问题；

3.提出相应的改进建议。

## 三、实验的软硬件环境要求

硬件环境要求：

经管中心实验室，开放网络环境，多媒体教学设备，保证学生每人一机。

使用的软件要求：

需要安装Windows2000以上版本操作系统、IE5.0以上版本，Baidu，通用办公软件。

## 四、知识准备

前期要求掌握的知识：

1.电子商务、网络营销的基本知识；

2.计算机操作基础、网站、网页等知识与技术。

实验相关理论或原理：

1.企业网站营销等知识；

2.企业网站规划与设计。

实验流程：

1.选择营销项目或主题；

2.选择分析的企业网站；

3.进行网站分析；

4.记录实验内容和实验步骤或调查过程；

5.认真分析实验结果；

6.认真撰写实验心得体。

## 五、实验材料和原始数据

1.Baidu等搜索引擎、互联网；

2.学生自己选定的企业网站、相关主题和内容。

## 六、实验要求和注意事项

1.认真选择企业网站，进行实验分析；

2.记录实验内容和实验步骤或调查过程；

3.认真分析实验结果；

4.认真撰写实验报告和心得体会。

## 七、实验步骤和内容

1.选定一个要分析的企业网站。

2.对选定的网站从网站规划、网站栏目结构、网站内容、网站可信度、网站功能和服务、网站优化及运营等方面进行诊断分析。

3.对网站进行总体评价。

4.拓展实验内容：利用网站专业性免费评价工具进行在线评价，记录每类指标评价得分；根据预定的评价范围，对网站专业性进行分析评价，记录评价过程中发现的主要问题。

5.对选定要分析的网站提出改进建议。

## 八、实验结果和总结

1.根据选定网站进行诊断分析；

2.撰写实验报告。

## 九、实验成绩评价标准

参考实验/实训教学大纲。

# 实验二　搜索引擎友好性分析

## 一、实验名称和性质

| 所属课程 | 网络营销 |
|---|---|
| 实验名称 | 搜索引擎友好性分析 |
| 实验学时 | 2 |
| 实验性质 | □验证　☑综合　□设计 |
| 必做/选做 | ☑必做　□选做 |

## 二、实验目的

1.分析搜索引擎营销对网络营销信息传递的作用；

2.对部分选定网站搜索引擎进行友好性分析；

3.深入研究网站建设的专业性对搜索引擎营销的影响；

4.针对友好性分析对于发现的问题，提出相应的改进建议。

## 三、实验的软硬件环境要求

1.硬件环境要求：

经管中心实验室，开放网络环境，多媒体教学设备，保证学生每人一机。

2.使用的软件要求：

需要安装 Windows2000 以上版本操作系统、IE5.0 以上版本，通用办公软件。

## 四、知识准备

前期要求掌握的知识：

1.电子商务、网络营销的基本知识；

2.搜索引擎使用知识与技巧。

实验相关理论或原理：

1.搜索引擎营销原理；

2.企业网站结构。

## 五、实验材料和原始数据

1.Baidu 等检索工具、互联网；

2.学生自己选定的企业网站、相关主题和内容。

## 六、实验要求和注意事项

1.认真设计实验项目，进行实验分析；

2.记录实验内容和实验步骤或调查过程；

3.认真分析实验结果；

4.认真撰写实验报告和心得体会。

## 七、实验步骤和内容

1.选定一个要分析的企业网站；

2.对选定的网站进行浏览分析，选定最相关的关键词（2—3个）；

3.选址搜索引擎工具，比如百度，用每个关键词分别进行检索，分析该网站的搜索结果表现，如网页标题、摘要信息等，并做好记录；

4.根据相关信息，对选择的网站搜索引擎进行友好性分析；

5.发现问题，分析原因，并提出改进建议。

## 八、实验结果和总结

1.根据选定网站进行搜索引擎友好性分析；

2.撰写实验报告。

## 九、实验成绩评价标准

参考实验/实训教学大纲。

## 实验三    许可E-mail营销方法及管理

### 一、实验名称和性质

| 所属课程 | 网络营销 |
|---|---|
| 实验名称 | 许可E-mail营销方法及管理 |
| 实验学时 | 2 |
| 实验性质 | □验证    ☑综合    □设计 |
| 必做/选做 | ☑必做    □选做 |

### 二、实验目的

1.了解许可E-mail营销的实际过程；

2.正确认识许可营销的思想和方法；

3.重点了解邮件列表营销的实现方法和后台管理功能。

### 三、实验的软硬件环境要求

1.硬件环境要求：

经管中心实验室，开放网络环境，多媒体教学设备，保证学生每人一机。

2.使用的软件要求：

需要安装Windows2000以上版本操作系统、IE5.0以上版本，通用办公软件。

### 四、知识准备

前期要求掌握的知识：

1.电子商务、电子邮件的基本知识；

2.互联网基本操作知识技能。

实验相关理论或原理：

1.电子邮件及其网络营销价值；

2.关于电子邮件问题的讨论。

### 五、实验材料和原始数据

1.Baidu等搜索引擎、互联网；

2.学生自己选定的邮件服务网站、相关主题和内容。

### 六、实验要求和注意事项

1.创建一个邮件列表营销活动的完整过程；

2.认真设计实验内容，进行实验分析；

3.记录实验内容和实验步骤；

4.认真分析实验结果；

5.认真撰写实验报告和心得体会。

**七、实验步骤和内容**

1. 进行邮件营销主题、内容设计;

2. 选址邮件服务网站;

3. 了解邮件订阅方法和订阅过程;

4. 邮件列表后台用户管理;

5. 邮件发送过程;

6. 进行邮件管理。

**八、实验结果和总结**

1. 创建一个邮件列表营销活动的完整过程;

2. 撰写实验报告。

**九、实验成绩评价标准**

参考实验/实训教学大纲。

# 实验四　营销软文策划与设计

**一、实验名称和性质**

| 所属课程 | 网络营销 |
|---|---|
| 实验名称 | 营销软文策划与设计 |
| 实验学时 | 2 |
| 实验性质 | □验证　☑综合　□设计 |
| 必做/选做 | ☑必做　□选做 |

**二、实验目的**

1. 了解及掌握软文的主要原理;

2. 熟悉软文撰写的主要步骤和方法;

3. 根据要求选择软文策划的主题并进行前期的策划;

4. 提高营销软文策划与设计能力。

**三、实验的软硬件环境要求**

1. 硬件环境要求:

经管中心实验室,开放网络环境,多媒体教学设备,保证学生每人一机。

2. 使用的软件要求:

需要安装Windows2000以上版本操作系统、IE5.0以上版本,通用办公软件。

**四、知识准备**

前期要求掌握的知识:

1. 电子商务、市场营销的基本知识;

2. 基本的写作技巧。

实验相关理论或原理：

1.软文营销的主要原理；

2.营销软文的策划与设计。

实验流程：

1.选择营销项目或主题；

2.根据营销项目进行营销软文策划与设计；

3.撰写营销软文；

4.记录软文策划与设计、撰写过程或调查过程；

5.撰写实验报告和心得体会。

**五、实验材料和原始数据**

1.Baidu等搜索引擎、互联网；

2.学生自己选定的企业网站、相关主题和内容。

**六、实验要求和注意事项**

1.根据要求选择软文策划的主题并进行前期的策划；

2.围绕前期策划完成一篇软文的撰写；

3.通过实验报告完成实验过程的记录；

4.认真撰写实验报告和心得体会。

**七、实验步骤和内容**

1.设计软文策划主题；

2.对确定软文撰写主题进行调研；

3.策划和撰写软文：围绕自己的主题设定软文标题，布局软文并成文；

4.实验报告记录以上所有的实验过程。

**八、实验结果和总结**

1.根据选题营销主题，进行营销软文策划与设计；

2.撰写实验报告。

**九、实验成绩评价标准**

参考实验/实训教学大纲。

# 实验五 网络营销综合应用实践

## 一、实验名称和性质

| | |
|---|---|
| 所属课程 | 网络营销 |
| 实验名称 | 网络营销综合应用实践 |
| 实验学时 | 4 |
| 实验性质 | □验证 ☑综合 □设计 |
| 必做/选做 | ☑必做 □选做 |

## 二、实验目的

1.了解网络营销策划、营销的实际过程；

2.正确认识网络营销的思想和方法；

3.重点了解各种网络营销的实现方法；

4.能够选定营销项目进行综合网络营销实践。

## 三、实验的软硬件环境要求

1.硬件环境要求：

经管中心实验室，开放网络环境，多媒体教学设备，保证学生每人一机。

2.使用的软件要求：

需要安装 Windows2000 以上版本操作系统、IE5.0 以上版本，通用办公软件。

## 四、知识准备

前期要求掌握的知识：

1.电子商务、网络营销的基本知识；

2.互联网基本操作、网站、网页等知识与技术。

实验相关理论或原理：

网络营销基本理论与方法。

实验流程：

1.选择营销项目或主题；

2.选择网络营销方法；

3.进行综合营销实践；

4.记录营销实践过程；

5.撰写实验报告和心得体会。

## 五、实验材料和原始数据

1.互联网、Baidu 等检索工具；

2.学生自己选定营销项目、相关主题和内容。

## 六、实验要求和注意事项

1.认真选择网络营销项目，开展网络营销综合应用实践；

2.记录实验内容和实验步骤；

3.认真分析实验结果；

4.认真撰写实验报告和心得体会。

注：同学们可以将平时课下网络营销实践活动和实验/实训结合起来。

## 七、实验步骤和内容

1.选择营销项目，并对营销项目进行分析。

2.网络营销方法的选择。

网络营销方法有许多种，同学们自己根据个人的理解，以及网络营销项目的要求选择营销方法，主要的营销方法有：微信朋友圈营销、QQ营销、微博营销、微店营销、博客营销等。同学们可以选择几种营销方法组合。实验报告中要阐述你选择的营销方法是什么？为什么要选择这些营销方法，这些营销方法的特点等。

3.进行综合网络营销实践。

同学们根据自己选择的营销项目（产品）和营销方法，进行实际营销，比如，进行营销策划，编写营销软文，实际操作等。利用文字和截图等记录自己的营销过程。

4.进行网络营销实际效果分析。

同学们根据自己选择的营销项目（产品）和营销方法，对实际营销效果，进行归纳总结，比如对品牌的传播、顾客的关注、营销产品的数量、带来的经济收入等。

5.网络营销实践总结与体会。

同学们根据自己的营销实践，从理论知识、实践能力、实践感受体会等方面总结一下。

## 八、实验结果和总结

1.根据选定营销项目进行综合网络营销实践；

2.撰写实验报告。

## 九、实验成绩评价标准

参考实验/实训教学大纲。

# 第三节　供应链与物流管理能力训练

## "供应链与物流"课程实验/实训教学大纲

### 一、课程基本信息

| 课程中文名称 | 供应链与物流 | | | |
|---|---|---|---|---|
| 课程英文名称 | Supply Chain and Logistics | | | |
| 学　分 | 理论 | 2 | 实践 | 0.5 |
| 学　时 | 理论 | 32 | 实验/实训 | 12 | 多种形式教学 |
| 课程代码 | | 实验中心名称 | | 经济管理实验中心 |
| 适用专业 | 信息管理与信息系统 | | | |
| 开课单位 | 工商管理系 | 开课教研室 | | 工商管理系教研室 |
| 先修课程 | 管理学、经济学 | | | |
| 课程要求 | 选修 | 课程类别 | | 专业方向模块课 |
| 开课学期 | 第五学期 | 考核方式 | | 考查 |

### 二、课程描述和目标

本课程是信息管理与信息系统专业电子商务方向一门重要的专业选修课，设置本课程的目的是使学生掌握物流管理的基本理论与方法，包括物流采购方法与策略、库存控制方法与策略、运输方式及其选择、配送方法与策略以及物流信息管理方法等。本课程的教学目标和任务在于培养学生建立起企业物流运作管理系统化和整体化概念，结合物流管理前沿应用案例使学生能够正确理解物流管理基本理论、基本原理和一般方法，并能综合运用于企业物流问题的分析，从而使学生具备解决一般工业企业和商业企业物流管理问题的能力。课程拟达到以下目标：

课程目标1：专业性知识。系统掌握物流管理基本理论、基本原理和一般方法，掌握本学科的理论前沿及发展动态。

课程目标2：知识应用能力。能够综合应用物流管理基本理论、基本原理和一般方法分析并解决理论与实践问题。

课程目标3：创新创造能力。具有较强的探索性、批判性思维能力，不断尝试创新物流管理理论与实践。

课程目标4：综合素质。具有国际视野和系统性思维能力，能综合运用信息管理与信息系统专业基础知识，具备发现并解决一般工业企业和商业企业物流管理问题的能力。

## 三、课程目标对毕业要求的支撑关系

| 毕业要求指标点 | 课程目标 | 权重 | 目标达成形式 |
|---|---|---|---|
| 1.专业性知识。系统掌握物流管理基本理论、基本原理和一般方法，掌握本学科的理论前沿及发展动态 | 课程目标1 | H | 闭卷笔试、作业 |
| 2.知识应用能力。能够综合应用物流管理基本理论、基本原理和一般方法分析并解决理论与实践问题 | 课程目标2 | M | 案例分析、实验 |
| 3.创新创造能力。具有较强的探索性、批判性思维能力，不断尝试创新物流管理理论与实践 | 课程目标3 | M | 案例分析、课外学习 |
| 4.综合素质。具有国际视野和系统性思维能力，能综合运用信息管理与信息系统专业基础知识，具备发现并解决一般工业企业和商业企业物流管理问题的能力 | 课程目标4 | M | 课外学习、查看论文、综合性作业 |

## 四、实验/实训项目与内容提要

| 序号 | 项目名称 | 目的要求、内容提要 | 每组人数 | 实验学时 | 实验类型 | 实验要求 | 实验分室 | 对应课程目标 |
|---|---|---|---|---|---|---|---|---|
| 1 | 仓储出入库管理流程软件模拟 | 熟悉仓库入库、在库、出库的管理流程 | 1 | 4 | 综合性实验类 | 必做 | 管理综合实验室 | 课程目标1、课程目标2 |
| 2 | 运输管理流程软件模拟 | 熟悉物流企业为客户提供运输服务的流程 | 1 | 4 | 综合性实验类 | 必做 | 管理综合实验室 | 课程目标1、课程目标2、课程目标4 |
| 3 | 啤酒游戏 | 经历在复杂系统中工作的角色，体会结构是如何产生行为的 | 5~6 | 4 | 综合性实验类 | 必做 | 管理综合实验室 | 课程目标1、课程目标2、课程目标3、课程目标4 |
| 合计 | | | | 12 | | | | |

## 五、实验/实训教学方式与基本要求

"供应链与物流"实验/实训旨在为学生创造一个接近现实的教学实践模拟课程体系，为教师提供多种辅助教学手段；通过模拟和实训，使学生掌握物流管理软件的实际操作流程，以便为将来从事实际物流管理工作奠定基础；加强学生创造能力的培养，学会在项目实践中发现问题、提炼问题、概括问题、解决问题的综合实力，提升学生综合就业能力。

### （一）实验/实训教学方式

本实验/实训主要是通过一些计算机软件系统结合实验室提供的硬件设备完成预先规定的一些实验内容，主要涉及一些综合性的实验。根据不同实验项目的要求，安排多样的实验形式，或单独完成实验，或两人一队完成实验，或4—5个学生组成一队完成。课前由学生预习实验内容，上机时先由教师讲解每次实验的要求、难点及目的，并对难点进行演示，学生按教师的要求逐个项目地进行操作和问题解决，教师以个别辅导与集体辅导相结合。

### （二）基本要求

要求学生根据实验大纲及指导书中列出的实验步骤，利用实验室提供的软硬件系统，认真完成规定的实验内容，真实记录实验数据、并且牢记遇到的各种问题和解决问题的方法与过程。为高质量完成实验任务，学生需提前熟悉相关背景知识。

## 六、实验/实训报告与考核

### （一）实验报告

所有实验项目应提供实验报告，内容包括：（1）实验目的；（2）实验内容；（3）实验步骤；（4）实验结果；（5）问题讨论与实验心得。

### （二）实验考核

每个实验项目根据下表的指标（实验纪律、实验操作、实验报告）进行综合评价（百分制）。三个实验的权重相同，因此以平均分作为整个实验成绩；实验成绩占本门课程总成绩的10%。

| 考核依据 | 建议分值 | 考核/评价细则 | 对应课程目标 |
| --- | --- | --- | --- |
| 实验纪律 | 20 | 准时参加实验课程；实验期间能够积极参与、上课期间能够遵守学校及经管中心相关规章制度 | |
| 实验操作 | 50 | 实验能够按照每个实验项目内容、操作步骤进行，严格按照每个实验的要求完成实验操作任务 | 课程目标1、课程目标2、课程目标4 |
| 实验报告 | 30 | 字迹清晰，语言流畅，逻辑性强，内容丰富，重点突出，论证有力，具有独到见解和可操作性，问题分析全面深刻，解决方案合理科学，报告能够及时上交 | 课程目标1、课程目标2、课程目标3、课程目标4 |

## 七、主要仪器设备和材料

1.硬件方面：工业级无线基站、货架、托盘、堆垛机、货架等；说明书/步骤表一张，库存、欠货记录表一张，铅笔一支，即时贴一本。

2.软件方面：Logis物流教学管理平台、第三方物流软件、国际物流软件、物流运输规划3D模拟运行系统。

## 八、教材及主要参考资料

（一）教材

李严锋，张丽娟．现代物流管理［M］．4版．大连：东北财经大学出版社，2016．

（二）主要参考资料

1.朱传波．物流与供应链管理　新商业、新链接、新物流［M］．北京：机械工业出版社，2018．

2.张庆英，等．物流案例分析与实践［M］．3版．北京：电子工业出版社，2018．

3.鲍尔索克斯，克劳斯，库珀，等．供应链物流管理［M］．4版．马士华，张慧玉，等译．北京：机械工业出版社，2014．

4.CHOPRA S，MEINDL P.Supply Chain Management：Strategy，Planning and Operation［M］．3版．北京：清华大学出版社，2014．

# 实验一　仓储出入库管理流程软件模拟

## 一、实验名称和性质

实验名称：仓储出入库管理流程软件模拟

实验学时：4

实验性质：综合性实验类

## 二、实验目的

熟悉仓库入库、在库、出库的管理流程。

## 三、实验的软硬件环境要求

硬件方面：工业级无线基站、货架、托盘、堆垛机、货架等；

软件方面：Logis物流教学管理平台、第三方物流软件、国际物流软件。

## 四、知识准备

物流管理常识。

## 五、实验要求和注意事项

上机学习第三方物流管理的流程，配合物流实验室设备，熟悉仓库入库、在库、出库的管理流程；注意实验室设备运行状况。

## 六、实验内容及步骤

以客服人员的身份接受客户以某种方式发出的入库指令，根据指令生成入库订单，并转换为作业计划单；以客服人员的身份接受客户订单发出的出库指令，生成出库订单，并将其转换成作业计划单。

## 七、实验成绩评价标准

根据操作流程过程材料进行成绩评定。

## 实验二　运输管理流程软件模拟

**一、实验名称和性质**

实验名称：运输管理流程软件模拟

实验学时：4

实验性质：综合性实验类

**二、实验目的**

熟悉物流企业为客户提供运输服务的流程。

**三、实验的软硬件环境要求**

物流综合分析软件、第三方物流软件。

**四、知识准备**

物流管理、交通运输常识。

**五、实验要求和注意事项**

上机学习国际物流流程、第三方物流管理的流程，熟悉物流企业为客户提供运输服务的流程；注意分析软件运行过程中的各种错误以便更好地理解运输管理流程。

**六、实验内容及步骤**

针对每笔运单指令，合理安排路由和运力，以求又快又经济地完成运输和配送作业。同时完成运单的签收、查询。

**七、实验成绩评价标准**

根据操作流程过程材料（详细的操作记录）和完成速度进行成绩评定。

## 实验三　啤酒游戏

**一、实验名称和性质**

实验名称：啤酒游戏

实验学时：4

实验性质：综合性实验类

**二、实验目的**

经历在复杂系统中工作的角色，体会结构是如何产生行为的。

**三、实验的软硬件环境要求**

每个环节有说明书/步骤表一张，库存、欠货记录表一张，铅笔一支，即时贴一本。

**四、知识准备**

物流管理、供应链管理常识。

**五、实验要求和注意事项**

遵守经管实验中心的规定。

**六、实验内容及步骤**

第一步：收货，移货

将"验货"中验完的货或"生产"完的货移入"仓库"；

将"途中"的货移入你的客户的"验货"。

第二步：接单，发货

拿起"来单"，按照上面的数量从"仓库"中发货到"途中"；

保存"来单"中的订单到专门的地方。

第三步：记录库存/欠货

在记录表中记下你的库存或欠货的数量。

第四步：订单前移，下新单

将"下单"中的订单移到你的客户的"来单"；

（或将"购原材料"中的订单移到"生产"）

将下一张新的订单到"下单"。

第五步：记录订货数

在记录表中记下你自己向供应商订货的数量。

**七、实验成绩评价标准**

根据游戏过程材料和最终实验报告进行成绩评定。

# 第四节　商务数据分析能力训练

本课程系统地介绍了商务数据分析的流程，是指根据分析目的，采用对比分析、分组分析、交叉分析和回归分析等分析方法，对收集来的数据进行处理与分析，提取有价值的信息，发挥数据的作用，得到一个特征统计量结果的过程。设置本课程的目的是提高学生应用统计方法挖掘和处理商务数据、分析商务数据模型中变量之间的关系，解决企业数字化运营中的实际问题和验证商务数据分析模型的能力，掌握商务数据分析的技能。整个实验过程的安排是给出任务，以及订单数据，并让学生在给出的验证性实验代码的基础上完成设计性的实验任务。

根据教学目标及课时安排，本课程设计了 12 个实训项目：一是读取不同数据源；二是掌握 DataFrame 的常用操作；三是转换与处理时间序列数据；四是使用分组聚合进行组内计算；五是创建透视表与交叉表；六是合并数据；七是清洗数据；八是标准化数据；九是转换数据；十是使用 Sklearn 转换器处理数据；十一是构建并评价聚类模型；十二是构建并评价分类模型。

## 实验一　读取不同数据源

实训名称：读取不同数据源

面向专业或课程：商务数据分析

实训学时分配：2

实训性质：综合

必做

实验一　读取不同数据源

## 实验二　掌握 DataFrame 的常用操作

实训名称：掌握 DataFrame 的常用操作

面向专业或课程：商务数据分析

实训学时分配：2

实训性质：综合

必做

实验二　掌握 DataFrame 的常用操作

## 实验三　转换与处理时间序列数据

实训名称：转换与处理时间序列数据

面向专业或课程：商务数据分析

实训学时分配：2

训性质：综合

必做

实验三　转换与处理时间序列数据

## 实验四　使用分组聚合进行组内计算

实训名称：使用分组聚合进行组内计算

面向专业或课程：商务数据分析

实训学时分配：2

实训性质：综合

必做

实验四　使用分组聚合进行组内计算

## 实验五　创建透视表与交叉表

实训名称：创建透视表与交叉表

面向专业或课程：商务数据分析

实训学时分配：2

实训性质：综合

必做

实验五　创建透视表与交叉表

## 实验六　合并数据

实训名称：合并数据

面向专业或课程：商务数据分析

实训学时分配：2

实训性质：综合

必做

实验六　合并数据

## 实验七　清洗数据

实训名称：清洗数据

面向专业或课程：商务数据分析

实训学时分配：2

实训性质：综合

必做

实验七　清洗数据

## 实验八　标准化数据

实训名称：标准化数据

面向专业或课程：商务数据分析

实训学时分配：2

实训性质：综合

必做

实验八　标准化数据

## 实验九　转换数据

实训名称：转换数据
面向专业或课程：商务数据分析
实训学时分配：2
实训性质：综合
必做

实验九　转换数据

## 实验十　使用sklearn转换器处理数据

实训名称：使用sklearn转换器处理数据
面向专业或课程：商务数据分析
实训学时分配：2
实训性质：综合
必做

实验十　使用sklearn转换器处理数据

## 实验十一　构建并评价聚类模型

实训名称：构建并评价聚类模型
面向专业或课程：商务数据分析
实训学时分配：2
实训性质：综合
必做

实验十一　构建并评价聚类模型

## 实验十二　构建并评价分类模型

实训名称：构建并评价分类模型
面向专业或课程：商务数据分析
实训学时分配：2
实训性质：综合
必做

实验十二　构建并评价分类模型

# 第五节　电子商务案例分析能力训练

## "电子商务案例分析"课程实验/实训教学大纲

### 一、课程基本信息

| | | | | |
|---|---|---|---|---|
| 课程中文名称 | 电子商务案例分析 | | | |
| 课程英文名称 | E-commerce Case Study | | | |
| 学　分 | 理论 | 2 | 实践 | 0.5 |
| 学　时 | 理论 | 24 | 实验/实训 | 12　　多种形式教学 |
| 课程代码 | 26249 | | 实验中心名称 | 经济管理实验中心 |
| 适用专业 | 信息管理与信息系统 | | | |
| 开课单位 | 商学院学院 | | 开课教研室 | 信息管理与信息系统教研室 |
| 先修课程 | 电子商务概论、大学计算机应用基础、计算机网络、管理学等 | | | |
| 课程要求 | 选修 | | 课程类别 | 专业课 |
| 开课学期 | 第五学期 | | 考核方式 | 考查 |

### 二、课程描述和目标

课程简介：本课程是信息管理与信息系统专业的电子商务模块课程。通过本课程的学习，学生应该对电子商务产生更为实际的感性认识；能动态把握国内外电子商务发展趋势；能对行业电子商务发展有完整的了解；能借鉴电子商务应用的成功经验；对电子商务应用有一个较全面、系统的了解掌握；能推荐电子商务解决方案。从公司背景、案例简介、案例分析等三方面展开，激发学生的学习兴趣，在简介中叙述公司开展电子商务的基本事实，再分析其电子商务策略、电子商务平台设计的优劣以及给其他公司带来的启示，同时通过案例分析理解电子商务成功的因素和失败的教训。

实验的地位、作用和目的："电子商务案例分析"是一门培养学生电子商务系统分析、设计、开发和应用能力的理论课程，同时要求学生具有较强的动手实践能力。本课程在教学内容方面侧重案例分析的方式、方法，通过对现实的电子商务案例进行分析，从公司背景、案例简介、案例分析等三方面进行考察，帮助学生掌握所学课程的基本概念和基本原理，使学生对电子商务实际在行业或者企业中的应用有一个更深的认识。上机实验的目标主要有以下几种：

课程目标1：实现学生对学习"电子商务案例分析"理论知识的巩固和实际动手能力。

课程目标2：加深学生对电子商务发展的分析以及管理能力。

课程目标3：培养学生团队协作精神。

## 三、课程目标对毕业要求的支撑关系

| 毕业要求指标点 | 课程目标 | 权重 | 目标达成形式 |
|---|---|---|---|
| 6.分析和解决企业管理问题能力 | 课程目标1、课程目标2、课程目标3 | L | 考查 |
| 9.电子商务管理能力 | 课程目标2 | H | 考查 |

## 四、实验项目与内容提要

| 项目名称 | 目的要求、内容提要 | 每组人数 | 实验学时 | 实验类型 | 实验要求 | 实验分室 | 对应课程目标 |
|---|---|---|---|---|---|---|---|
| 零售业电子商务案例分析 | 对零售业电子商务企业进行调查，分析、验证实验内容，得出实验结果 | 1 | 2 | 综合 | 必做 | 经管中心二级实验室 | 课程目标1、课程目标2 |
| 电子政务案例分析 | 对电子政务网站进行调查，分析验证实验内容，得出实验结果 | 1 | 2 | 综合 | 必做 | 经管中心二级实验室 | 课程目标1、课程目标2、课程目标3 |
| 网络团购案例分析 | 对网络团购网站进行调查，分析、验证内容，得出实验结果 | 1 | 2 | 综合 | 必做 | 经管中心二级实验室 | 课程目标1、课程目标2、课程目标3 |
| 服务业中旅游业电子商务案例实验 | 对服务业中旅游业电子商务企业进行调查、分析、验证实验内容，得出实验结果 | 1 | 2 | 综合 | 必做 | 经管中心二级实验室 | 课程目标1、课程目标2 |
| 电子商务创业计划书的编制 | 电子商务创业计划书的编制组成及完整性 | 2 | 4 | 综合 | 必做 | 经管中心二级实验室 | 课程目标1、课程目标2、课程目标3 |

## 五、实验方式与基本要求

1.实验方式：在网络环境下，进行电子商务案例分析，完成分析报告。

2.每个学生单独完成实验报告。

## 六、实验报告与考核

对于电子商务创业计划书的编制实验，要求学生按创业计划书的要求编写，另外两个实验要求学生根据上网、上机内容写出实验报告。报告一般要求包括以下七个方面的内容（具体报告内容可以根据实验内容和项目有所调整）：实验目的，实验内容，实验要求，实验或调查过程，分析、验证实验内容，实验结果，实验心得体会。

本门课程中的实验课程依据全程监控的理念进行考核。实验课程考核包括3个部分，分别为出勤成绩、上机过程和实验报告。具体内容如下：

实验总成绩 = 实验过程（40%）+ 实验报告（60%）

| 考核依据 | 建议分值 | 考核/评价细则 | 对应课程目标 |
|---|---|---|---|
| 出勤、上机、报告 | A | 出全勤，能按时完成各项任务；认真完成实验要求和实验内容；实验报告内容符合要求、条理清晰 | 课程目标1、课程目标2、课程目标3 |
| 出勤、上机、报告 | B | 出全勤，能按时完成各项任务；基本达到要求；实验报告内容基本符合要求、条理比较清晰 | 课程目标1、课程目标2、课程目标3 |
| 出勤、上机、报告 | C | 出全勤，基本能按时完成各项任务；实验报告内容基本符合要求 | 课程目标1、课程目标2、课程目标3 |
| 出勤、上机、报告 | D | 出全勤，基本能按时完成各项任务；实验报告内容基本符合要求、条理不够清晰 | 课程目标1、课程目标2、课程目标3 |
| 出勤、上机、报告 | E | 不能按时完成各项任务；实验报告内容书写不符合要求 | 课程目标1、课程目标2、课程目标3 |

## 七、主要仪器设备和材料

网络环境：能够登录互联网，进行网络调查。

1.硬件：要求与互联网连接的计算机（P4 以上多媒体系列机），保证学生每人一机。

2.软件：需要安装 Windows XP 或 Windows2000 以上版本操作系统、IE 6.0、Netscape Navigator4.7 以上版本、电子商务系统（源码开放）。

## 八、教材及主要参考资料

（一）实验指导书：

自编实验指导材料。

（二）主要参考书：

1.覃征. 电子商务案例分析［M］. 西安：西安交通大学出版社，2004.

2.纽森. 电子商务案例［M］. 姜锦虎，王刊良，等译. 北京：机械工业出版社，2005.

3.杨坚争，杨维新，赵广君，等. 电子商务案例［M］. 北京：清华大学出版社，2002.

4.姚国章，伍琳瑜. 电子商务案例［M］. 北京：北京大学出版社，2002.

5.冯文辉，刘炯艳，孙永道，等. 电子商务案例分析［M］. 重庆：重庆大学出版社，2002.

6.龚炳铮. 电子商务案例［M］. 大连：东北财经大学出版社，2002.

7.饶友玲. 企业电子商务解决方案［M］. 大连：东北财经大学出版社，2004.

## 实验一　零售业电子商务案例分析

### 一、实验名称和性质

| 所属课程 | 电子商务案例分析 |
|---|---|
| 实验名称 | 零售业电子商务案例分析 |
| 实验学时 | 2 |
| 实验性质 | □验证　☑综合　□设计 |
| 必做/选做 | ☑必做　□选做 |

## 二、实验目的

1.掌握网站网页设计；掌握网站商品价格定位；掌握B2C电子商务网站的收益模式。

2.掌握不同类型B2C电商网站的销售特点和流程、信息浏览、支付方式和货物配送。

3.对给定的B2C网站，能熟练运用上述知识进行全面分析。

## 三、实验的软硬件环境要求

1.硬件环境要求：每人一台电脑，需要上互联网。

2.使用的软件名称、版本号以及模块：IE 6.0以上版本，Windows XP 或 Windows 2000。

## 四、知识准备

前期要求掌握的知识：

零售业中针对"鼠标加水泥"企业的了解。

实验相关理论或原理，实验流程：

电子商务可以分类为实体型电子商务和纯电子商务两种，而零售业中多采用B2C电子商务模式。

## 五、实验材料和原始数据

文轩网（http：//www.winxuan.com）是由四川新华书店集团公司在1998年建立的网上书店，目前为全国最大的网上书店之一。网站专门从事网上图书和影像制品的零售等经营业务，提供全天候在线查询、订购和在线安全支付服务。浏览该公司网站，并根据所学知识，按下列要求对该网站进行分析。

## 六、实验要求和注意事项

实验要求：

1.浏览该网站，说明其经营范围及目标，分析其网站类型。

2.设计合理的购物流程以方便用户购物，分析该网站客户购物流程，并画出流程图。

3.网站的图书分类和强有力的检索工具，可使购书者方便、迅速地找到所需的图书。分析该网站的图书分类和信息检索系统。

4.为使用户放心和方便，网站会选用不同的网上支付方式。分析该网站采用的付款方式，并简要说明采用该方式的原因及该方式的特点。

5.网站的商品定价是网站营销的战略之一。分析该网站的价格定位策略和收益模式。

6.电子商务网站上的广告宣传效果的好坏直接影响其业务的成败。请举出该网站广告设计的例子，并说明网上广告的形式。

7.退、换货政策对网上购物的影响很大，网上商店要清楚、明白地告诉消费者退货的条件、货款返还时间和运输费用的承担。分析该网站的售后服务方式。

8.网站设计可以充分体现其内容，若由你来设计该网站，如何进行栏目的规划。

9.B2C电子商务网站都有网络消费者的信息反馈页面，以保持与顾客的交流，听取消费者对产品、服务和网站本身的意见和建议。请分析该网站与消费者的信息沟通方式。

10.试分析该网站营销的特点及优势。

注意事项：应该使用实际商务网站进行案例分析，随着时间的推移，商务网站可能会有一定的变化。结合参考方案，按实际网站的内容进行合理的分析，并得出相应的结论。

**七、实验步骤和内容（参考方案）**

实验一　文轩网实验步骤和内容参考方案

**八、实验结果和总结**

1.以上内容为参考方案，只要分析合理，满足实验要求即可。请在使用时，结合参考方案，按实际网站的内容进行合理的分析，并得出相应的结论。

2.找一个零售业的电子商务案例，作为分析对象，按实验内容的要求进行分析。以下两个案例可参考。

淘宝（https：//www.taobao.com）　　　　　京东（https：//www.jd.com）

**九、实验成绩评价标准**

参见实验大纲。

## 实验二　电子政务案例分析

**一、实验名称和性质**

| | |
|---|---|
| 所属课程 | 电子商务案例分析 |
| 实验名称 | 电子政务案例分析 |
| 实验学时 | 2 |
| 实验性质 | □验证　☑综合　□设计 |
| 必做/选做 | ☑必做　□选做 |

**二、实验目的**

1.了解电子政务的特征、分类和发展趋势；掌握电子政务的功能、服务对象和具体运作方式。

2.能对电子政务进行评价和全面分析。

**三、实验的软硬件环境要求**

1.硬件环境要求：每人一台PC，需要有互联网。

2.使用的软件名称、版本号以及模块：IE 6.0以上版本，Windows XP 或 Windows 2000。

**四、知识准备**

前期要求掌握的知识：

在电子政务案例的分析过程中，需要掌握电子政务模式（电子政府介绍，电子政务目标）的构成，电子政务案例的运营模式、管理模式等，以及政府实施电子政务的一些规划方法。

实验相关理论或原理，实验流程：

政府的主要职能在于经济管理、市场监管、社会管理和公共服务。而电子政务就是要将这四大职能电子化、网络化，利用现代信息技术对政府进行信息化改造，以提高政府部门依法行政的水平。

**五、实验材料和原始数据**

北京市政务服务网（http：//banshi.beijing.gov.cn/）便是其中的典型，这是北京市人民政府开通的国内最早的电子政务网站之一，是以提供政府服务为主要功能的网站。

**六、实验要求和注意事项**

实验要求：

1.浏览该网站，说明其服务范围及目标，分析其网站类型。

2.设计合理的服务流程，以方便民众与企业，分析该网站服务流程，并画出流程图。

3.网站的功能分类，可使使用者方便、迅速地找到所需的功能，分析该网站的功能分类。

4.网站的信息内容是吸引浏览者的关键，浏览北京市政务服务网，试分析其信息内容的设计。

5.为使民众或企业方便，网站会选用不同的政务办事通道。分析该网站采用的不同政务办事通道的方式，并简要说明采用该方式的原因及该方式的特点。

6.政府的主要职能在于经济管理、市场监管、社会管理和公共服务，请指出该网站将哪些职能电子化。

7.对于电子政务类网站，网上功能的设计界面必须简单，操作必须方便。以民众落户为例，说明网上户籍办理的流程。

8.网站设计可以充分体现其内容，若由你来设计该网站，如何进行栏目的规划。

9.分析北京市政务服务网现有栏目，并为其设计一个新的特色栏目，简单描述开设这个栏目的理由。

10.试分析该网站运营的特点及优势。

注意事项：应该使用实际电子政务网站进行案例分析，随着时间的推移，电子政务网站可能会有一定的变化。结合参考方案，按实际网站的内容进行合理的分析，并得出相应的结论。

**七、实验步骤和内容（参考方案）**

1.进入北京市政务服务网。

2.服务范围和网站功能：单击北京市政务服务网页中的"个人服务"。

网站目标：为个人民众提供快捷灵活、体贴周到又充满个性化的政务服务，建成中国最优秀、最成功的电子政府网站。

网站为个人民众提供全方位的政务服务，包括生育收养、户籍办理、住房保障、社会保障、交通出行、出境入境、就业创业和证件办理。

3.信息内容的设计：北京市政务服务网站的辅助栏目中，显示该网站的栏目设计，浏览各栏目了解信息内容的分布和设计。信息内容主要涉及以下几个方面：（1）个人服务；（2）法人服务；（3）部门服务；（4）便民服务；（5）利企服务；（6）投资项目；（7）中介服务；（8）阳光政务。

4.网站信息内容：设点服务、常用查询和个人消息，方便查找相关信息。

5.主要功能：北京市政务服务网站的主要功能包括经济管理、市场监管、社会管理和公共服务，将这四大块电子化。

6.办事通道：为了提高企业或个人的办事效率，电子政务网站将办事通道分为两类：（1）个人服务；（2）法人服务。

7.个人或企业办事的流程：登录个人中心→查找需要办理的事项→进入办理相关事项的政府部门→申请在线办理。

8.提高效率：对于网上办理较多或热点的事项，网站设有专题专栏，供个人或企业更加高效地线上办理业务。

9.部门服务：网站底部设有部门服务，列出了北京市各大部委的部门服务导航，极大地节省了查找各执行单位的时间与精力成本。

10.网站的特色及优势：网页中设有办事直达，为热门服务、热点服务设置直达通道，提高了电子政府办事效率和民众满意度。

## 八、实验结果和总结

1.以上内容为参考方案，只要分析合理，满足实验要求即可。请在使用时，结合参考方案，按实际网站的内容进行合理的分析，并得出相应的结论。

2.找一个与实验中属于同一类型的电子政务网站案例作为分析对象，按实验内容的要求进行分析。以下四个案例可参考。

上海市电子政府（http：//www.shanghai.gov.cn/）

嘉兴市电子政府（http：//www.jiaxing.gov.cn/）

浙江省电子政府（http：//www.zj.gov.cn/?type=2）

深圳市电子政府（http：//ids.sz.gov.cn/cn/）

## 九、实验成绩评价标准

参见实验大纲。

## 实验三　网络团购案例分析

### 一、实验名称和性质

| 所属课程 | 电子商务案例分析 |
| --- | --- |
| 实验名称 | 网络团购案例分析 |
| 实验学时 | 2 |
| 实验性质 | □验证　☑综合　□设计 |
| 必做/选做 | ☑必做　□选做 |

### 二、实验目的

1.掌握网站网页设计；掌握网站商品价格定位；掌握网络团购网站的收益模式。

2.掌握不同类型网络团购网站的销售特点和流程、信息浏览、支付方式和货物配送。

3.对给定的网络团购网站，能熟练运用上述知识进行全面分析。

### 三、实验的软硬件环境要求

1.硬件环境要求：每人一台PC，需要有互联网。

2.使用的软件名称、版本号以及模块：IE 6.0以上版本，Windows XP或Windows 2000。

### 四、知识准备

前期要求掌握的知识：

零售业中针对"鼠标加水泥"企业的了解。

实验相关理论或原理，实验流程：

网络团购，是指一定数量的消费者通过互联网渠道组织成团，以折扣购买同一种商品。这种电子商务模式可以称为C2B（Consumer to Business），和传统的B2C、C2C电子商务模式有所不同，需要将消费者聚合才能形成交易，所以需要即时通信（Instant Messaging）和社交网络（SNS）作支持。

### 五、实验材料和原始数据

拼多多（https://www.pinduoduo.com）是国内移动互联网的主流电子商务应用产品，专注于C2M拼团购物的第三方社交电商平台，成立于2015年9月，用户通过发起和朋友、家人、邻居等的拼团，可以以更低的价格购买优质商品，旨在凝聚更多人的力量，用更低的价格买到更好的东西，体会更多的实惠和乐趣。通过沟通分享形成的社交理念，形成了拼多多独特的新社交电商思维。

### 六、实验要求和注意事项

实验要求：

1.浏览该网站，说明其经营范围及目标，分析其网站类型。

2.设计合理的购物流程以方便用户购物，分析该网站客户购物流程，并画出流程图。

3.网站的物品分类和强有力的检索工具，可使用户方便、迅速地找到所需的物品，分析该网站的物品分类和信息检索系统。

4.为使用户放心和方便，网站会选用不同的网上支付方式。分析该网站采用的付款方式，并简要说明采用该方式的原因及该方式的特点。

5.网站的商品定价是网站营销的战略之一，分析该网站的价格定位策略和收益模式。

6.网站的团购形式是如何实现的。

7.退、换货政策对网上购物的影响很大，网上商店要清楚、明白地告诉消费者退货的条件、货款返还时间和运输费用的承担。分析该网站的售后服务方式。

8.网站设计可以充分体现其内容，若由你来设计该网站，如何进行栏目的规划。

9.网络团购网站都有网络消费者的信息反馈页面，以保持与顾客的交流，听取消费者对产品、服务和网站本身的意见和建议。请分析该网站与消费者的信息沟通方式。

10.试分析该网站营销的特点及优势。

注意事项：应该使用实际网络团购网站进行案例分析，随着时间的推移，网络团购网站可能会有一定的变化。结合参考方案，按实际网站的内容进行合理的分析，并得出相应的结论。

## 七、实验步骤和内容（参考方案）

1.进入拼多多网站。

2.经营范围、目标：该网站的主要经营范围是水果、百货、服饰、美妆、母婴用品、电子产品、电器、食品、居家用品、车品、医药等。

3.购物流程：拼多多的PC端在网页的最上方显示顾客所需帮助中心的辅助栏目。选择辅助栏目中的"购物流程"栏目，拼多多对于购买流程进行了简单的图片展示。而移动端对于购物流程未作过多的介绍。

4.拼多多分类和信息检索系统：单击网页导航条上的"分类"项，进入商品分类页面，在其导航条下有22个分类，每个分类下又分若干小类。

在商品搜寻栏里，可以通过对商品的名称以及店铺名称进行查询，快速得到结果。另外，网站还提供了拍照搜同款的功能。

5.支付方式：通过对网页内容的浏览和分析以及使用得知，该网站提供了微信支付、支付宝支付、找好友代付、QQ钱包、花呗5种支付方式。具体的相关支付问题在"个人中心"的"设置"的"常见问题"中会找到。

6.价格定位策略和收益模式：采取低价策略。收益模式为在线市场服务+商品销售（2017年第一季度后终止），其中在线市场服务费包括营销服务费、搜索广告、明星店铺、Banner广告、场景推广，以及佣金。

7.网站团购实现：（1）通过浏览，参与其他用户发起的团购。（2）用户自己发起团购后，把团购物品的信息分享至自己的QQ好友/群或QQ空间、微信好友/群或朋友圈来实现团购。

8.售后服务方式：进入拼多多App的"个人中心"→"设置"→"常见问题"→"退款/售后"后，关于售后的问题被一一列举，如："退款何时到账""我要取消订单""如何填写退货单号"等问题。

9.网站与消费者的信息沟通方式：该网站提供了订单查询和顾客反馈两个栏目。

10.网站营销的特点及优势：低价营销策略。

## 八、实验结果和总结

1.以上内容为参考方案，只要分析合理，满足实验要求即可。请在使用时，结合参考方案，按实际网站的内容进行合理的分析，并得出相应的结论。

2.找一个网络团购网站案例作为分析对象，按实验内容的要求进行分析。以下两个案例可参考。

美团（https：//www.meituan.com）　　　　Groupon（https：//www.groupon.com）

## 九、实验成绩评价标准

参见实验大纲。

## 实验四　服务业中旅游业电子商务案例实验

### 一、实验名称和性质

| | |
|---|---|
| 所属课程 | 电子商务案例分析 |
| 实验名称 | 服务业中旅游业电子商务案例实验 |
| 实验学时 | 2 |
| 实验性质 | □验证　☑综合　□设计 |
| 必做/选做 | ☑必做　□选做 |

### 二、实验目的

1.了解服务业电子商务的特征、分类和发展趋势；掌握旅游业电子商务的功能、服务对象、经营策略和具体运作方式。

2.能对旅游业类网站进行评价和比较。

### 三、实验的软硬件环境要求

1.硬件环境要求：每人一台PC，需要有互联网。

2.使用软件名称、版本号以及模块：IE 6.0以上版本，Windows XP 或 Windows 2000以上版本。

### 四、知识准备

前期要求掌握的知识：

了解哪些是电商中发展最好的服务业。对去中介化和再中介化的知识有所了解。

实验相关理论或原理，实验流程：

电子商务在许多行业中都有应用，如工业、商业、农业、服务业。其他都属于这四类的小分类。用此案例分析来说明服务业中电子商务的应用特点。

### 五、实验材料和原始数据

携程旅行网（http：//www.ctrip.com）便是其中的典型，这是上海携程商务有限公司在1999年10月开通的国内最大的专业旅游电子商务网站之一，是以提供旅游服务为主要特色的网站。

### 六、实验要求和注意事项

实验要求：

1.浏览该网站，并说明携程旅行网经营的目标和服务内容。

2.网站的信息内容是吸引浏览者的关键，浏览携程旅行网，试分析其信息内容的设计。

3.网站的市场定位使自己具有独特的吸引力。分析携程旅行网的市场定位。

4.网站盈利对其长期维持来说是十分重要的。试分析携程旅行网的收入模式。

5.电商网站有多种模式：如B2B和B2C，请解释其含义，并指出该网站采用何种方式。

6.对于旅游服务类网站，网上预订的设计界面必须简单，操作必须方便。以国内飞机票预订为例，说明网上订购的流程。

7.企业网站一般提供多种支付方式以便于客户支付，携程旅行网的支付方式如何。

8.奖励和优惠是网站吸引顾客有效的方法。试分析携程旅行网的奖励和优惠的具体方法。

9.电商网站要有自己的特色才会吸引更多的顾客，请分析携程旅行网的特色及优势。

10.分析携程旅行网现有的栏目，并为其设计一个新的特色栏目，简单描述开设这个栏目的理由。

注意事项：随着时间的推移，旅游服务类网站可能会有一定的变化。结合参考方案，按实际网站的内容进行合理的分析，并得出相应的结论。

## 七、实验步骤和内容（参考方案）

实验四　携程旅行网实验步骤和内容参考方案

## 八、实验分析和总结

1.以上内容为参考方案，只要分析合理，满足实验所要求回答的问题即可。请在使用时，结合参考方案，按实际网站的内容进行合理的分析，并得出相应的结论。

2.找到一个与实验中属于同一类型的电子商务案例，即服务业中的电子商务案例，作为分析对象，按实验内容的要求进行分析。以下案例可以参考。

去哪儿网（https：//www.qunar.com）　　同程网（https：//www.ly.com）

途牛旅游网（https：//www.tuniu.com）　　艺龙旅行网（https：//www.elong.com）

## 九、实验成绩评价标准

参见实验大纲。

# 实验五　电子商务创业计划书的编制

## 一、实验名称和性质

| 所属课程 | 电子商务案例分析 |
| --- | --- |
| 实验名称 | 电子商务创业计划书的编制 |
| 实验学时 | 4 |
| 实验性质 | □验证　☑综合　□设计 |
| 必做/选做 | ☑必做　□选做 |

## 二、实验目的

1.掌握市场上电子商务模式的变化。

2.在市场变化中，规划电商创业要实现哪些功能？

3.针对市场变化和竞争对手，电商创业要实行哪些策略？

4.对电商创业所需的费用进行估算。

## 三、实验的软硬件环境要求

1.硬件环境要求：每人一台PC，需要有互联网。

使用软件名称、版本号以及模块：IE 6.0以上版本，Windows XP 或 Windows 2000 以上版本。

## 四、知识准备

前期要求掌握的知识：

在电子商务案例的分析过程中，需要掌握电子商务商业模式（企业介绍，企业目标，企业盈利模式，企业的目标市场，企业的市场定位）的构成，电子商务案例的运营模式、管理模式等，以及企业实施电子商务的一些规划方法。

## 五、实验要求

首先选择一个感兴趣的电商类行业进行规划。规划要求主要从7个方面进行阐述，其中包括创立公司前的市场调研并进行分析，企业简介、商业模式、企业未来发展规划、市场运营策略、资金安排和财务的预估情况，根据市场的不断变化对自己公司未来的前景做一些风险评估并针对这些风险做出一些防范措施等。

## 六、实验步骤和内容（参考方案）

实验五　粉妆AI试衣APP创业计划书步骤和内容参考方案

## 七、实验分析和总结

1.上述内容为参考方案，只要设计合理，满足实验任务要求即可。

2.按实验的要求，自行选择感兴趣的领域撰写创业计划书，但必须是电子商务类的。

## 八、实验成绩评价标准

参见实验大纲。

# 第六节　电子商务综合实践能力训练

## "电子商务综合实践"课程实验/实训教学大纲

## 一、课程基本信息

| 课程中文名称 | 电子商务综合实践 | | | |
|---|---|---|---|---|
| 课程英文名称 | Comprehensive Practice of Electronic Commerce | | | |
| 学　分 | 理论 | 0 | 实践 | 3 |
| 学　时 | 理论 | 0 | 实验/实训 | 48　　多种形式教学 |
| 课程代码 | 1202535010 | | 实验中心名称 | 经济管理实验中心 |
| 适用专业 | 信息管理与信息系统 | | | |
| 开课单位 | 商学院 | | 开课教研室 | 信息管理系 |
| 先修课程 | 数据库、电子商务 | | | |
| 课程要求 | 选修 | | 课程类别 | 专业模块课 |
| 开课学期 | 第六学期 | | 考核方式 | 考查 |

## 二、课程描述和目标

### (一) 本课程在实现专业人才培养目标中的地位、作用，以及基本内容

"电子商务综合实践"是一门电子商务综合职业能力培养的重要课程。电子商务综合实践课程是面向信息管理与信息系统专业电子商务模块方向学生所开设的特色综合技能训练课程。课程目标是培养学生基本掌握本专业的核心能力和关键能力，通过综合实训有利于知识整合和技能综合，具有帮助学生实现所学知识的整合和综合职业技能的全面掌握的功能。本课程以任务驱动的方式，帮助学生将所学的电子商务与计算机技术相关的知识点与技能进行整合。从电子商务用户体验设计、电子商务业务操作及电子商务运营实践三大模块设计课程内容，培养学生探索知识的兴趣、良好的思维习惯和初步的电子商务实践能力，最终提高学生运用所学专业知识解决电子商务实际问题的能力。

### (二) 本课程拟达到的课程目标

本课程是学生在完成主要专业课程的理论学习和各主要技能专项实训后，综合运用本专业的主要知识和技能在学校集中进行的综合性、系统化训练课程。课程目标是通过综合实训进行知识整合和技能综合，使学生全面掌握所学知识和综合职业技能，为学生进入企业做好准备。通过该课程的学习达到以下目标：

课程目标1：专业知识应用能力目标。通过电子商务综合实训，学生可以生动感知电子商务专业知识体系、认识电子商务活动规律、体会电子商务的商业化应用，促使学生运用电子商务知识完成电子商务活动，使学生通过实践提高适应商业活动的综合素质，提高其专业知识应用能力；同时通过电子商务综合实训，加强学生创造能力的培养，使其学会在实践中发现问题、提炼问题、概括问题，培养其发现商业机会的意识和能力，具体包括电子商务管理、电子商务操作及电子商务社会实践的能力。

课程目标2：电子商务综合社会实践能力目标。各个实践教学环节的训练，都融知识传授、电商能力培养、思想品德及素质教育于一体，使学生具备勇于创新，勤于思考，吃苦耐劳的精神，具有诚实守信、守法经营的职业道德，具有爱岗敬业的职业精神和强烈的社会责任心、正义感及培养学生团队协作精神。通过综合社会实践训练，提高学生综合运用知识、实际操作及运营能力的培养。

课程目标3：根据电子商务数据分析与应用人才培养的特点，要求学生理解商务数据分析的意义、作用、一般流程、典型分析任务、常用分析方法；了解常用数据存储查询工具、数据分析工具、数据可视化工具等；掌握行业数据分析、客户数据分析、产品数据分析、销售数据分析、推广数据分析等内容、方法、工具与流程，提升学生的电子商务数据综合理解和应用能力。

课程目标4：课程的思政教学目标。习近平总书记在全国高校思想政治工作会议上强调，要用好课堂教学这个主渠道，各类课程都要与思想政治理论课同向同行，形成协同效应。本课程通过深入挖掘核心授课知识的思政资源，以电子商务用户体验设计实践中的网页设计中的核心要素的作用引申出坚持党的领导地位的必要性教育；通过电子商务运营模块的模拟实践，引导学生在"立志"基础上修身，以优秀管理思想实现"至善"的运营思政目标；通过电子商务运营中店铺运营团队的设计，引入组织创新探索的教育理念等；以商务数据分析任务推动学生对"数据"的认知，加深学生对"数据"资源的价值认识，引导学生以真实为基础，以问题为导向，以隐私保护和安全为中心，保持不以偏概全的务

实、客观地分析问题和认识问题的态度。让学生学会用辩证的思维看待事物，以多维的角度去分析问题。

**思政课时分配表**

| 序号 | 教学内容 | 融入的思政内容 | 思政授课时间 |
|---|---|---|---|
| 1 | 电子商务用户体验设计 | 以电子商务网页设计中的核心要素的作用引导学生坚持党的领导地位的必要性教育，也引导学生明确个人的社会责任、职业道德 | 约20分钟 |
| 2 | 电子商务综合运营实践 | 通过电子商务运营模拟实践，引导学生树立"立志""修身""至善"等思想道德修养，以及学习企业家勇于革新、勇于担责的精神面貌 | 约50分钟 |
| 3 | 电子商务数据分析 | 智能辅助决策的关键在于决策数据的真实性和分析视角的恰当性，通过实践帮助学生树立真实、严谨的治学态度，学会用辩证的视角多方面分析问题；培养学生独立自主思考问题，以及自由、民主、创新思维和遵纪守法的看待问题的态度 | 约50分钟 |
| | 合 计 | | 约120分钟 |

## 三、课程目标对毕业要求的支撑关系

| 毕业要求指标点 | 课程目标 | 权重 | 目标达成形式 |
|---|---|---|---|
| 1.专业知识应用能力 | 课程目标1、课程目标2、课程目标3、课程目标4 | L | 实验、模拟实践 |
| 2.电子商务操作能力 | 课程目标1、课程目标2、课程目标4 | L | 实验、综合实践考评 |
| 3.电子商务综合运营能力 | 课程目标1、课程目标3、课程目标4 | M | 实验、综合实践考评 |
| 4.电子商务数据综合分析能力 | 课程目标2、课程目标3、课程目标4 | H | 综合实践考评 |
| 5.思政能力 | 课程目标4 | H | 讨论 |

## 四、实验/实训项目与内容提要

| 序号 | 项目名称 | 目的要求、内容提要 | 每组人数 | 实验学时 | 实验类型 | 实验要求 | 实验分室 | 对应课程目标 |
|---|---|---|---|---|---|---|---|---|
| 1 | 电子商务用户体验设计 | 学习电子商务用户体验的概念，设计方法及用户体验设计的意义；或者以淘宝网为例，掌握店铺的开设和装修流程及方法 | 1 | 8 | 设计 | 必做 | 管理综合实验室 | 课程目标1、课程目标2、课程目标3、课程目标4 |

| 序号 | 项目名称 | 目的要求、内容提要 | 每组人数 | 实验学时 | 实验类型 | 实验要求 | 实验分室 | 对应课程目标 |
|---|---|---|---|---|---|---|---|---|
| 2 | 电子商务综合运营实践 | 运用比如 WISH 平台或者其他电商平台，开设网店，完成日常店铺管理工作 | 1 | 16 | 验证 | 必做 | 管理综合实验室 | 课程目标1、课程目标2、课程目标3、课程目标4 |
| 3 | 电子商务数据分析 | 以任务形式推进，每一个任务对应商务数据分析的部分知识点。具体可包括 SKU 分析；客户忠诚度、产品偏好分析；销售数据分析；客户、推广数据分析；行业市场容量分析；交易数据分析等 | 1 | 24 | 验证及设计 | 必做 | 管理综合实验室 | 课程目标1、课程目标2、课程目标3、课程目标4 |
| 合计 | | | | 48 | | | | |

## 五、实验/实训教学方式与基本要求

### （一）实验/实训教学方式

1.电子商务综合实践采用情境分析加任务驱动的方式，设置三个任务模块，再通过实现商务综合体验→商务综合操作→商务综合实际运营或者模拟运营的情境，运用建构主义的教学理念和思想，通过事先搭建的知识结构，辅助学生循序渐进地进入电子商务实践，并通过真实的运营，不断地把前期所学习的相关电子商务知识运用到辅助企业运营决策之中，达到系统化、综合化知识结构的目标。

2.常规情况下安排学生独自完成实践任务，如果有较大实践项目时可以灵活安排学生分组组成实践团队完成对实践的分析、策划、模拟操作和真实的运营。

### （二）基本要求

要求学生根据实验大纲及指导书中设定的实践任务，利用实验室和指导教师提供的实验软件或实践模拟平台，认真完成规定的实践内容，真实地记录实践中遇到的各种问题和解决的方法与过程。为圆满完成实验任务，需要学生提前熟悉相关背景知识或者预做。要求每个学生独立完成实践报告。

## 六、实验/实训报告与考核

实践报告：

每个实验项目都必须根据实验情况写出实验报告，内容包括：（1）实践目的；（2）实践任务；（3）实践过程或实践步骤；（4）问题讨论或实验心得。

实践考核：

1.考核方式

电子商务综合实践课程成绩由两部分构成：一部分是平时成绩，占总成绩的50%；另一部分是报告成绩，占总成绩的50%。

2.实践报告评分标准

实践报告采用五级评分制，也可以按此并结合平时成绩换算成百分制的评分制。

| 评分等级 | 评分标准 |
| --- | --- |
| A | 出全勤，上课纪律很好。能很好地完成实训任务，结果都正确，独立完成任务，达到实训大纲中规定的全部要求，能对实训内容进行全面的记载和系统的总结，并能运用学过的理论知识对运营中的问题加以分析。实验过程很认真；实验报告完成质量很好、图文很清晰、誊写格式也很好 |
| B | 出全勤，上课纪律比较好。能按时完成各项任务，结果较正确；独立完成任务，实训内容完成基本达到要求或回答问题基本正确或实训报告内容基本符合要求。实验过程比较认真，实验报告完成质量比较好、图文比较清晰、誊写格式也比较好 |
| C | 旷课不超过2次或者迟到不超过3次，偶尔上课做其他无关事情。基本能按时完成各项任务；实训内容完成基本达到要求。实验过程一般认真，实验报告完成质量一般、誊写格式一般。个别图文看不太清楚 |
| D | 旷课3次，或者经常迟到或者上课做其他无关事情。总体实践态度不太端正，基本参与了整个实训过程，基本独立完成任务。实验报告完成质量较差、誊写格式较差。图文及结论有个别错误或模糊 |
| E | 旷课次数超过3次或者迟到超过6次。上课纪律太差，大多任务不能独立按时完成；提交的实训报告内容书写不符合要求，有些没有按要求进行实践。报告质量很差、誊写格式很差。图文及结论错误较多 |

在实践报告成绩的基础上，对考勤、上课纪律等平时成绩的记录采取奖惩的加减分方法。比如旷课1次，在实践报告成绩基础上减3~10分，以此类推；3次迟到或3次非病假的事假则减1~3分，以此类推；上课玩手机、说话、做其他与课程无关的事情，则减3~10分；积极回答问题或者及时、高质量地完成实践任务，适当加1~5分；所有实践过程整体上都比较认真加1~3分。

## 七、主要仪器设备和材料

多媒体教学系统、互联网、电子商务实验室（ECPv3.1）、跨境电子商务实验室及电子商务数据分析平台。

## 八、教材及主要参考资料

（一）教材

蒋定福，吴煜祺. 电子商务综合实训［M］. 2版. 北京：首都经济贸易大学出版社，2018.

（二）主要参考资料

1.黄敏学，陈志浩，张秦，等. 电子商务［M］. 2版. 北京：高等教育出版社，2004.

2.覃征，等. 电子商务概论［M］. 6版. 北京：高等教育出版社，2019.

3.KALAKOTA. 电子商务管理指南［M］. 陈雪美，译. 北京：清华大学出版社，2000.

4.石彤. 电子商务综合实践教程［M］. 北京：清华大学出版社，2011.

5.邹益民. 跨境电商综合实训平台实验教程［M］. 杭州：浙江大学出版社，2018.

## 实验一　电子商务用户体验设计

### 一、实验名称和性质

| | |
|---|---|
| 所属课程 | 电子商务综合实践 |
| 实验名称 | 电子商务用户体验设计 |
| 实验学时 | 8 |
| 实验性质 | ☐验证　☐综合　☑设计 |
| 必做/选做 | ☑必做　☐选做 |

### 二、实验目的

掌握用户体验设计的概念及方法；掌握电商平台界面的设计方法。

### 三、实验的软硬件环境要求

1.硬件环境要求：本实验需要使用账号登录校园网。

2.使用的软件名称、版本号以及模块：Office等基本处理软件。

### 四、知识准备

前期要求掌握的知识：

学习过有关电子商务的基本概念；了解电子商务系统设计思想。

### 五、实验内容

1.完成相关知识的检索，总结电子商务用户体验的概念。

2.按照用户体验设计需求设计并独立完成电商平台界面，给出这样设计的理由。

### 六、验证性实验

1.实验要求

查找"电子商务用户体验设计"方面的相关文献。

2.实验步骤

（1）理解电子商务用户体验概念以及用户体验方法综述，并总结其设计要点。

（2）从使用者角度评估该电子商务网站信息导航的用户体验，并对原有的导航方案进行评估，给出分析结果。

### 七、设计性实验

以一个移动应用界面为基础，进行移动客户端的用户界面设计，给出设计结果图，同时说明你的设计思路。最后誊写此次实训报告。

## 实验二　电子商务综合运营实践

### 一、实验名称和性质

| | |
|---|---|
| 所属课程 | 电子商务综合实践 |
| 实验名称 | 电子商务综合运营实践 |
| 实验学时 | 16 |
| 实验性质 | ☑验证　□综合　□设计 |
| 必做/选做 | ☑必做　□选做 |

### 二、实验目的

根据前期行业选择思路，运用如 WISH 平台或者其他电商平台，开设网店，完成日常店铺管理工作（如上传产品、商品刊登、订单管理、库存管理等），并通过运营策划，实现企业相应的效益。

### 三、实验的软硬件环境要求

1.硬件环境要求：本实验需要使用账号登录校园网。

2.使用的软件名称、版本号以及模块：能够应用一些模拟平台或者电子商务网站完成实践任务。实验室要求装有 Office 等基本处理软件、电子商务综合模拟平台、电子商务实训平台以及电子商务数据分析模拟平台。

### 四、知识准备

前期要求掌握的知识：

学习过有关电子商务的运营概念；了解电子商务以及跨境电子商务的基本流程以及运营问题。

### 五、实验内容

1.跨境电商平台店铺开设。

2.对店铺进行综合运营模拟实践。

### 六、综合性实践

（一）设计性实践

1.进行店铺定位和发展规则设计。

2.商品选择。

3.至少生成一个订单。

4.至少生成一个供应商和采购商。

5.仓库设计。

（二）验证性实践

1.实践要求

根据任务独立完成对应实践内容。在设计中进行验证，二者是结合在一起的。

2.实践任务

（1）注册店铺；（2）采集商品；（3）订单管理；（4）采购与供应商管理；（5）库存管理或物流管理。

# 实验三　电子商务数据分析

## 一、实验名称和性质

| | |
|---|---|
| 所属课程 | 电子商务综合实践 |
| 实验名称 | 电子商务数据分析 |
| 实验学时 | 24 |
| 实验性质 | □验证 ☑综合 □设计 |
| 必做/选做 | ☑必做 □选做 |

## 二、实验目的

掌握电子商务的常规数据分析方法。

## 三、实验的软硬件环境要求

1.硬件环境要求：本实验需要使用账号登录校园网。

2.使用的软件名称、版本号以及模块：能够应用一些模拟平台或者电子商务网站完成实践任务。实验室要求装有Office等基本处理软件、电子商务实训平台以及电子商务数据分析模拟平台。

## 四、知识准备

前期要求掌握的知识：

学习过有关数据分析及电子商务数据概念。

## 五、实验内容与要求

SKU分析；客户忠诚度、产品偏好分析；销售数据分析；客户、推广数据分析；行业市场容量分析；交易数据分析。给每个具体任务分配4个课时，按时完成任务。

## 六、综合性实践

（一）设计性实践

根据具体任务选取并设计数据源。

（二）验证性实践

根据所设计的商务数据，运用Excel或其他数据分析工具对数据进行分析，并给出分析结果。

## 七、誊写并提交实践报告

# 第八章

## 毕业实习与毕业论文（设计）训练与指导

### 第一节　毕业实习训练与指导

#### "毕业实习"课程教学大纲

**一、课程基本信息**

| 课程中文名称 | 毕业实习 | | |
|---|---|---|---|
| 课程英文名称 | Graduation Practice | | |
| 学分 | 6 | 学时 | 24 |
| 课程代码 | 60267 | 开课单位 | 商学院 |
| 适用专业 | 信息管理与信息系统 | | |
| 先修课程 | 信息管理导论、管理学、经济学基础、数据结构（C#）、数据库原理、C#数据库系统开发、信息存储与检索、运筹学B、信息系统分析与设计（英）、计算机网络、电子商务系统设计、C#数据库系统开发综合实验、信息系统分析与设计综合实验、电子商务系统设计综合实验等 | | |
| 开课学期 | 第七、八学期 | 考核方式 | 考查 |

**二、课程描述和目标**

（一）本课程在实现专业人才培养目标中的地位、作用以及基本内容

毕业实习是教学计划中的一项重要内容，是整个教学过程中的一个重要的实践性环节，是培养复合型、应用型信息管理与信息系统专业人才的一个重要步骤。

实习应以所在单位（企业、政府、学校、金融、科研、社区等）信息管理、电子商务、信息系统的开发与维护等等日常工作为基本内容，以各实习单位正在进行的各项工作为主。在实习过程中，要求学生紧密结合实习单位的信息管理与信息系统的实际工作，并对某一专题作深入的调查研究，结合实际，综合运用所学知识，撰写毕业实习报告。

（二）本课程拟达到的课程目标

本专业的毕业实习，旨在使学生获得信息管理与信息系统专业的实践知识和技能，巩固和加深理论知识，并学会运用已学的理论知识分析解决实际问题的能力，培养实际操作能力和独立工作能力。学生通过单位实习、专题调查、查阅资料、撰写实习报告和论文、论文答辩等一系列实习活动，经受一次专业理论研究和实际操作能力的训练，从而培养和提升学生应用专业理论知识分析、解决实际问题的能力。通过交流及答疑等方式开展"思

政教育"，让学生通过实习来理解和体会创新精神、奋斗精神、奉献精神，形成爱岗敬业及良好的职业道德，在实习过程中坚持理论与实践相结合、工作诚实守信等良好习惯。通过实习可全面检查学生在校近四年的学习成绩，并综合考评学生素质。

本课程拟达到以下课程目标：

课程目标1：具备良好的职业道德与国际视野。

课程目标2：具有较强的学习各种知识和进一步提高学习的能力；具有较强的逻辑思维能力、语言与文字表达能力、人际沟通与组织协调能力以及社会适应能力。

课程目标3：掌握信息管理与信息系统专业的基本知识和基本理论；了解经济学、管理学等学科的相关知识；具备分析和解决企业管理工作问题的基本能力。

课程目标4：掌握信息分析处理的基本知识和方法；有较强的独立自主地获取和更新信息管理与信息系统专业知识的学习能力，善于跟踪、把握事物的发展变化，初步形成科学的思维方法，具备信息分析处理能力。

课程目标5：掌握信息系统的需求分析方法；熟悉企业信息化处理过程；具备信息系统分析能力。

课程目标6：掌握信息系统的设计流程、规范及基本的设计工具；掌握信息系统的数据库设计；掌握应用高级语言进行编码、调试能力；掌握信息系统的数据库开发能力；具备信息系统开发能力。

课程目标7：掌握信息系统实施流程；具备对电子商务网站、ERP等信息系统的维护能力。

课程目标8：通过系列综合实验课程、毕业实习、毕业论文（设计）、第二课堂等，提高学生综合应用实践能力；通过组织、指导、引导大学生参加学科竞赛、科研、创业，提高学生的创新创业能力。

## 三、课程目标对毕业要求的支撑关系

| 毕业要求指标点 | 课程目标 | 权重 | 目标达成形式 |
|---|---|---|---|
| 身心素质、职业素养 | 课程目标1、课程目标2 | L | 各类综合考评 |
| 学习、思维、沟通能力 | 课程目标2、课程目标3、课程目标4 | L | 各类综合考评 |
| 分析和解决企业管理问题能力 | 课程目标3、课程目标4、课程目标5 | H | 各类综合考评 |
| 信息分析处理能力 | 课程目标3、课程目标4、课程目标5 | L | 各类综合考评 |
| 信息系统分析能力 | 课程目标3、课程目标4、课程目标5、课程目标6 | M | 各类综合考评 |
| 信息系统开发设计能力 | 课程目标4、课程目标5、课程目标6 | M | 各类综合考评 |
| 信息系统实施与运行维护能力 | 课程目标5、课程目标6、课程目标7 | M | 各类综合考评 |
| 综合应用与创新创业能力 | 课程目标8 | H | 各类综合考评 |

## 四、教学内容提要

| 序号 | 教学内容 | 学时 | 对应课程目标 |
|---|---|---|---|
| 1 | 单位实习：以所在单位（企业、政府、学校、金融、科研、社区等）信息管理、电子商务、信息系统的开发与维护等等日常工作为主要内容。<br>思政内容：（1）红船引领，培养学生的奋斗精神及创新精神，在工作实践中成长；（2）培育学生工作中的奉献精神，形成爱岗敬业的好风气；（3）引导学生工作诚实守信、形成良好的职业道德 | 550 | 课程目标1、课程目标2、课程目标3、课程目标4、课程目标5、课程目标6、课程目标7、课程目标8 |
| 2 | 专题调查：查阅资料，进行专题理论研究，为毕业论文写作进一步搜集资料。<br>思政内容：引导学生的钻研精神及创新精神，形成理论与实践结合的学习习惯 | 26 | 课程目标2、课程目标3、课程目标8 |

## 五、教学方式与基本要求

（一）教学方式

学生到各实习单位实习，一般以实习单位正在进行的各项工作为主。一般包括以下几个方面：

1.企业信息管理、信息系统开发、设计、维护。

2.政府信息化、电子政务。

3.新农村信息化建设工作。

4.各种类型事业单位的信息管理与信息系统开发维护工作。

5.金融系统的信息管理与信息系统开发维护等工作。

6.企业电子商务工作。

7.社区信息管理、社区信息系统工作。

8.各类信息咨询、调查类公司的业务及管理工作。

9.计算机类公司的业务及管理工作。

10.其他相关工作。

指导教师对学生实习过程及出勤情况进行跟踪，并针对学生在实习过程中遇到的问题进行及时的指导。

（二）基本要求

学生须按照学校及学院的各项要求进行毕业实习环节，在单位实习过程中需要同步遵守实习单位的各项工作要求，培养自己的职业素养及锻炼各项专业能力。

在具体实习过程中，基本要求如下：

1.毕业实习是专业教学重要环节之一，学生不得无故缺席。

2.实习期间学生必须认真向校外指导老师学习，尊重他们的劳动，自觉地接受校内、校外指导老师的指导，遵守实习单位的各项规章制度和劳动纪律。

3.讲究文明，遵守纪律，注意安全，杜绝一切事故的发生。

4.实习期间，坚持写日志，把实习情况记录下来，作为指导老师评定毕业实习成绩的依据之一。

5.实习结束后，必须提交盖有实习单位公章的实习鉴定，还要撰写并提交一份能够反映实习成果的毕业实习报告。

## 六、考核与评价

毕业实习报告：每个毕业生都必须根据实习情况写一份毕业实习报告，要求条理清晰，逻辑性强，着重写出对实习内容的总结、体会和感受，特别是自己所学的专业理论与实践的差距和今后应努力的方向。毕业实习报告，字数要求在3 000字以上。

毕业实习考核：毕业实习考核包括3个部分，分别为学生的实习出勤、学生的实习综合表现、实习报告的质量，具体要求及评价细则如下：

| 考核依据 | 建议分值 | 考核/评价细则 | 对应课程目标 |
| --- | --- | --- | --- |
| 实习出勤 | 10 | 实习需要按照实习单位工作时间进行考勤，全勤且无其他迟到、早退等情况的最高为20分，有其他情况的在最高分20分的基础上进行扣分。（1）无故旷工一个工作日，扣10分/次；（2）事假（因个人、家庭、班级等各种原因），有正规事假手续，扣3分/次；（3）实习迟到5分钟以内，扣1分/次；5分钟到10分钟，扣2分/次，10分钟以上扣3分/次；（4）实习早退，5分钟以内，扣1分/次；5分钟到10分钟，扣2分/次，10分钟以上扣3分/次 | 课程目标1 |
| 实习综合表现 | 60 | 实习综合表现最高分为50分。实习单位及学校指导教师同时进行综合表现评价，实习单位针对学生在实习单位遵守单位纪律、工作表现及工作成绩等进行综合评价，并给予单位评价成绩或者等级，成绩最高40分，学校指导教师根据实习期间遵守学校实习纪律、实习态度、实习调研、实习日志等进行综合评价，成绩最高10分 | 课程目标1、课程目标2、课程目标3、课程目标4、课程目标5、课程目标6、课程目标7、课程目标8 |
| 实习报告质量 | 30 | 根据实习工作内容、篇幅、实习工作总结等进行综合评价，实习报告最高分为30分 | 课程目标3、课程目标4、课程目标8 |

## 七、教材及主要参考资料

1.濮小金，刘文，师全民. 信息管理学［M］. 北京：机械工业出版社，2007.

2.李兴国，顾东晓，钟金宏. 信息管理学［M］. 4版. 北京：高等教育出版社，2016.

3.党跃武，谭祥金. 信息管理导论［M］. 3版. 北京：高等教育出版社，2015.

4.杨波，陈禹，殷国鹏. 信息管理与信息系统概论［M］. 2版. 北京：中国人民大学出版社，2009.

5.岳剑波. 信息管理基础［M］. 北京：清华大学出版社，1999.

6.蒋定福，刘蕾，董新平. 电子商务概论［M］. 6版. 北京：清华大学出版社，2020.

7.覃征，等. 电子商务概论［M］. 6版. 北京：高等教育出版社，2019.

8.黄敏学，陈志浩，张秦，等. 电子商务［M］. 2版. 北京：高等教育出版社，2004.

9.KALAKOTA. 电子商务管理［M］. 陈雪美，译. 北京：清华大学出版社，2000.

10.祁明，吴应良，晏维龙．电子商务实用教程［M］．2版．北京：高等教育出版社，2006.

11.宋玲，陈进，王小延．电子商务战略［M］．北京：中国金融出版社，2000.

12.沈士根，叶晓彤．Web程序设计——ASP.NET实用网站开发（微课版）［M］．3版．北京：清华大学出版社，2018.

13.张帆，等．信息存储与检索［M］．3版．北京：高等教育出版社，2017.

14.李春葆，曾平，喻丹丹．C#程序设计教程［M］．3版．北京：清华大学出版社，2015.

15.刘莉，李梅，姜志竖．C#程序设计教程［M］．北京：清华大学出版社，2014.

# 毕业实习安排与要求

毕业实习是教学计划中的一项重要内容，是整个教学过程中的一个重要的实践性环节，是培养复合型、应用型信息管理与信息系统专业人才的一个重要步骤。毕业实习，旨在使学生获得信息管理与信息系统专业的实践知识和技能，巩固和加深理论知识，并学会运用已学的理论知识分析解决实际问题，培养实际操作能力和独立工作能力。学生通过单位实习、专题调查、查阅资料、撰写实习报告和论文、论文答辩等一系列实习活动，经受一次专业理论研究和实际操作能力的训练，从而培养和提升学生应用专业理论知识分析、解决实际问题的能力。通过实习可全面检查学生在校近四年的学习成绩，并综合考评学生素质。

目前，嘉兴学院商学院信息管理专业的理论课程教学全部安排在前3学年完成，从第4学年开始进入集中实践环节。为了进一步加强毕业实习工作管理，有效地开展毕业实习教学环节教学工作，全面提高毕业实习质量，严防虚假实习，进一步加强毕业实习质量控制工程，毕业实习有计划、有要求。

## 一、毕业实习安排与要求

根据专业教学计划做好毕业实习工作，按照《嘉兴学院实习教学工作管理办法》及《嘉兴学院实习环节教学质量标准（试行）》的有关规定加强对实习教学工作的管理，特别要加强对分散实习学生的管理，使每个学生均有能满足实习教学需要的实习单位。

### （一）时间安排

毕业实习时间一般从第七学期开学一个月以后开始，持续六七个月时间，然后返校继续撰写论文，进行毕业答辩。

### （二）毕业实习工作基本要求

#### 1.系里按计划开展实习工作

信息管理专业根据教学计划做好学生实习工作，开展一次实习动员和安全教育，让学生明确实习目的、实习要求及实习纪律，以及毕业论文（设计）工作安排与要求等。

#### 2.对学生提出严格要求

在实习过程中，要求学生紧密结合实习单位的信息管理与信息系统的实际工作，并对某一专题作深入的调查研究，结合实际，综合运用所学知识，撰写毕业论文或专题调查报告。在具体实习过程中要求学生注意以下几点：

（1）毕业实习是专业教学重要环节之一，学生不得无故缺席。

（2）实习期间学生必须认真向校外指导老师学习，尊重他们的劳动，自觉地接受校内、校外指导老师的指导，遵守实习单位的各项规章制度和劳动纪律。

（3）讲究文明，遵守纪律，注意安全，杜绝一切事故的发生。

（4）在开始实习第一周内将填写好的《实习单位联系函》（要有单位盖章）及《安全责任书》交给各自导师。如果不按时将上述表格交给导师的视同没有实习单位，则毕业实习成绩不合格，不能正常毕业。学生在规定的时间内必须在指定的实习点实习，实习期间遵守单位的规章制度，虚心学习，实习后写出实习报告，实习报告正文 3 000 字以上，主要包括实习单位介绍、实习过程、实习收获和体会等内容，并附实习日志。

（5）实习期间，坚持写日志，把实习情况记录下来，作为指导老师评定毕业实习成绩的依据之一。

3.对指导老师的要求

加强实习指导与实习检查工作，对实习学生指导应做到：

（1）在校内实习的学生，要求指导教师每天指导；

（2）在嘉兴市区实习的学生，要求指导教师每周指导一次；

（3）在嘉兴市区以外实习的学生，要求指导教师每周以信函、电话、电子邮件等形式进行指导。

## 二、毕业实习检查

为了切实提高毕业实习效果，对毕业实习检查工作安排如下：

1.统计通报导师指导联系情况

指导老师严格要求学生，完成规定的指导任务，定期与学生联系沟通，并填写毕业环节学生联系情况汇总表上报分院教务办。如遇特殊情况，及时汇报，进行处理。

2.认真检查毕业实习情况

安排教师对学生实习情况进行检查，检查主要采取现场检查和电话检查形式，其中嘉兴市区的实习学生全部采取现场检查，浙江省内实习的学生（嘉兴市区除外）的20%以上应采取现场检查，省外实习学生主要采取电话检查方式，确保所有实习学生都能被检查到。按检查情况如实填写实习检查表并及时上交给教务办。

# 毕业实习报告撰写要求（参考）

学生在毕业实习期间，要求按时间填写实习日志，同时要撰写实习报告。实习报告是学生实习情况的总结，应结合实习单位的实习情况实事求是撰写，并应在实习结束时完成。毕业实习结束后，由实习单位对实习工作做出评价、鉴定，加盖实习单位公章。实习报告要求字数在 3 000 字以上。实习报告具体内容和要求主要包括以下几个方面：

## 一、实习目的和要求

言简意赅，点明主题。在实习过程中，要求学生紧密结合实习单位的信息管理与信息系统的实际工作，并对某一专题作深入的调查研究，结合实际，综合运用所学知识，为撰写毕业论文或专题调查报告奠定基础。撰写实习报告时，要结合实习单位的实际情况和实际内容撰写实习目的和要求，不能偏离主题。

## 二、实习单位及岗位介绍

详略得当，重点突出。对实习单位情况进行简单介绍，着重介绍实习岗位。

## 三、实习内容及过程

内容翔实，层次清楚。侧重实际动手能力和技能的培养、锻炼和提高，切忌记账式或日记式的简单罗列。

实习应以所在单位（企业、政府、学校、金融、科研、社区等）信息管理、电子商务、信息系统的开发与维护等等日常工作为基本内容，以各实习单位正在进行的各项工作为主。一般包括以下几个方面：企业信息管理、信息系统开发、设计、维护；政府信息化、电子政务；新农村信息化建设工作；各种类型事业单位的信息管理与信息系统开发维护工作；金融系统的信息管理与信息系统开发维护等工作；企业电子商务工作；社区信息管理、社区信息系统工作；各类信息咨询、调查类公司的业务及管理工作；计算机类公司的业务及管理工作；其他相关工作。

## 四、实习总结与体会

条理清楚，逻辑性强。着重写出对实习的内容总结、体会和感受，特别是自己所学的专业理论与实践的差距和今后应努力的方向。

# 第二节　毕业论文（设计）训练与指导

## "毕业论文（设计）"课程教学大纲

### 一、课程基本信息

| 课程中文名称 | 毕业论文（设计） | | |
|---|---|---|---|
| 课程英文名称 | Graduation Thesis （Design） | | |
| 学　分 | 5 | 学　时 | 20 周 |
| 课程代码 | 60268 | 开课单位 | 商学院 |
| 适用专业 | 信息管理与信息系统 | | |
| 先修课程 | 信息管理导论、管理学、经济学基础、数据结构（C#）、数据库原理、C#数据库系统开发、信息存储与检索、运筹学 B、信息系统分析与设计（英）、计算机网络、电子商务系统设计、C#数据库系统开发综合实验、信息系统分析与设计综合实验、电子商务系统设计综合实验等 | | |
| 开课学期 | 第七、八学期 | 考核方式 | 考查 |

## 二、课程描述和目标

信息管理与信息系统专业毕业论文（设计）是信息管理与信息系统专业培养学生综合运用所学的基本理论、专业知识和基本技能分析、解决实际问题能力的重要环节。信息管理与信息系统专业毕业论文（设计）是毕业生提交的一份有一定学术价值或应用的文章，或者是开发设计一个信息系统、网站等。它是信息管理与信息系统专业学生完成学业的标志性作业，是对学习成果的综合性总结和检阅，是学生从事科学研究的初步尝试，是在教师指导下所取得的科研成果的文字记录，也是检验学生掌握知识的程度，分析问题和解决问题能力的一份综合答卷。通过毕业论文（设计）完成相应信息管理与信息系统专业应用型、复合型高素质人才的基本训练，使学生具有从事生产管理和科学研究的初步能力。通过课程思政：红船精神、职业道德、奉献精神，提高学生创业创新能力，更好地满足未来工作的需要。

本课程拟达到的课程目标：

课程目标1：培养学生学习、思维、沟通能力。

课程目标2：培养学生严肃认真的科学态度和求实的工作作风，掌握科学的方法论，树立正确的学术道德观念，具备基本的科研素质，能够应用所学信息管理与信息系统专业理论和方法，分析解决企业管理中的实际问题，并形成规范化的学术成果——论文。

课程目标3：培养学生信息系统分析、设计、实施、维护能力。

课程目标4：培养学生信息收集、加工处理、分析能力，能够应用所学的知识与技能，发现、分析、解决与本专业相关的实际问题。

课程目标5：通过红船精神介绍，培养学生综合应用和创新创业能力。

## 三、课程目标对毕业要求的支撑关系

| 毕业要求指标点 | 课程目标 | 权重 | 目标达成形式 |
| --- | --- | --- | --- |
| 4.学习、思维、沟通能力 | 课程目标1 | L | 学术论文、综合考评 |
| 6.分析和解决企业管理问题能力 | 课程目标2、课程目标4 | H | 学术论文、综合考评 |
| 8.信息分析处理能力 | 课程目标4 | L | 学术论文、综合考评 |
| 10.信息系统分析能力 | 课程目标3 | M | 学术论文、综合考评 |
| 11.信息系统开发设计能力 | 课程目标3 | H | 学术论文、综合考评 |
| 12.信息系统实施与运行维护能力 | 课程目标3 | M | 学术论文、综合考评 |
| 13.综合应用与创新创业能力 | 课程目标5 | H | 学术论文、综合考评 |

## 四、教学内容提要

| 序号 | 教学内容 | 学时 | 对应课程目标 |
|------|----------|------|--------------|
| 1 | 论文选题<br>课程思政：红船精神、创业创新能力 | 2周 | 课程目标1、<br>课程目标2、<br>课程目标3、<br>课程目标4 |
| 2 | 任务书下达<br>课程思政：职业道德、奉献精神 | 1周 | 课程目标1、<br>课程目标2、<br>课程目标4 |
| 3 | 过程材料撰写 | 6周 | 课程目标1、<br>课程目标2、<br>课程目标3、<br>课程目标4、<br>课程目标5 |
| 4 | 正文撰写 | 8周 | 课程目标1、<br>课程目标2、<br>课程目标3、<br>课程目标4、<br>课程目标5 |
| 5 | 论文评阅、检测和答辩<br>课程思政：职业道德 | 3周 | 课程目标1、<br>课程目标2、<br>课程目标3、<br>课程目标4、<br>课程目标5 |

## 五、教学方式与基本要求

根据教学计划的规定，毕业论文环节教学时间安排在第七、八学期，与毕业实习环节同步进行。

1.毕业论文教学中对学生的要求

（1）应明确毕业论文教学的目的，在指导教师指定的地点进行毕业论文写作。有事请假，未经请假擅自离开或请假逾期者，作旷课处理。

（2）要尊重指导教师，虚心接受指导教师指导。在校外实习单位进行毕业论文有关的调研时，要尊重所在单位的安排，虚心向工程技术人员和工人师傅学习，同时，要严格遵守纪律，服从领导。

（3）要有高度的责任感，科学严谨、诚实守信的工作作风，认真刻苦的精神，在指导教师的指导下，独立完成毕业论文任务。

（4）在实验室中，要爱护各种仪器，注意节约，反对浪费。

2.毕业论文教学对指导教师的要求

（1）毕业论文的指导教师应由具有讲师及以上职称或具有硕士以上学位的教师担任。在外单位进行毕业论文教学，可由各学院聘请该单位具有中级技术职称以上人员担任兼职指导教师，但同时必须配备校内指导教师。

（2）为了确保指导到位和毕业论文的教学质量，每位指导教师指导的学生数，一般不得超过10人，初次担任毕业论文指导的教师指导的学生数一般不得超过4人。

（3）制订指导毕业论文的工作计划，指导学生完成毕业论文开题报告、拟订进度计划，并定期进行检查。

（4）在毕业论文的指导过程中，除了必需的知识的传授外，要特别重视对学生独立分析、解决实际问题，尤其是针对问题独立搜集整理文献资料能力的培养。

## 六、考核与评价

| 考核依据 | 建议分值 | 考核/评价细则 | 对应课程目标 |
|---|---|---|---|
| 嘉兴学院本科毕业论文（设计）教学质量标准 | 优秀（A） | 1.能正确运用所学基本理论、基本知识、基本技能，很好地独立完成毕业论文课题所规定的各项任务。在整个毕业实践环节中工作认真负责，表现出具有较强的分析问题和解决问题的能力，且在观点上有独特见解<br>2.毕业论文论证严密、内容正确、计算精确、条理清晰、语句通顺、写作规范<br>3.答辩质询时，概念清楚，能正确、全面地回答有关问题 | 课程目标1、课程目标2、课程目标3、课程目标4、课程目标5 |
| 嘉兴学院本科毕业论文（设计）教学质量标准 | 良好（B） | 1.能综合运用所学基本理论、基本知识、基本技能，较好地独立完成毕业论文课题所规定的各项任务。在整个毕业实践环节中工作比较认真，表现出具有较好的运用所学知识分析问题和解决问题的能力<br>2.毕业论文理论分析和计算正确，图文清晰、完整<br>3.答辩质询时，概念清楚、基本上能正确回答有关问题 | 课程目标1、课程目标2、课程目标3、课程目标4、课程目标5 |
| 嘉兴学院本科毕业论文（设计）教学质量标准 | 中等（C） | 1.能运用所学基本理论、基本知识、基本技能，在教师指导下完成毕业论文课题中的实际问题<br>2.毕业论文理论分析和计算正确，图文清晰、完整<br>3.答辩质询时，基本上能回答有关问题 | 课程目标1、课程目标2、课程目标3、课程目标4、课程目标5 |
| 嘉兴学院本科毕业论文（设计）教学质量标准 | 及格（D） | 1.基本上能运用所学基本理论、基本知识、基本技能，在教师指导下，基本完成毕业论文所规定任务<br>2.毕业论文理论分析和计算基本正确，但在某些方面存在不足，图文表述质量一般<br>3.答辩质询时，基本上能回答有关问题，但不够完整准确 | 课程目标1、课程目标2、课程目标3、课程目标4、课程目标5 |
| 嘉兴学院本科毕业论文（设计）教学质量标准 | 不及格（E） | 1.没有掌握必要的基本理论和技术知识，未能达到毕业论文所规定的基本要求，分析和解决实际问题的能力弱<br>2.毕业论文有原则性错误，图文等不全或不符合要求<br>3.答辩质询时，概念不清，不能回答主要问题 | 课程目标1、课程目标2、课程目标3、课程目标4、课程目标5 |

### 七、教材及主要参考资料

1.濮小金，刘文，师全民.信息管理学［M］.北京：机械工业出版社，2007.

2.李兴国，顾东晓，钟金宏.信息管理学［M］.4版.北京：高等教育出版社，2016.

3.党跃武，谭祥金.信息管理导论［M］.3版.北京：高等教育出版社，2015.

4.杨波，陈禹，殷国鹏.信息管理与信息系统概论［M］.2版.北京：中国人民大学出版社，2009.

5.岳剑波.信息管理基础［M］.北京：清华大学出版社，1999.

6.宋文官.电子商务概论［M］.4版.北京：清华大学出版社，2017.

7.覃征，等.电子商务概论［M］.6版.北京：高等教育出版社，2019.

8.黄敏学，陈志浩，张秦，等.电子商务［M］.2版.北京：高等教育出版社，2004.

9.KALAKOTA.电子商务管理指南［M］.陈雪美，译.北京：清华大学出版社，2000.

10.祁明，吴应良，晏维龙.电子商务实用教程［M］.2版.北京：高等教育出版社，2006.

11.宋玲，陈进，王小延.电子商务战略［M］.北京：中国金融出版社，2000.

12.沈士根，叶晓彤.Web程序设计——ASP.NET实用网站开发（微课版）［M］.3版.北京：清华大学出版社，2018.

13.张帆，等.信息存储与检索［M］.3版.北京：高等教育出版社，2017.

14.李春葆，曾平，喻丹丹.C#程序设计教程［M］.3版.北京：清华大学出版社，2015.

15.刘莉，李梅，姜志竖.C#程序设计教程［M］.北京：清华大学出版社，2014.

## 毕业论文（设计）计划安排与要求

### 一、毕业论文（设计）计划安排

在商学院规定的毕业论文撰写期间内，根据师生共同商定的毕业论文选题综合运用本科阶段所学工商管理专业知识和相关学科知识，要求学生完成论文选题与开题阶段的主要任务（包括下达任务书、完成文献综述、开题报告、外文翻译），并撰写一篇具有一定的理论价值和应用价值、篇幅不少于10 000字的毕业论文，并通过答辩。

### 二、具体安排和进度

| 阶段 | 时间 | 主要任务 |
| --- | --- | --- |
| 选题阶段 | 第六学期放假前一个月到两个月 | 导师向学生公布选题、学生完成选题；导师完成对学生选题的确认及任务书的下达 |
| 开题阶段 | 第七个学期开学前一个月完成 | 学生完成文献综述、外文翻译、开题报告，导师完成评阅，完成开题答辩 |
| 初稿阶段 | 第八学期开学前 | 完成论文初稿 |
| 论文修改 | 第八学期5月中旬 | 完成论文终稿 |
| 评阅、答辩阶段 | 第八学期5、6月份 | 论文评阅、论文相似度检测；论文答辩、论文评优 |
| 总结阶段 | 第八学期6月份 | 毕业环节工作总结、资料归档 |

### 三、开题答辩安排和要求。

1.成立开题答辩小组

专业成立开题答辩小组，每个开题答辩小组成员不少于3人。

2.学生开题答辩要求

（1）每位同学答辩时间10分钟左右，答辩环节包括开题讲解与答辩，其中学生开题讲解5分钟左右。

（2）每位同学开题讲解要点：论文选题、研究目的、拟定框架、主要研究内容、研究方法（含调研计划）等。

（3）答辩完成后，每位学生应针对答辩老师的提问及建议和自己导师商量进行针对性修改，并保存好以便将来上传论文平台。

## 四、毕业论文（设计）中期检查

为了提高毕业论文质量，应对毕业论文工作进行中期检查，检查范围主要包括过程材料的最终完成情况和毕业论文撰写的进度，重点检查学生提交的论文是否完全符合大纲要求，文献综述工作是否到位，课题任务书和开题报告填写是否规范，初稿质量情况。最后根据检查情况，专业指导教师带领学生加以整改，以便更好地完成毕业论文撰写工作。

## 五、毕业论文答辩

为更好地完成毕业论文答辩工作，达到毕业论文（设计）训练目标，根据学校相关规定，以及信息管理与信息系统专业情况，每一届都制定毕业论文（设计）答辩方案，并有效执行。

（一）毕业设计（论文）指导、评阅与检测

指导教师认真指导学生修改论文，学生返校后加大当面指导频度，采用线下或线上线下结合的方式对学生的毕业设计（论文）进行答疑、审阅和修改。

毕业论文定稿后，指导教师评阅与交叉评阅，并进行论文相似度检测。

（二）毕业设计（论文）答辩条件

可以参加毕业论文答辩的前提条件是通过相似度检测（即相似度在30%（含）以下），并通过评阅小组评阅。

（三）毕业论文答辩过程及要求

1.答辩时间要求

每个学生毕业的论文答辩时间为20~25分钟，其中学生陈述10分钟左右，回答问题10~15分钟。

2.对答辩学生的要求

（1）制作答辩提纲。主要包括论文题目、班级姓名、学号、研究方法、主要研究内容、创新点等。

（2）制作答辩PPT，做系统的同学要求调试系统程序，答辩时演示。

（3）每位学生事先把毕业论文提交给答辩组的老师，便于评阅和答辩质询。

（4）学生答辩时应着装整洁干净、注意文明礼貌。

（四）提交毕业论文（设计）存档材料

毕业论文材料以纸质文档和电子文档两种形式存档。纸质文档存档资料为：任务书、开题答辩记录、中期检查表、论文正文（诚信声明、授权声明学生签名）、评阅表、每个答辩记录及成绩评定表、查重报告，其中毕业论文正文要求胶印，其他材料简单装订。电子文档存档为毕业论文平台中该学生所有毕业论文资料。